# 早期の成功者より、
# 遅咲きの成功者は
# 最高の生き方を手に入れる

誰でも変わろうと考えた瞬間から
人生に変化を起こせる

リッチ・カールガード 著　大野晶子 訳

# LATE BLOOMERS

## The Power of Patience in a World Obsessed with Early Achievement

by Rich Karlgaard

LATE BLOOMERS

by Rich Karlgaard



Japanese translation published by arrangement with Rich Karlgaard
c/o Zachary Shuster Harmsworth through The English Agency (Japan) Ltd.

Book Design Hiroaki Hashimoto (sowhat.Inc.)

# 早期の成功者より、
# 遅咲きの成功者は
# 最高の生き方を手に入れる

辰巳出版

あらゆる世代の遅咲きの花たちよ
わたしたちは運命に呼ばれている

# 目次

# はじめに

それはわたしたちのせいではない。

オールAの成績を取れなくても、学力テストの点数が完璧でなくとも、第1志望の大学に入れなくても、それはわたしたちのせいではない。21歳になっても上の空で過ごし、自身の才能と情熱に見合う魅力的なキャリアへとつづく最初の進入路を、うっかり逃してしまったとしても。22歳までに100万ドルを稼げなくても、30歳までに10億ドルを稼げなくても——それゆえ『フォーブス』誌の表紙を飾り損ねても——、マラリアを絶滅させられなくても、中東地域の緊張を解けなくても、社長にアドバイスできなくても、35歳までにアカデミー賞を3度受賞できなくても、それはわたしたちのせいではない。

悪いのはわたしたちではないし、初っぱなから彗星《すいせい》のごとく世に現れなかったからと言って、落伍者扱いされるいわれはない。

ところが21世紀初頭の社会は、まさしくそれを理由に人を気後《きおく》れさせようと企ててきた。短距離走のオリンピック選手のごとくスタートダッシュを決めなかったから、早期に開花しなかったから、と。

「企ててきた」と言っても、なにも秘密の部屋で経済を操作し、早熟な成功者に経済的・社会的報酬を与えようとするうさんくさい陰謀団がいるわけではない。そうした企てがあるのは事実だが、そこに悪意はないのだ。なにしろそれを企てているのは、わたしたち自身なのだから。

いまや親、学校、雇用主、メディア、そしてメディアの消費者たちが、若くして高い業績を上げることを、あたかも唯一もしくは最高の成功例だとして、髪ふり乱して過剰なまでに絶賛するようになった。その犠牲として、遅咲きの人は気後れを感じずにはいられなくなり、人々も社会も不利益を被るはめになった。

だが、こんな風潮は昔からあったわけではない。

## 「どこへ行った、遅咲きの者たちよ」

53歳のジョアンは遅咲き組だ。10代のときは、不安定で不幸な生活を送っていた。母親は多発性硬化症を患っており、父親は家計を支えるだけの稼ぎを得てはいたが、妻の病気にたいしてひどく冷淡だった。ジョアンと父親はめったに口をきかなかった。

学校でのジョアンは引っこみ思案だった。成績は平均以上だったが、なにか際立つ名誉を手にしたり、注目されたりすることはなかった。当時の教師はジョアンのことを、聡明ではあるが平凡だったと記憶している。高校時代を通じて、内気なジョアンを記憶に留めた者はほとんどいなかった。あこがれの一流大学に入れなかったジョアンは、滑り止めの大学でも害のない凡人ぶりを貫いた。どうにかやり過ごすことはできても、そこ止まりだった。ある教授によれば、ジョアンは勉学よりもオルタナティヴロックに熱中し、日に何時間もうっとり聴き入っていたという。

そこそこ頭がよくて目標の定まらない卒業生のご多分に漏れず、ジョアンも大学院への進学を考えてはみた。英語教師を目指すのもいいかもしれない、と。しかし最初に手にしたフルタイムの仕事は、もっと地味でレベルの低い事務職だった。しばらくのあいだ、地元の商工会議所で事務員をしていたのだ。

そんな毎日に退屈し、ジョアンはバーで出会ったある外国人男性と衝動的に結婚した。しかしふたりは正反対の夫婦だった——ジョアンは消極的で夢見がちなのにたいし、夫は暴力もにおわせる激しやすい男だった。娘をひとりもうけたにもかかわらず、その結婚は2年と持たなかった。ふたりは家庭内暴力を理由に離婚した。

当時すでに30歳近くになっていたジョアンは、行き詰まりを感じていた。仕事もないうえ、手のかかる子どもがいるのだ。ジョアンはみるみる落ちこんでいった。鬱病と診断され、自殺を考えたことすらあるという。鬱病のために仕事もままならず、稼ぐこともできなかった。すぐに金は底をついた。「ホームレスぎりぎりの貧乏暮らしでした」と彼女は振り返る。さらに悪いことに、元夫が母娘のストーカーとなり、ジョアンは裁判所に接近禁止命令を申請しなければならなかった。

しかしジョアンには、ひとつ強みがあった。それまでだれにも気づかれることのなかった、ユニークな才能だ。正式な教育課程では発掘されることもなく、教師のだれも気づかなかった。同級生たちもしかりだ。しかし昔から、彼女の中に潜んでいた。彼女自身、驚くような才能が、発揮されるときをいまかいまかと待ち構えていたのである。

貧窮し、娘を食べさせるために生活保護を申請して数か月がたったころ、ジョアンは子ども時代のファンタジーを頭の中で自由にさまよわせるようになった。そんなのは現実逃避にすぎない、と言う者もいた。ところがそれが、彼女の才能を目覚めさせるきっかけとなった。想像力を解き放ってはじめて、ジョアンの才能が華々しく芽吹きはじめたのである。

68歳のケンも遅咲き組だ。3人きょうだいの末っ子だった彼は、家族から、スペイン語で「小さい」を意味する「ポコ」というあだ名をつけられた。いちばん上の兄は花形スポーツマンで、教師からも気に入られる、明るくハンサムな人気者だった。その兄はロックフェラー財団の奨学金を得てスタンフォード大学に進学した。しかしケンはと言えば、早咲きの兄とはちがって、学生時代をなんとなくやり過ごしていた。本人は、「ポコ」というのは「小物」を意味するのではないかと思いはじめていた。

カリフォルニアの高校を卒業したのち、ケンは地元のコミュニティ・カレッジに進んだものの、即座に落ちこぼれた。「とくにこれといった目標がなかった」とケンは肩をすくめる。そのあと精進し、単位を落とした授業を再履修して卒業にこぎ着けると、ハンボルト州立大学に転入して林学を専攻した。しかし林業でのじっさいの職務は森の中を探検するたぐいのものではなく、つまらない事務処理ばかりだった。ケンは幻滅した。

そのあと、全国的に名の知れた財務顧問だった父のもとではたらきはじめた。しかし親子はそりが合わなかった。「父は、いまで言うところのアスペルガー症候群に苦しんでいた」とケンは語る。「父はいつも落ち着きがなくて、部屋の中をうろうろと歩きまわり、なにかを叩いて物音を立てずにはいられなかった。他人の感情を推し量ることができず、ひどく残酷なことを口にした。けっして残酷な人ではなかったのだが」

9か月後、ケンは父のもとを去り、自身で財務顧問の小さな看板を掲げた。しかし顧客もほとんどおらず、いたとしても数年で失ってしまったので、時間を持て余すようになった。しかたなく、稼ぐために建設現場ではたらいた。バーでスライドギターを奏でることさえあった。しかしほとんどの時間は本を読んで過ごした。「経営管理とビジネスの本だ

——それに業界誌も、毎月30冊くらいを何年も読んでいたと思う。その10年間で、少々型破りな方法で会社の価値を測る理論を組み立てていった」

アスペルガー症候群の父を持つケンには、リーダーシップの手本となるべき人物がいなかった。最初に雇ったパートタイムの秘書は、9か月後に去って行った。あなたはろくでもない横柄な上司だ、という言葉をケンに突きつけて。「たしかにその通りだったかもしれない」といまではケンも認めている。

20代を通じて、ケンの財務顧問サービスは苦境にあった。しかし彼の理論が、ベンチャー企業数社との小さな契約をもたらした。そのひとつが、臨時CEOという職につながった。ケンは野心を刺激され、猛然とはたらきはじめた。

社員は30名ほどだった。それまで人事管理などしたことがなかったのに、せざるをえなくなった。まずまずの出来だった——思っていたより、かなりうまくいった。で、そこでなにを学んだか？　リーダーにとっていちばん大切なのは、目立つことだと学んだ。まさか、と思った。それまで読んだ本のどこにも、そんなことは書いてなかったから。もちろん父も教えてはくれなかった。わたしは熱意が人に感染することに気づいたのだ。

ＣＥＯのオフィスをガラス張りの会議室に移してみた。そこなら、オフィスもわたしも、みんなから丸見えだ。そこに毎日、だれよりも早く来て、だれよりも遅くまで残っているようにした。そのうえで毎日、社員をランチとディナーに連れて行った――安いディナーではあるが、彼らにこちらの時間と関心を差しだしたのだ。しょっちゅう社内をうろついては社員に声をかけ、一人ひとりに注意を向け、彼らの考えに耳を傾けた。

効果は驚くほど大きかった。社員の方も驚いていた。こちらが気にかけることで、先方も気にかけてくれるようになったのだ。ふと、人を率いるというのがどういうものかを実感した。

ケンが自身の潜在能力に気づいたのは、30歳を過ぎたときだった。このふたりの遅咲き組がだれか、おわかりだろうか？　ヒントを出そう――ジョアンもケンも『フォーブス』誌の世界長者番付の常連で、たたき上げの億万長者だ。ジョアン・キャスリーン（Ｊ・Ｋ）・ローリングは『ハリー・ポッター』シリーズの著者であり、ケン・フィッシャーは世界中に5万以上の顧客を抱え、１０００億ドル以上の資産を運用する〈フィッシャー・インベストメント〉の創業者である。

「どこへ行った、ジョー・ディマジオよ」。1960年代、〈ミセス・ロビンソン〉の中で、サイモン&ガーファンクルは問いかけた。作詞したポール・サイモンは、不穏な60年代が、1940年代から50年代にかけて活躍した物静かな英雄を、文化的アイコンの座から引きずり下ろしたことを察知したのだ。新たに現れた英雄は、ヒップで厚かましい若者だった。

この騒乱の経済時代に、わたしはこう問いかけたい――「どこへ行った、遅咲きの者たちよ」。

それは、ローリングやフィッシャーのように、内気な若年時代を過ごし、遅いスタートを切り、旅路を急ぐことなく成功した者たちの物語こそ魅力的だと思うからだ。しかし彼らの物語は、今日の最先端のソーシャルメディアの話題とは言いがたい。ローリングはもう50代だし、フィッシャーは60代だ。

では、心を弾ませてくれるようないまの遅咲きの人たちは、どこにいるのだろう? 競争が激化した今日の社会に、のんびりと歩む遅咲きの人たちは同調できないのか?

遅咲き組は正当な評価を受けていない、そのために人々も社会も害を被っている。そう思ったわたしは、リサーチに乗りだし、本書を執筆した。いまこそ、遅く花を咲かせる人々の物語が早急に必要だと信じているからだ。

## いままさに、もてはやされている早熟組

成功というスペクトラムにおいて遅咲き組の対極に位置するのは、早咲き組、すなわち若くしてスタートを切った者たちだ。たとえば身長約155センチのライリー・ウェストンは、華々しかった。19歳にして〈ウォルト・ディズニー・カンパニー〉傘下の〈タッチストーン・ピクチャーズ〉と30万ドルの契約を結び、UCLA新入生の青春を描いたテレビドラマ『フェリシティの青春』の脚本を執筆したのだ。大手テレビ局で早熟なスタートを切ったウェスティンは、『エンターテインメント・ウィークリー』誌上で、ハリウッドでもっともクリエイティブな人たちにリストアップされた。

ただし、ひとつだけ問題があった。じつはライリー・ウェストンは、19歳ではなかった。ニューヨーク州ポキプシー出身の、キンバリー・クレイマーという32歳の女性だったのだ。「もしわたしが32歳だと知られていたら、受け入れられなかったでしょう(1)」と彼女は自己弁護する。おそらくその通りだろう。

かつて、いまほど早熟がもてはやされることはなかったのではないか。2014年、17歳のマララ・ユスフザイが史上最年少でノーベル賞を受賞した。めでたいことに、サハロフ賞とシモーヌ・ド・ボーヴォワール賞も。テクノロジー界では、オキュラスVR（20億

ドルで〈フェイスブック〉が買収）の創業者、20歳の神童パーマー・ラッキーがヴァーチャル・リアリティを代表する顔となり、14歳のロバート・ナイが自作のモバイル・ゲーム「バブルボール」で、ほんの2週間のあいだに200万ドル以上を稼ぎだした。エヴァン・シュピーゲルは、2017年、モバイル・アプリケーション「スナップチャット」を所有する〈スナップ〉の株式が公開されたとき、26歳にして54億ドルの価値を手に入れた。

しかしそんなシュピーゲルも、〈フェイスブック〉の共同創業者マーク・ザッカーバーグの足下にもおよばない。34歳にしていまやベテランの域に入った有力者ザッカーバーグは、資産600億ドルで世界の富豪トップ5にランクインしたのである。

チェスというアナログの世界も例外ではない。ノルウェーのマグヌス・カールセンは、25歳までに3度世界王者に輝いている。彼は13歳でグランドマスターのタイトルを獲得したのち、史上最年少の21歳で世界1位にランキングされ、23歳のとき『タイム』誌上で「世界でもっとも影響力のある100人」に選ばれた。

早咲きの成功者は、各雑誌が発表する長者番付の目玉だ。『フォーブス』は毎年、「30歳未満の富豪30人」リストで、現在の創造的破壊者と未来の輝けるスターを取り上げている。早咲きの成功者を祝福する雑誌は『フォーブス』だけではない。『ザ・ニューヨーカー』誌の「40歳未満の富豪20人」、『フォーチュン』誌の「40歳未満の富豪40人」、『インク』誌の「35歳未満の富豪35人」、『タイム』誌の「30歳未満の富豪30人」も、若くして大成功を収めた人たちをリストアップする。

## 成績と教育に翻弄される親と子

誤解しないでほしい。若くして成功することを称賛、激励するのは、けっして悪いことではない。どんな業績であれ、認められ、評価されてしかるべきだ。

しかしいまの時代精神は強烈すぎて、たんに業績を認めるという話にとどまらなくなっている。若くして大成功――成績、テストの点数、魅力的な仕事、金、セレブリティ――を収めることを過度に重視する裏には、暗い一面も隠れている。わたしたち自身、もしくはわたしたちの子どもは、「Scholastic Assessment Test（ＳＡＴ／大学進学適性テスト）」で高得点を取り、全米でトップ10の大学に合格し、既存の産業を改革するか、世界を変えるようなクールな会社に就職しないかぎり、失敗者と見なされ、残りの人生を落伍者として過ごすよう定められてしまうのだ。

そんなメッセージが、若くして成功したい、という社会的狂気のトリクルダウン効果を生んだのではないだろうか。そのせいで教育者や親たちは、子どもを誤って評価し、彼らにプレッシャーをかけるという誤りを犯し、各家庭は無分別で感情的な心理的重荷を負わされることになった。

プレッシャーの多い都市部には、3歳児もしくは4歳児を持つ裕福な親たちの恐怖につけこむエリート幼稚園もある。アトランタのアトランタ・インターナショナル・スクールは、「第2言語イマージョン・プログラム」を実施している——3歳児向けに。年間授業料2万ドルを支払いさえすれば、登録が可能だ。

しかしニューヨークのコロンビア・グラマー・スクールと比べれば、それも安いものである。そちらは年間3万7000ドルを要求されるのだから。そこであなたの3歳か4歳のお子さんのために気前よく用意されているのは、3つの図書室、6つの音楽室、そして7つの美術スタジオでの「厳格なアカデミック・カリキュラム」だ。『ペアレンティング』誌はこう書いている。「コロンビア・グラマー・スクールのプログラムは、子どもたちの未来——一流大学への入学——への準備に特化している」

要はそういうことなのだ。3歳の子どもに有利なスタートを切らせるために4万ドル近くも費やそうと親に思わせる理由が、他にあるだろうか？　そうした贅沢な幼稚園によれば、それだけの出費を正当化する目標はひとつだけだという。すなわち、15年後に子どもを名門大学に入学させること。これ以上直接的で——脅威的なメッセージはない。子どもが「有名大学」に入れなければ、その子は生涯、無駄に辛い人生を歩むことになる、と。

しかもそうしたプレッシャーは、適切な幼稚園に入学すればなくなるというものではない。「大勢の親御さんから相談されます。みなさん、14歳になるお子さんが生産的な夏を過ごしていないことに神経質になっているのです」と、スタンフォード大学の元入学事務局長だったイレーナ・スミスが『アトランティック』誌に語っている。スミスは現在、カリフォルニア州パロアルトで大学進学コンサルタント会社を経営している。そこで顧客が費やす金は、たいてい1万ドル以上だという。

一流大学への進学という賞品そのものにも、法外な金がかかる。全米トップ20の私立大学のいずれかに入り、4年間で学位を取得するためには、下宿代、食費、書籍代、学費を含め、いまや25万ドル以上の金がかかるのだ。トップ20の公立大学なら費用は減るものの、それでも下宿代、食費、書籍代、学費、そしてその州の住民かどうかによって、4年間で平均して10万ドルから20万ドルの出費になる。

早咲きを証明してもらいたいという社会的欲求は――ここは率直にいこう――その正式な得点記録係である大学の便乗値上げを引き起こした。結果、わたしたちは大量の請求書と借金につきまとわれることになった。1970年以降、大学の授業料は同期間のインフレ率の3倍も速く上昇してきた。アメリカの学生が抱える借金はいまや1兆3000億ドルに上り、債務不履行率は11・5パーセントに達している。若いうちにひと花咲かせようと躍起になる風潮が、２００８年のリーマンショック時を上まわる潜在的な不況をつくりあげる一因となっているのだ。

しかし、それだけの価値があるのだろうか？　ここで少し考えてみよう。

若くして業績を上げることが人生の成功と充足感に必要なステップだとされる根拠に、疑問を投げかけてみようではないか。率直に言って、わたしにはそれを肯定する証拠が見つからない。むしろ、否定する証拠ばかりが目についてしまう。

## ランク外からの成功

最近、スポーツ界で目についたあるストーリーがいい例だ。２０１８年のスーパーボウルでは、フィラデルフィア・イーグルスにしても、ニューイングランド・ペイトリオッツにしても、先発ラインナップの中に5つ星の新人だった選手はさほどいなかった。先発選手44名のうち、高校でトップクラスの有望選手とされていたのは、たった6名だけだ。

両チームのクオーターバックに注目してみよう。ペイトリオッツのトム・ブレイディは、高校時代、一番手どころか二番手とも見なされていなかった。ランク外、すなわちノー・ランキング（ＮＲ）選手だったのだ。

勝者イーグルスのクオーターバック、ニック・フォールズは、２０１８年のスーパーボウルでＭＶＰに輝いたが、高校時代は三番手だった。しかもシーズン中のほとんどは、イーグルスの控えにまわっていた。先発クオーターバックのカーソン・ウェンツがシーズン終盤に膝を痛めたために、レギュラーに昇格したのだ。そのウェンツも、ブレイディ同様、高校時代はＮＲランクだった。驚くなかれ、高校1年生のとき、ウェンツはそもそもクオーターバックではなく、ワイドレシーバーとして登録されていたのである。

　アメフトの主要な大学チームはどこも、高校でＮＲランクだった彼をスカウトしなかった。そこで彼はノースダコタ州立大学の小さなチームに入った。しかしその後、彼は身長１９８センチ、体重１０４キロの立派な体格に成長した。ウェンツは大学で文字通り開花したのだが、これはアメフト界の基準としては遅咲きの方である。

　さて、ここで質問だ。自分もカーソン・ウェンツと同じだという人は、どれくらいいるだろう？　高校時代「ノー・ランキング」とされたり、キャリアのはじめに、もしくはいまなお無能としてはねつけられている人は、どれくらいいるだろう？　大きく羽ばたくことなく、いまだ発掘されずに眠っている才能は？　情熱は？

　かつて〈グーグル〉は早咲き至上主義だった。その理由は容易に理解できる。同社はＳＡＴの数学テストで高得点を叩きだしたふたりのスタンフォード大学卒業生が創業したのだから。当初の数年間、〈グーグル〉はその聡明な創業者のイメージに沿った、若いコンピュータ科学者と数学的天才ばかりを雇っていた。しかしやがて、人材が偏っていることに気づいた。分析型IQ値が高い人間ばかりで、芸術的繊細さや常識のある人材が欠けていたのだ。その偏りのために、〈グーグル〉はホームページ・デザインの失敗という高いつけを払わされることになった。最近では、〈グーグル〉も、SATの高得点と一流大学の学位だけでは、同社で高い業績を上げる人材になりえるかどうかは見きわめられないことに気づいている。

早咲き組が猛威を振るってはいるが、遅咲き組も屈してはいない。ベストセラー作家のジャネット・イヴァノヴィッチは、1943年にニュージャージー州の労働者階級に生まれた。専業主婦だった彼女は、30代に入ってから、小説を書くことに情熱を燃やしはじめた。それから10年間は、出鼻をくじかれたり拒絶されたりのくり返しだった。「風変わりな話を編集者やエージェントに送りつけては、戻ってきた拒絶の手紙を段ボール箱に集めていた。その箱がいっぱいになったとき、全部燃やして、ストッキングをはいて人材派遣会社に仕事をしに行った」

イヴァノヴィッチは、40代になるまでスリラー小説の書き方を知らなかった。「2年間……警察関係者とビールを飲み交わし、銃の撃ち方や悪態のつき方を学んだ。その結果、ステファニー・プラムというキャラクターを生みだすことができた」

億万長者のダイアン・ヘンドリックスは、酪農家の娘として生まれた。彼女はウィスコンシンの家を売り、10年のあいだに結婚と離婚を経験したのち、つぎの夫となる屋根職人のケンと出会った。ふたりはクレジットカードを限度額まで使って建築資材卸売会社〈ABCサプライ〉を創業した。現在ヘンドリックスは資産50億ドルの会社を取り仕切り、ハリウッド映画も製作している。

映画と言えば、病院職員とパートタイムの料理人を両親に持つ俳優トム・ハンクスも、スロー・スターターだ。とくにこれといった将来性もないまま、地元のコミュニティ・カレッジに通っていた。

アメリカ人として宇宙滞在500日以上の最長記録を持つ宇宙飛行士のスコット・ケリーは、高校時代の授業はあまりに退屈で「クラスでは半分まで持てばいい方だった」と語っている。

〈ゼネラル・モーターズ〉のCEO、メアリー・バーラは、大学の授業料を支払うために同社の工場でフェンダーとボンネットを検査する仕事をしていた。〈ゼロックス〉の元CEO、ウルスラ・バーンズは公営住宅育ちで、同社でキャリアをスタートさせた当初は秘書としてはたらいていた。

ジャニー・コートニーは、問題を抱えたティーンエイジャーの女の子のために、世界的に評価されるセラピー治療寄宿学校を開校したとき、すでに50歳になっていた。コートニーはその分野で正式なトレーニングを受けたことはなく、職を転々としながらも、どちらかと言えばごく平凡な生活を送ってきた人だ。教師をしたり、レンタルビデオ店を経営したり、不動産を売却したり。

「アメリカ人の人生に第2幕はない」という、『グレート・ギャッツビー』の作者F・スコット・フィッツジェラルドの言葉はまちがっている。もっとも、フィッツジェラルドはスノッブな早咲き組だ。プリンストン大学出身で、20代半ばには作家として名を上げていた。しかし彼のピークはそこまでだった。30代に入るころには落下の一途をたどっていたのだ。彼も、遅まきながら上昇気流に乗ったさまざまな遅咲き組や第2幕組に出会ったことだろう。彼が44歳で不遇の死を迎えた一方、レイモンド・チャンドラーは同じ44歳で探偵物語を書きはじめた。1939年、チャンドラー51歳のとき、処女作『大いなる眠り』が出版されたのである。

## プレッシャーにつぶれていく早咲き組

いまは世の中が変わってしまったのだろうか？　早咲き組の話題が大見出しを飾ってはいるが、はたして彼らはメディアが報じるほどに成功しているのだろうか？

じつは、早咲き組の多くはひどく苦しんでいるというのが現実だ。カリフォルニア州パロアルトの公立学校、ガン高校では、早々に成功させようとするプレッシャーのために、2014年から2015年の学年度に3名の生徒が自殺している。名門スタンフォード大学のキャンパスから3マイルほど離れた場所にある高校だ。3名とも、早期の成功を必死に目指していた優秀な生徒だった。同学年度の3月までに、ガン高校の生徒42名が自殺願望のために入院したり治療を受けたりしている。

これはけっして例外的な出来事ではない。アメリカの若者が抱える憂鬱《ゆううつ》と不安は、この50年間上昇しつづけている。現在、重度の鬱もしくは不安症と診断される高校生と大学生は、1960年代と比べて5倍から8倍も増加しているのだ。

最近、アメリカ疾病管理予防センターが、高校生への調査をもとにこう報告している。「自殺を真剣に考えたことのある者が16パーセント、自殺の計画を立てたことのある者が13パーセント、調査からさかのぼって12か月間に自殺未遂を起こした者が8パーセントいた」

ぞっとするような数字である。アメリカの文化的流行のご多分に漏れず、わたしたちは不安まで輸出するようになってしまったようだ。世界保健機関（WHO）が発表した2014年の調査では、世界中の青少年に病気や障害を引き起こすいちばんの原因として、鬱病が指摘されている。

それなりの大学に入ればそうした不安は解消される、などと思ってはいけない。過去15年間、アメリカの大学生のあいだで鬱病患者の数は2倍に増え、自殺率は3倍に跳ね上がっているのだ。カリフォルニア大学が行った調査では、過去50年間のデータと照らし合わせたところ、新入生自身が申告する感情面の健康は、最低水準にまで落ちこんでいた。じっさい、2013年にアメリカ大学カウンセリング協会が大学の精神保健士に行った調査によれば、ほぼ全員が、それぞれの学校で重度の心理的問題を抱える学生の数が増加傾向にあると回答したという。

学生自身がストレスを自己申告する率も高く、こちらもやはり増加傾向にある。アメリカ大学保健管理協会が2014年に行った調査では、大学生の54パーセントが過去12か月に「打ちのめされるほどの不安を感じた」と報告されている。

このように若者のあいだで精神的な病が増加しているのは、ひとつの警鐘に他ならない。増加の理由として、診断能力の向上、治療へのアクセス増加、そしてみずから助けを求める傾向が強まったことも考えられる。しかし専門家の大半が、増加のおもな原因は社会の期待が変化したためだと認めている。試験による頭脳測定が強化され、それにもとづいた評価を重視する社会の期待が、もっとも優秀な学生ですら、かつてないほどもろい存在に変えてしまったようだ。

学業で早期に成果を上げたがために、情緒が不安定になり、心がもろくなっていいはずがない。

## 遅咲きは欠陥ではない

秘めた能力を遅く開花させることは、かつては活力、忍耐、勇気の印とされていた。ところがここ最近、遅咲きは欠陥品（スタートが遅かったのにはなにか理由があるはずだ）か、残念賞的なものだと見なされる傾向が強まってきた。これは恐ろしいことだ。わたしたちが人類であることの意味——経験、復活する力、そして人生を通じて成長する能力——そのものが、ないがしろにされているも同然なのだから。

早咲きの人ですら、人生が一筋縄でいかなくなると欠陥を疑われることがある。とりわけ女性は、早咲きの期待に応えられないと、社会に拒まれたかのごとく感じてしまう。キャロル・フィッシュマン・コーエンは早咲き組だ。ポモナ大学の学生会長を務めたあと、ハーバード経営大学院に進み、最終的にはロサンゼルスのとある投資銀行の花形行員となった。30歳になる前のことである。

ところがそのあと人生に横やりが入った。コーエンは高速レースから外れて4人の子どもを産み、育てることになったのだ。ふたたび投資銀行のキャリアに戻ろうとしたものの、すでに扉は閉ざされていた。いらだちを抱えたまま数週間が過ぎるうち、コーエンは自身の能力を疑いはじめた。「自信をずたずたにされました。休職しているあいだに、あまりに多くのことが変わっていたのです。金融取引の方法から、Eメール、メッセージ、パワーポイントでのプレゼンテーションといった細かいことにいたるまで」

コーエンは、こんなふうに感じるのは自分だけではないはずだと考えた。そこでマサチューセッツ州ケンブリッジで〈iReLaunch〉という会社を立ち上げた。休職後に職場復帰を果たし、ふたたび活躍することを目指す専門職のための会社だ。「職場復帰」のエキスパートとして、復職した人と彼らを雇い入れた会社双方の相談に応じている。コーエンはこの話題について、たびたび『ハーバード・ビジネス・レビュー』誌に記事を書いている。かつて早咲き組だったコーエンは、いま第2幕を演じる遅咲きの一例として輝きを放っている。

## 遅咲きは脳の発達と関係している

じっさいのところ、多くの人がなんらかのかたちで遅咲きだ（あるいはその可能性を秘めている）。遅咲きの人は、どこかの時点で立ち往生している。わたし自身、長年にわたってそうだった。4年間で一流大学の学位を取得していたにもかかわらず、25歳のときのわたしは、皿洗いや夜間警備員、派遣タイピスト以外の仕事は長つづきしなかった。どうしようもなく未熟だったのだ。人生の出発点で足止めされた状態が長引くうち、当然ながらそれでなくとも強かった劣等感がますます強まっていった。いまは、20代はじめのころの自分を寛大な目で見るようにしている。当時のわたしは、実行機能を司るとされる脳の前頭前野が、充分発達していなかったのだから。わたしの脳は、文字通り、まだ花開く準備が整っていなかったのだ。

あなたにも思い当たるふしがあるだろうか? あなたもそういう子どもだったのでは? 学校でもスポーツでも仕事でも、とにかく成功しろという強いプレシャーをかけられると、遅咲き組はひどく焦ってしまう。しかし神経科学的な見地から言えば、もっと大らかな目で自分を見るべきなのだ。実行機能が充分に熟す平均年齢は、25歳あたりなのだから。わたしの場合、27か28歳近くになってはじめて、物事を理性的に考え、先の計画を立て、おとなとしての振る舞いができるようになった。SATを受けてから(よくも悪くもない結果だった)ゆうに10年はたっており、一流大学を(凡庸な成績で)卒業してから5年の歳月が過ぎたあとのことだった。

SATの点数や大学の成績がわたしという人間の最終的な選別基準になっていたらと思うと、ぞっとする(当時、社会の早咲き分類マシンが現在のように容赦ないほど効率的なものでなかったことに感謝だ)。前述した同じ遅咲き組の宇宙飛行士スコット・ケリーも、際立つにはほど遠い存在だったらしい。「昼間はたいてい、教室の窓から外をながめて過ごしていた」と彼はわたしに語った。「頭に銃を突きつけられたとしても、さほど変わりはなかったと思う」。スコット・ケリーの脳も、まだ花開く準備が整っていなかったのだ。

マーク・ザッカーバーグよりスコット・ケリーの方に共感を覚える人は多いだろう。わたしたちにも、おぼつかないスタート、困惑、キャリアもしくは教育の中断、悪習、悪運、あるいは自信喪失のストーリーがある。しかし遅咲き組の大半には、知的もしくは精神的覚醒らしきものの訪れとともに、新たな道に踏みだす機会が巡ってくる。自分なりの道を見つけることだ。だが恥辱にまみれたり、好機からあまりに遠ざけられたりしたため、才能を開花させる能力を発達させられない人もいる。わたしに言わせれば、人生で開花できないのは、人々にとって、ひいては社会にとって大損失である。

社会は、潜在能力を秘めた遅咲き組を後押しすべきだ。寿命が延び、おとなに達する時期も遅れ、新しい雇用の機会も大幅に増えていることを考えれば、なおさらである。人はいくつになっても、人生のどの段階でも、才能を開花させ、卓越し、真価を発揮することができると知るべきなのだ。

## 他人には見えない才能に恵まれている

　ところで遅咲きというのは、厳密にはなにを意味するのだろう？　簡潔に言えば、遅咲きとは、期待されているよりも遅く潜在能力を発揮する人のことだ[2]。他人には見えない才能に恵まれていることが多い。ここでのキーワードは、期待されているだ。思わぬかたちで潜在能力を発揮することが多いので、もっとも身近な人たちを驚かせることもある。彼らは歯を食いしばってまで親や社会の期待に沿おうとはしない。そんなことをすれば燃え尽きて心が折れてしまう。鬱や病気になる可能性すらある。

　オプラ・ウィンフリーが言う通り、「だれもが最高の運命を手にしている」。遅咲き組は、自分なりのタイムテーブルで、自分なりの方法で、自身の最高の運命を見つける人たちだ。

　本書のリサーチをしているとき、学者、心理学者、その他の科学者に、遅咲きの人をどう定義し、どう見ているのか質問してみた。〝未知の手がかり、もしくは既知の指標を求めるに当たり、土台となるような厳密かつ広範囲な研究は存在するのだろうか？[3]〟

　答えは簡潔に、ノーだった。これまで、遅咲きの人にかんする正式な研究はほとんど行われてこなかった。どうやら人の発達にかかわるこの一面については、学術界のほとんどは無視を決めこんできたようだ。まれな例外は、この話題が発達障害の理論に関係している場合だけだ。言い換えれば、遅咲きは、機能障害のレンズを通して、もしくは異常なものとして探求されてきたことになる。学術的な研究においてすら、遅咲き組はほとんど敬意を払われていないのだ。

しかし最近になって、遅咲きの概念を探求する学者が出てきた。ハーバード大学の心・脳・教育プログラムのディレクター、L・トッド・ローズと、ペンシルベニア大学ポジティブ心理学センター内のイマジネーション・インスティテュートの科学ディレクター、スコット・バリー・カウフマンだ。彼らは「平均神話」の誤りを暴き、個々人の複雑な発達について研究している。彼ら自身、華々しいまでに遅咲きだった。ふたりとも著書の中で、高校を退学させられそうになった経験に触れている。

それでも、遅咲きに特定した万能の定義や、遅咲きを解明するうえで役に立ちそうな分類学は、どんな種類のものも見当たらなかった。

この溝を埋めるため、遅咲きと呼ぶにふさわしい人生を歩んだ過去と現在の人々について調べ、数百に上る人たちにインタビューした。彼らがたびたび出だしでつまずきながらも成功した軌跡を、どう定義するのか？　遅咲きの人を苦しめる文化的な障害と自信喪失を、彼らはどう乗り越えたのか？

## 新たな発見の道を見つけること

リサーチをはじめた当初は、つぎのようなテーマに沿って考えていた——社会は、早咲きの成功者ばかりに焦点を合わせ、遅く花を咲かせる才能を見くびっている。だから、社会がつくり上げた効率的な早咲き選別のベルトコンベアで「不良品」としてより分けられてしまった遅咲きの者は、新しい技能、習慣、そしてテクニックを手にそのベルトコンベアに戻る必要がある、過去は水に流してゲームに戻ればいい、と。そしてその考えに自信を抱いていた。

ところがリサーチでわかったのは、そういうことではなかった。話を聞いた遅咲き組の大半は、早咲き組の習慣、技能、キャリアの進路を遅ればせながらたどることで花を咲かせたわけではなかった。じつを言えば、そんなことをすればほとんどの場合、その先に待っているのは失敗と心痛だったのだ。

遅咲き組の出発点について考えてみてほしい。十中八九、彼らの才能と情熱は、ほんの狭い範囲の技能しか測ることのできない文化的・教育的システムによって、見過ごされてきたのだ。発見と励ましと潜在能力を発揮する道は、そこで閉ざされてしまう。未来の成功に向けて、その扉が開くことはない。なぜなら、彼らの姿は見えていないから。だから遅咲き組が新たな決意と誓い、さらなる訓練と学費の借金を背負って早咲き組のベルトコンベアに戻ったところで、ほとんど意味はない。ベルトコンベアは一方通行なのだから。潜在能力を秘めた遅咲き組がすべきことは、むしろベルトコンベアから降り、新たな発見の道を見つけることである。そのためにも、本書があなた――あるいはあなたの子どもたち――の背中を押すことを、心から願っている。

本書は、つぎのような順序で構成されている。最初の2章では、早咲きの人をもてはやす狂気の時代にたどり着いた道筋を追い、そのために個人と社会が払った衝撃的なほど大きな代償について検証する。第3章では、最新の神経科学と認知研究が遅咲きの概念をどう支えるのかをあきらかにする――ティーンエイジャーや若者だけでなく、あらゆる年代について。それを読めば、早咲きに執着するいまの風潮は、科学的な裏づけがあるわけではなく、人間が構築したものにすぎないことがわかるはずだ。第4章を読み、そこで紹介する遅咲き組の持つユニークで強力な6つの才能について知れば、あなたも驚き、安堵し、幸せになれることだろう。本書の後半では、目につきにくい遅咲きの強みについて、さらに深く掘り下げていく。じつのところ、最初はそうした強みがむしろ障壁に見えるかもしれない。しかし洞察力と鍛錬と忍耐によって、それすら人生の花を咲かせるために役立たせることができるとわかるだろう。

この旅路を楽しんでほしい。読み終えたあとも、ぜひ議論をつづけよう。

# 第1章

# 人生は早咲きでなければならない、という強迫観念

## 早熟なティーンエイジャー

ポピュラー・サイエンスのライター、ジョナ・レーラーは、早咲きのなんたるかを身をもって示した人物だ。ロサンゼルスで生まれ育ったレーラーは、15歳にしてナスダック協賛のエッセイ・コンテストで1000ドルの賞金を勝ち取った早熟なティーンエイジャーだった。ニューヨークのアイビーリーグ、コロンビア大学に進んで神経科学を専攻し、ダウン症の遺伝的な原因を掘り下げた公表論文を共同で執筆した。

しかし若きレーラーは、科学の天才児というだけではなかった。コロンビア大学で政治と文学の世界も股にかけ、まずは『コロンビア・レビュー』誌のライターとなり、やがてその権威あるジャーナルの編集長として2年を過ごしたのである。

そんなレーラーなので、つぎにローズ奨学金を手にしても、だれも驚かなかった。オックスフォード大学ウォルフソン・カレッジで、レーラーはその学校の創設者である伝説的なサー・アイゼア・バーリンの足跡をたどり、哲学を学んだ。若いながらも博識で、トマス・ジェファーソンのように多岐にわたる分野に長けた希有な人物だと言えるだろう。ジェファーソンと同様、説得力のある文章を書く力も持ち合わせていた。

2007年、26歳のとき、レーラーは最初の著作『プルーストの記憶、セザンヌの眼―

—脳科学を先取りした芸術家たち』を出版し、高く評価された。すぐに2冊の本がつづいた。2009年には『一流のプロは「感情脳」で決断する』、そして2012年に『*Imagine: How Creativity Works*（イマジン：創造性のはたらき）』を上梓し、『ニューヨーク・タイムズ』紙のベストセラー・リスト入りを果たしたのである。

レーラーは広く深い知識の持ち主であると同時に、マルチメディアの申し子でもあった。さまざまな形式——書籍、エッセイ、コラム、ブログ——の文章を書けるだけでなく、公共ラジオ局〈ナショナル・パブリック・ラジオ〉の「ラジオラボ」で司会者としての才能も証明している。テレビでも、スティーヴン・コルベアの番組をはじめとする数々の番組にゲスト出演し、ウィットに富んだ応対を見せた。

富もすぐについてきた。彼は『Imagine』執筆にたいし、100万ドルのアドバンス料を手にしたと言われている。講演者としての副業でも大金を稼ぎはじめた。『ニューヨーカー』誌の同僚ライターだったマルコム・グラッドウェルの1講演につき8万ドルのレベルには届かなかったものの、1時間の講演で最高4万ドルを稼いでいた。大金持ちになったレーラーは、29歳の若さでカリフォルニアのハリウッドヒルズにある、建築で有名な220万ドルの豪邸シャルマン・ハウスを購入した。

そんなぐあいに、レーラーは輝くばかりの知性をもとに、若くして大成功を収めたのである。

## 「究極の神童」の台頭

出版とジャーナリズムが絡み合う世界におけるレーラーの驚くべき台頭は、『内向型人間のすごい力 静かな人が世界を変える』の著者スーザン・ケインの言葉を借りるなら、「究極の神童」と呼ぶべきものの台頭を象徴している。彼は文字通りの「神童」だ。2000年代はじめに優秀な学生からベストセラー作家へ、メディアの一現象へと上りつめたレーラーは、新たな文化的英雄であり、早咲きを具象化した存在だった。わたしたちが新世紀の足場を探っているまさにそのとき、彼の出現によって時代が転換したのである。

レーラーのような典型的な神童は、早期に花を咲かせ、富と名声を手に入れ、その存在を万人に知らしめる。彼らは、人生の早い段階で才能を発揮する者、科学技術的な資質を備えている者、この世のものとも思えないほど魅力的な者、あるいは有力一族のコネの恩恵を受けている者たちだ。いずれにしても、そうした神童たちは各分野の頂点にだれよりも早く立つだけでなく、その過程で富を手にすることも多い。

メディアは、そうした神童の出現を観察、追跡するための強力なレンズとなる。ここ数十年のあいだに、さまざまな媒体で「神童」という言葉が頻繁に使われるようになった。〈グーグル〉によれば、書籍、雑誌、新聞、その他のメディアで使われる頻度が、1960年以降、1000パーセント以上も増えてきたという。

そう聞いても、とくに不思議には思わない。この数十年は、早期に花を咲かせる者にとって実り豊かな時期だったのだ。テイラー・スウィフト、アデル、リアーナ、セレーナ・ゴメス、ジャスティン・ビーバーらの歌手、ザ・ウィークエンドやチャンス・ザ・ラッパーらのラッパー、ジェニファー・ローレンス、マーゴット・ロビー、アダム・ドライバー、ドナルド・グローヴァーらの俳優、ケンダルとカイリーのジェンナー姉妹、ジジとベラのハディッド姉妹らのモデルは全員、活躍の舞台を越えて文化を決定づけるほどの影響力を持つセレブリティだ。[4] そして全員が、有名になったときには20代かそれ以下だった。

マスメディアの最新プラットフォームであるインターネットは、おびただしい数の若い「ウェブ・セレブ」に支配されている。[5] リリー・シン（《IISuperwomanII》）、ジェイク・ポール（《jakepaul》）、マーク・フィッシュバック（《Markiplier》）、ゾーイ・サグ（《Zoella》）、そしてレレ・ポンズ（《lelepons》）といったユーチューバーやインスタグラマーは、何百万――あるいは何千万――にも上るフォロワーを従え、大手企業のスポンサー、関連グッズの販売、有料イベント等も含めたメディアのミニ帝国を築き上げてきた。いま挙げたウェブ・セレブたちは、それを10代か20代はじめに成し遂げている。

## スポーツ、政治、経済の世界で若い才能を開花させる

スポーツ界では、若くして才能を開花させる選手の方が有利だ。どんなスポーツでも、早く芽を出せば一流チームの目に留まり、一流の指導者を獲得し、最高の条件を手に入れることができる。それは昔から変わらない。

変わったのは、並外れた能力によって選出されるアスリートの年齢がさらに低くなったことだ。(6) オーウェン・パッポエは、14歳のとき、フロリダ州立大学、ノートルダム大学、ルイジアナ州立大学、オハイオ州立大学、アラバマ大学等、カレッジ・フットボールの強豪チーム30からすでに奨学金のオファーを受けていた。また、13歳のケイダン・マーティン、11歳のラカエン・タイタン、10歳のブンチー・ヤングといったアメフト界の若きスターたちにも、奨学金がオファーされる可能性が充分にある。しかしそんな彼らも、ヘイヴォン・フィニー・ジュニアと比べれば成熟している方だ。なにしろ彼がネヴァダ大学のフットボール奨学金をオファーされたのは、ほんの9歳のときだったのだから。

大勢の中から前途有望な若きスーパースターが引き抜かれるのは、アメフト界にかぎったことではない。ラクロス、サッカー、バレーボール界の新人の30パーセント近くが、大学に正式入学できる歳に達する前から奨学金をオファーされているのだ。

もっとも、最近は、年齢層が年々低くなっているのは選手だけではない。ミネソタ大学ゴールデンゴーファーズのP・J・フレックは、ビッグ・テン・カンファレンス（米大学スポーツのリーグ）史上最年少の36歳でアメフトのヘッドコーチに就任した。リンカーン・ライリーはオクラホマ大学スーナーズ――毎年トップ20に入る強豪チーム――のヘッドコーチに就任したときはまだ33歳で、310万ドルの年俸を手にしている。そしてロサンゼルス・ラムズのショーン・マクベイは、現代NFL史上最年少の30歳でヘッドコーチに就任した。

では、奥の部屋で葉巻をくわえながら登録選手名簿を掌中に収め、コーチの雇い入れ（もしくは解雇）等、あれこれ牛耳るゼネラルマネージャー（GM）はどうなのだろう？ 本書を執筆している時点では、プロ野球のメジャー・リーグにいる40歳以下のGMは、10名を下らない。最年少はミルウォーキー・ブルワーズのデイヴィッド・スターンズ、31歳だ。しかしナショナル・ホッケー・リーグのアリゾナ・コヨーテズのGM、ジョン・チャイカの26歳と比較すれば、スターンズは歳がいっている方だ。チャイカは、アメリカのメジャー・スポーツチーム史上最年少のGMである(7)。

テクノロジーが若者の得意分野であることはよく知られているが、それにしてもその若年ぶりには驚かされる。シアトルが拠点のオンライン労働賃金情報会社〈ペイスケール〉

が２０１６年に行った調査で、テクノロジー産業のもっとも業績の高い企業32社における社員の平均年齢が判明している。平均年齢が35歳を超えている会社は、６社だけだった。平均年齢が30歳以下の会社は８社だ。

予想通りの結果だとはいえ、驚くような数値である。労働統計局が発表した全アメリカ労働者の平均年齢は42・３歳なのだから。〈ペイスケール〉の調査によれば、さらに若い社員を雇っているのは〈フェイスブック〉で、平均年齢28歳だという（平均給与は24万ドル）。そして〈グーグル〉社員の平均年齢は29歳だった（平均給与は19万５０００ドル）。

企業のオーナーや幹部、最高経営責任者（ＣＥＯ）についてはどうだろう？『フォーブス』誌では30歳以下の富豪ビジネスパーソン10名をリストアップしている。たとえば〈スナップ〉のＣＥＯエヴァン・シュピーゲルと共同創業者ボビー・マーフィーだ。ふたりはともに22歳のとき〈スナップ〉を創業した。

では、米国の中枢である政治の世界は？

中央政界に属する35歳以下の政治家は、ロレッラ・プレイリ、ジェナ・ローウェンスタイン、シモーヌ・サンダース、ベン・ヴィッセルといった面々だ。ホワイトハウスでは、スティーヴン・ミラーが31歳にして大統領の上級政策顧問となり、ホープ・ヒックスが28歳でホワイトハウス広報部長となった。ヒックスはのちに辞任している。

当然ながらメディアも、台頭する究極の神童を見逃しはしない。わたし自身の雑誌『フォーブス』は、30歳未満の富豪30人シリーズをひとつの産業にまで発展させ、いまでは世界中の国別や複数の団体に細分化したリストが存在する。現時点で、主要雑誌のほぼすべてが早期成功者のリストをもとに年刊誌を発行している。ビジネス界、ファッション界、広告業界、エンターテインメント界、料理界、詩作界、さらには精肉業界にいたるまで、40歳未満の富豪40人、30歳未満の富豪30人といったリストが存在するのだ。

だが30歳未満のリストはもう古い。こと成功にかんして言えば、いま30歳が新たな50歳になりつつあるのだから。２０１４年、『タイム』誌は「もっとも影響力のあるティーンエイジャー」の年間リストを発表しはじめた。そう、ティーンエイジャーである。こうした若さと早咲きへの異常なこだわりは、ファッション評論家サイモン・ドゥーナンにこう宣言させるまで熱を帯びてきた。「若さは新たな世界通貨だ」

このへんで少し落ち着こう。早咲きを認め、祝福するのはまちがったことではない。彼らの成功は、認められてしかるべきものだ。しかし社会が早期の成功に強くこだわれば、まちまちの方法とペースで発達する大多数の人々が害を被ることになる。こんなメッセージが押しつけられるのだから――20歳になるまでに有名になっていないなら、産業に革命を起こしていないなら、7桁の銀行預金を稼いでないなら、あなたは人生のどこかで道をまちがえたのだ。
それは、大半の人が思う以上に危険きわまりないメッセージである。

## 加速する「エリート」への投資

20世紀半ば、エリート能力主義が上流階級主義をしのぎはじめた（第2章参照）。その傾向は20世紀後半にかけて加速していった。現在は、能力あるエリートこそが上流階級ではあると広く認識されている。世を牛耳る王者は信託基金の上にあぐらをかいているわけではない。彼らはもっと現代的な富を所有している。新たな王者のほとんどは、ジョナ・レーラーのように16歳か17歳のときにSATで満点もしくは満点近くの点数を取り、超一流大学への入学を許可された者たちだ。

そんな流れに反応して、人々はテストの点数と大学のランキングに執着するようになった。いま、大学入試テスト——SATかACT（もともとはアメリカン・カレッジ・テストの略）、もしくはその両方——を受けるティーンエイジャーの数は、かつてないほど増加している。2017年には160万人以上の生徒がSATを受験しているのだ。そして史上はじめて、ACTの受験者数がSATの受験者数を2000人ほど上まわった。多くの高校生が1年生と2年生のあいだにその両方を何度も受験する。それだけでなく、SA

T予備テストやSAT科目別テスト、そして飛び級テストも受けている。じっさい、2016年から2017年の学年度にかけてSATもしくはSAT予備試験に関連する査定を経験した生徒は、670万人以上に上る。

高等教育費用の値上がりや学生の借金の増加ばかりが注目され、大学への入学準備にも大金がかかることは見過ごされがちだ。準備費用は、生徒が大学に入学申請をするはるか前からかさみはじめる。SATとACT受験に備えて予備校に通ったり、家庭教師をつけたりしなければならないからだ。

そうしたテストそのものが、もはやひとつの産業と化している。受験料、管理、準備に、何百万ドルという金が費やされているのだ。受験準備のための産業は毎年10億ドル近くの利益を生み、11万5000人以上の人々の収入源となっている。

出費をさらに押し上げているのが、厳選された家庭教師や、オンラインでのマンツーマン指導だ。裕福な親たちをターゲットにしたその手のサービスは、数千ドルもするものまである。個人指導の需要が高まったことが高値の原因だ。金持ちなら余裕があるので、大金を支払うことができる。シリコンバレーの親たちは、子どもが高校に通う4年間で家庭教師に5万ドル費やしたという話題を、平然と口にする。

〈プリンストン・レビュー〉や〈カプラン・テスト・プレップ〉等、予備校でのグループ指導もあいかわらず人気で、そちらは料金も比較的リーズナブルだ。たとえば〈プリンストン・レビュー〉でのグループ指導30時間にかかる費用は、クラスの規模によって1000ドルから1600ドルである。

しかしいまの流行は個人指導で、こちらはたいてい費用もぐっと高くなる。ニューヨークを拠点に個人指導を行うアンソニー＝ジェームズ・グリーンが、最近、1時間1000ドルという指導料で注目を浴びたばかりだ。テストの公正性を主張する団体〈フエアテスト〉の公共教育担当局長ロバート・A・シェーファーが指摘している通り、この流れは大学入学をめぐる「激戦」に、生徒も家族もすっかり巻きこまれている証拠である。

しかし、共通テストで高得点を獲得するために人々が金を支払うのは、それだけの価値があるというだけでなく、必要不可欠なことだと考えているからだ。大学進学を巡る厳しい戦いに共通テストの結果が重要でありつづけるかぎり、一歩先んじようとする人たちはいなくならないだろう。

## 専門化されていくスポーツが楽しさを奪う

学業以外の分野でも、早期成功のプレッシャーはある。たとえばスポーツだ。最近の『ワシントン・ポスト』紙の記事によれば、子どもの70パーセントが13歳になるまでにスポーツをやめてしまうという。なぜか？　子どもたちはこう口を揃える――「もう楽しくないから」。しかし、どうして楽しくなってしまうのだろう？

スポーツは高度に専門化され、競争が激化する年齢がどんどん若年化している。その理由はふたつある。

ひとつは昔ながらの理由だ。できるかぎり上達したいと思う子どもがいる。地区の陸上競技会に出場したい、高校のバスケットボール・チームの先発メンバーに入りたい、アメフトで好成績の証であるレター・ジャケットを勝ち取りたい、と。才能に恵まれ、向上心の強い子どもは、頑張りつづけるだろう。そうすれば、全額支給の奨学金を得て最高レベルの大学で戦えるかもしれない、そのあとはプロの道に進めるかもしれない、あるいはオリンピック・チームに加わることができるかもしれない。どの時代であれ、子どもはシリアルの箱に写真が印刷されるくらい強くて有名なスポーツ選手になりたいと思うものだ。

しかしより多くの資金が注ぎこまれるようになると、そうした傾向が加速してしまう。8歳の子どもを夏合宿に送りだす、10歳の子どもに最高級の装備を揃える、14歳で一流コーチ、あるいはパーソナルトレーナーを雇う等、贅沢な機会が提供されるようになる。要するに、スポーツで抜きんでるための賭け金――時間と金――が、どんどん高くなっているのだ。

もうひとつの理由は、より微妙で、腹黒い。『ワシントン・ポスト』紙が報告しているように、「われわれの文化はもはや、年齢の高い子どもが娯楽としてスポーツに取り組むのをよしとしない。〝成功する〟ベストな子どもたちを育てようとプレッシャーをかけている。その期待に応えられそうにない子どもたちは、その時点で無駄なことはやめて抜きんでることができそうな分野を他に探し、そちらに焦点を定めるよう仕向けられる。中学校のオーケストラでまさにそういうことが起きている。主席を取れない子どもは、このまま つづけていく価値があるのかどうか、悩むことになるのだ」。

スポーツや音楽をたんに楽しむだけ？　そんなのは20世紀の遺物にすぎない！　大半の生徒にとってスポーツは、得意分野を早めに見きわめるためのひとつの道にすぎないのだ。

## 課外活動も大学合格への道に

ここでも問題の原因は、入るべき大学に合格するための競争——そして早期成功のための正しいルートに乗ること——のようである。

〈スコア・アット・ザ・トップ・ラーニング・センター・アンド・スクールズ〉の有資格教育プランナー、ジュディ・ロビノヴィッツは、スポーツは履歴書の価値を高めるために利用すべきものだと考える。ロビノヴィッツは子どもたちをできるかぎりいい大学に入れることを生業としており、『*The 10 Most Important Factors in College Admissions*（大学合格のためにもっとも重要な10の要素）』という案内書を出版している。彼女は顧客に、「難易度の高いカリキュラムで継続的に成績を上げる」ことと、「ＳＡＴで堅実な得点」を得ることに集中するよう助言する。そこまでは驚くようなことではない。ただし彼女はさらに課外活動の重要性も指摘し、大学に合格するためにそうしたことへの参加を最大限活用するよう指南しているのだ。彼女が第４項と第６項で使う言葉に注目してみてほしい。

４：リーダーシップ、率先力、存在感を示すための活動に積極的に参加すること。大切なのは経験の幅ではなく深さだ。大学は「多才な」生徒ではなく、なにか「特化」したものに熱心に取り組む生徒を求めている。

６：他の関心を惹くような、均整のとれた学生を大学全体に揃えるために貢献できる、特別な才能や経験が求められる。スポーツ、研究、執筆、芸術その他の才能を発揮するために、人より努力する生徒が一歩リードする。

ここでも、大学合格という刃が現代の子どもたちに突きつけられている。ここには情熱と楽しみという言葉が欠けていることにお気づきだろうか？　楽しむかどうかは関係ない。

子どもはスポーツに秀でていなければならないのだ（あるいは音楽に、演劇に、議論に、さらにはボランティア活動に）。その活動が好きかどうかなど、的外れもいいところだ。大学が入学を許可する生徒には、優秀さだけが求められる。だからなにか抜きんでることのできる活動を見つけて、それ以外のものは平凡という名のゴミ箱に捨ててしまえ。「一歩リードし」、「際立つ」ために。

そうしてなにが悪いというのか？　大学への入学は、かつてないほどむずかしくなっている――昔は「滑り止め」と見なされていた大学の多くですら。

## 入学難易度が上がりつづける大学

つぎの表は、アメリカの名門大学トップ10の入学難易度の変化を示している。

２００１年、シカゴ大学は申請者の44パーセントを入学させていた。ところが２０１５年には、それが8パーセントに激減している。同じようにジョンズ・ホプキンズ大学では、２００１年には入学希望者の34パーセントを受け入れていたのが、２０１５年には14パーセントにまで落としている。ペンシルベニア大学は２００１年には約22パーセントを受け入れていたのが、２０１５年にはその半分以下になってしまった。じっさい、ここにリストアップした10校中８校の入学許可率は、たった15年のあいだに半分もしくは３分の２に

| 大学名 | 入学許可率 2015 | 2014 | 2013 | 2012 | 2011 | 2010 | 2009 | 2008 | 2007 | 2006 | 2005 | 2004 | 2003 | 2002 | 2001 |
|---|---|---|---|---|---|---|---|---|---|---|---|---|---|---|---|
| コロンビア大学 | 7 | 7 | 7 | 7 | 10 | 10 | 11 | 11 | 12 | 12 | 13 | 13 | 14 | 14 | 該当なし |
| デューク大学 | 11 | 11 | 13 | 14 | 16 | 19 | 22 | 23 | 23 | 24 | 22 | 21 | 23 | 26 | 該当なし |
| ハーバード大学 | 6 | 6 | 6 | 6 | 6 | 7 | 7 | 8 | 9 | 9 | 9 | 10 | 10 | 10 | 11 |
| ジョンズ・ホプキンズ大学 | 14 | 16 | 18 | 18 | 19 | 22 | 28 | 26 | 26 | 28 | 35 | 31 | 31 | 35 | 34 |
| マサチューセッツ工科大学 | 8 | 8 | 8 | 9 | 10 | 10 | 11 | 12 | 12 | 13 | 14 | 16 | 16 | 16 | 17 |
| プリンストン大学 | 7 | 7 | 7 | 8 | 8 | 9 | 10 | 10 | 10 | 10 | 11 | 13 | 10 | 12 | 12 |
| スタンフォード大学 | 5 | 5 | 6 | 7 | 7 | 7 | 8 | 9 | 10 | 11 | 12 | 13 | 13 | 13 | 13 |
| シカゴ大学 | 8 | 9 | 9 | 13 | 16 | 19 | 27 | 28 | 38 | 40 | 40 | 40 | 40 | 42 | 44 |
| ペンシルベニア大学 | 10 | 10 | 12 | 13 | 12 | 14 | 18 | 17 | 16 | 18 | 21 | 21 | 20 | 21 | 22 |
| イェール大学 | 7 | 6 | 7 | 8 | 8 | 8 | 9 | 10 | 9 | 10 | 10 | 11 | 13 | 14 | 16 |

まで落ちこんでいるのだ。

つまり世代がひとつ変わっただけで、競争が——そして排他性が——並外れて高まったのである。さらに歴史をさかのぼると、スタンフォード大学は1950年には85パーセント近くを受け入れていたのが、1990年には22パーセントとなり、いまでは全国でもっとも低く、たったの4・6パーセントしか受け入れていない。

入学の難易度が途方もなく高まっているのは、名門大学だけではない。ここ10年で、広範囲にわたる大学の入学許可率が急落しているのだ。ノースイースタン大学の入学許可率は62パーセントから32パーセントに、タルサ大学は76パーセントから40パーセントに、テュレーン大学は55パーセントから26パーセントに、コロラド・カレッジは58パーセントから22パーセントに急落している。ヴァンダービルト大学は46パーセントからいっきに13パーセントだ。

いわゆる「滑り止め」とされている大学はどうだろう？　サンディエゴ州立大学やカリフォルニア州立大学ロングビーチ校といった、かつてはお遊び大学と呼ばれていたところですら、いまでは全申請者の3分の1しか入学を許可していない。あらゆる認可大学において、全米の入学許可率はここ10年で10パーセント下がっている。高等教育の世界では、もはや「自動的に入学」できる場所はほとんどないというのがシンプルな事実である。

この強烈なプレッシャーが、どんな犠牲を払おうとも子どもや若者から最高のパフォーマンスを絞りだそうとする産業を誕生させることになった。《アマゾン》でさっと検索をかけてみれば、『子どものやる気を引きだす』、『ティーンズのやる気ガイド』、『子どもを成功させる方法』、『ポジティブな激励』、『娘を神童に育てる方法』、『クラスでトップを取る』、『タイガー・マザーの闘いの歌』といったタイトルがつぎからつぎへとヒットする。

知育製品は大きな産業だ。子どもを天才にするための玩具やＤＶＤ、ソフトウェア、ゲーム、教育プログラム等がちまたにはあふれている。かつてディズニーの傘下にあった年商4億ドルの企業〈ベイビー・アインシュタイン〉は、赤ん坊や幼児の認知能力を伸ばすためのマルチメディア玩具を製造している。「赤ちゃんの知力を高める」保証付きのそうした玩具は、〈ウォルマート〉や〈ターゲット〉、そして《アマゾン》で入手可能だ。他にも、〈スマーティパンツ〉社の子ども用マルチビタミン剤、科学（Science）、技術（Technology）、工学（Engineering）、数学（Math）の知能を育むＳＴＥＭ玩具等、子どもの知育産業には、競争において優位に立つための商品が揃っている。ＳＴＥＭスキルは子どもに欠かせないというわけだ。

〈アメリカン・エキスプレス〉が行ったある調査で、プログラミング合宿、技術アカデミー、音楽やダンスのレッスン、カリキュラムの補習、個人指導等のために、夏休みには毎年のように親たちが１６０億ドルを費やしていることが判明した。

## スポーツ競技を「正しい練習」で成功させる

青少年のスポーツ競技は、年に１５０億ドルを叩きだす産業に成長した。親たちは筋力とコンディショニングのコーチを雇うために時給１００ドルを支払い、打撃やパスの技術を磨くためのプライベート・コーチを雇い、選抜チームの遠征費を負担するようになった。『タイム』誌につぎのような記事が掲載されている。

地元リーグは民間のクラブチームにじりじりと追いやられつつある。民間クラブチームは、プロスポーツのフランチャイズ傘下の養成アカデミーから、経験の浅い副業コーチ陣が取り仕切る地域チームにいたるまで、さまざまな団体が緩やかに管理された集団だ。強豪チームは才能を競い合い、遠征して全国トーナメントに出場する。

子どもをなにかのスポーツで成功させるため、全収入の10パーセントを受講料、遠征費、合宿費、そして道具に当てる家庭もあるという。

しかもいまは、子どもにただ練習させればいいというものでもない。正しい方法で練習させなければならないのだ。科学的研究を専門にする心理学者アンダース・エリクソンが提唱する「限界的練習」に沿った方法である。

マルコム・グラッドウェルが2008年のベストセラー『天才! 成功する人々の法則』で論じた1万時間の法則で有名なエリクソンによれば、限界的練習とは、明確に定義された特定の目標と専門領域にフォーカスすることで、個人をシステマティックに向上させる練習法だという。それには、求められる専門分野――たとえばチェス、バレエ、音楽――において、教え子を必ず上達させる能力を持ち、継続的にフィードバックを与えられるような教師や指導者が必要だ。また子どもには、自身の居心地のいい領域、すなわちコンフォート・ゾーンをつねに超えたところで練習を積ませる必要があるという。

作家であり実業家でもあるペネロペ・トランクは、自身の11歳の息子について書いた文章のなかで、限界的練習の厳しさ――と狂気――をみごとに描写している。チェロを演奏する彼女の息子は、ジュリアード音楽院のプレカレッジのオーディションを受けるため、4分間の楽曲を毎日3時間、6か月にわたって練習しつづけたという。「息子は曲のリズムを変えて練習していた。チューナーを使って音符をひとつずつ奏でる練習。メトロノームの速さを変えながら各小節を練習。そして4分の曲を20分かけてゆっくり演奏する練習」。あるときなど、チェロの個人教師と一緒に1時間かけて5つの音符を練習していたという。そして彼はみごとジュリアードに合格した。

集中力を発揮すれば、どんな子どもでもバレエのプリンシパルやチェスのチャンピオン、数学の天才やミシュランの星を獲得するシェフになれる、ということらしい。やる気と焦点と鍛錬を尊重する流行の理論に従い、限界的練習を充分に積めば――そして裕福な親がいれば――どんな子どもにとってもコンサート・チェロ奏者やオリンピックの乗馬選手になるのは夢ではないという。そのレベルに達しようと努力する経験が、大学に入学し、さらに完璧な仕事に就くためにも役立つのだ、と。

では、こうした風潮のマイナス面はなんだろう？

## 早咲きのプレッシャーが与えるダメージ

早咲きを求めるプレッシャーは、大勢の子どもに肉体的、精神的なダメージを与えている。アメリカでは何百万人もの子どもたちに多動性障害（ＡＤＤ）の薬が処方されている。ＡＤＤの子どもは学校でじっとすわっていられず、注意力が散漫になり、それが成績や共通テストの点数、ひいては大学入試に悪影響をおよぼすから、というのがそのおもな理由だ。『*Boys Adrift*（さまよう少年たち）』『*Girls on The Edge*（危機にある少女たち）』等の著作で問題を抱えたティーンエイジャーを取り上げてきた、医師で心理学者のレナード・サックス博士は、つぎのように語った。

現在アメリカの子どもは、イギリスの子どもと比べると、ＡＤＤの薬の服用率が14倍も高いと思われます。ドイツの子どもと比べると、双極性障害と診断されて治療を受ける率が40倍も高い。イタリアの子どもと比べると、行動を制御するために「リスパダール」や「ジプレキサ」といった抗精神病薬を服用している率が93倍も高いのです。オールＡの成績を取れなかったり、教室でじっとしていられなかったりする子どもへの対処として、まっ先に薬に頼る国は、アメリカをおいて他にはありません。これはアメリカ独自の現象であり、かなり最近の傾向です。

21世紀の社会は、大学不合格を治療が必要な病気に変えてしまったのだろうか。いまの社会は、以前にも増して、大学の学位をすばらしい人生への必須条件と見なすようになった。ところが大学の門戸が広げられないいま、親たちはかつてないほど数多くの子どもたちに、かつてないほど狭い門をくぐり抜けさせようとしている。

ここでちょっと考えてみてほしい。大金を費やし、家族の団らんを奪ってまで、子どもたちを組織化された活動へ参加させ疲労困憊させることが、より善良で生産的で幸せな人間の成長につながるものだろうか？　才能の開花に役立つことだろうか？

大半の子どもにとっては、まさにその正反対だろう。早咲きを求めるプレッシャーの裏には、若者の志気をくじく暗い一面が隠れている。プロのように練習しろ、完璧を求めろ、10代（もしくはもっと早く）から人生の選択をしろ、と若者に強要するおとなたちが、彼らの発達を妨げ、発見への道を閉ざし、彼らをより脆弱な人間にしてしまっているのだ。

夢を大きく持ち、リスクを恐れず、人生で避けられない失敗から学ぶよう励ますべきまさにその時期に、ほんの小さなミスを犯す恐怖の中で生きろと教えているようなものである。親が子どもを神童にしようと躍起になればなるほど、子どもは不安定な人間に育ってしまう。

ミーガン・マカードルは、現代の若者につきまとう失敗への恐怖について、広く記事を書くジャーナリストだ。２０１４年、彼女は向上心の強いある高校生とのやりとりを紹介している。

先日の講演のあと、高校2年生の女子生徒がはにかみがちに、ちょっと話がしたいといって近づいてきた。はにかむ高校2年生の話には、いつも耳を傾けることにしている。わたし自身、そういう高校生だったから。彼女はわたしにこんな質問を投げかけてきた。「新しいこと、むずかしいことに挑戦しなさいというお話は理解できました。でもわたし、国際バカロレア機構のプログラムに登録していて、その中で4・0の成績が取れるのは5パーセントだけなんです。なにか新しい科目に挑戦しても、そこでAの成績は取れないかもしれません。なのに、どうして挑戦できるんですか?」

それにたいするマカードルの答えを簡潔にまとめるとこうだ。〝高校2年生のいま、新しいことに挑戦できないなら、いつできるの?〟

## 疲れ果て、心を病んでいく子どもたち

スタンフォード大学の心理学教授で、ベストセラー『マインドセット「やればできる!」の研究』の著者キャロル・ドゥエックは、このテーマをとりわけ重視している。

ある晴れた秋の日、わたしはドゥエック教授と、それまで彼女が目にしてきた大学新入生の変化について、腰を据えて話し合った。

「社会が危機にあると思います」と彼女は言った。「いまの子どもたちはみんな疲れ果て、不安定です。以前と比べて、失敗や評価をひどく恐れるようになりました。安全圏内にいたがる子どもたちばかりなんです。人に判断されたり、なにかを生みださなければならなかったりする状況には入りたがりません」

そうした子どもたちが、スタンフォード大学への入学を許可されているのだ——人生の早い時期に「勝ち組」となった子どもたちである。どうやら若さ特有の楽観性はもはや、失敗への深刻な恐怖へとねじ曲げられてしまったようだ。

しかも状況はさらに悪化している。

2011年以降、10代の鬱病や自殺が急増しているのだ。これはとりわけ深刻な事態だ(8)。なにしろいまは、全体的に若者の素行が改善している時代なのだから。アメリカでは他の

先進国と同様、飲酒、喫煙、ドラッグの使用が減っており、10代の妊娠率も記録的な低レベルにある。それにもかかわらず、10代の若者はあきらかにメンタルヘルスの危機に瀕している。

10代の若者の鬱や不安症の率は、過去20年間で1・7倍になった。精神状態に問題を抱えて心療内科やカウンセラーのもとを訪れる若者の数は、2009年以降、2倍以上増加し、過去3年間で摂食障害を抱えるティーンエイジャーの入院がほぼ倍増している。心理学専門誌『サイコロジー・トゥデイ』によれば、アメリカではいまの高校生と大学生が鬱病に苦しむ割合が、50年前の若者と比べると5倍から8倍も高いという。

これはアメリカだけの問題ではない。世界中の若者が、10代で鬱を経験するようになった。世界保健機構(WHO)が2016年に発表した調査で、世界中の若者に病気や障害を引き起こす原因として、鬱が群を抜いていることが判明した。WHOがサポートする世界精神保健調査では、精神面に問題を抱える人の半数が、14歳で最初の症状を経験するという結果が出ている。しかもアメリカのように国民所得の高い国でも、メンタルヘルスの問題で治療を受けている若者は半分もいない。となれば、それが悲劇的な結末につながりがちなのは、火を見るよりあきらかだ。

10代の自殺率は警戒レベルに達している、とアメリカ疾病管理予防センター(CDC)

が2017年8月のレポートで報じた。女子の自殺率は、過去40年間でもっとも高い。2007年から2015年にかけて、10代男子の自殺率は1・4倍に、女子は2倍以上増えているのだ。2011年には、過去20年以上ではじめて、10代の若者の自殺による死亡者数が、殺人による死亡者数を上まわった。10代の若者の死亡原因で自殺を上まわるのは交通事故だけだ。ティーンエイジャーのその他の死亡原因が減少するなか、自殺だけが上昇をつづけている。自殺未遂も同様だ。「この死亡者数は氷山の一角にすぎない」と、CDCの統計学者サリー・カーテンは嘆く。

理解に苦しむのは、こうした不安の高まりはどれも、世の中の現実的な危険とはいっさい関係ないように見える点だ。蔓延する飢饉や貧困、戦争、セキュリティ脅威等、精神に悪影響を与えるような出来事との相互関係が認められないのである。アメリカの青少年と若者が不安症や鬱に悩まされる率は、世界大恐慌、第二次世界大戦、ベトナム戦争時――アメリカに徴兵制があった時期――の方が、いまよりうんと低かった。現在の率の上昇は、むしろ若者の世の中とのかかわり方が大きく影響しているようだ。

いまはかつてないほどテストや成績が重視されるようになった。現代の子どもたちは、かつてないほど学校で過ごす時間が長い。学校の外でも、家庭教師がついたり、コーチ指導を受けたり、ランクづけされたり、褒美を与えられたりする。若者の不安症と鬱が増加したこの半世紀は、研究者が「フリー・プレイ」と呼ぶもの（一般の人は「遊びまわる」と表現するが）が減少する一方、組織化されたスポーツ等、学校やおとなの指示による活動の重要性が着々と高まってきた時期だ。あらゆる環境において、子どもや青少年ではなく、おとなが主導権を握ってきた。どうやらそれが、不幸、不安、精神病理――さらに悪いもの――を生みだす原因のようだ。

ティーンエイジャーにかんする科学論文や書籍を140以上執筆しているジーン・M・トウェンギ教授によれば、より若い世代が「精神衛生上、ここ数十年で最悪の危機に瀕している」と言っても「けっして大げさではない」という。トウェンギは、不安症と鬱が世代的に増加しているのは、目標が内因性から外因性にシフトしたことが関係していると考える。

内因性の目標は、自分自身の発達と関係する。たとえば、自分が選んだ活動のための能力を習得したり、強い自我を発展させたり。一方、外因性の目標は、物質的な報酬や他人の評価と関係する。たとえば好成績やテスト結果、高収入、見てくれのよさ等だ。

トウェンギは、現代の若者が過去の若者と比べて、外因性の目標に向かいがちであることを示す証拠を挙げている。たとえば毎年新入生に行われるアンケートによれば、いまの学生は「経済的に裕福になる」ことの方が「人生で意義深い哲学を発展させる」ことよりも重要だと回答するのだという。50年前は逆の結果だった。

## リスクを回避し、決断を先送りする無気力な世代

早咲きを追求するあまり、おとなは若者に〝子ども〟でいられる貴重な時間をほとんど与えようとしない。かつて〈フェイスブック〉の創業者マーク・ザッカーバーグ（当時22歳）が断言したように、若い者の方が「頭がいい」という考え方があるために、より早い時期に成功しなければならないと思いこんでいるからだ。

しかし現実はそうはいかない。23歳までに10億ドルを稼いだザッカーバーグや、HBOの人気ドラマ『GIRLS／ガールズ』を製作した25歳のクリエーター、レナ・ダナムのような人がいる一方で、20代に入っても両親の家の地下室で、なぜ自分はいまだ大きなことを成し遂げていないのか、と悶々としている若者はごまんといる。こうした不安が、本来なら活力に満ちているはずの世代全体を、無気力状態に陥らせているのだ。

〈ユニオンバンク〉の調査によれば、２００８年から２００９年にかけての経済危機を経験したミレニアル世代（２０００年以降に社会進出した世代）は、世界大恐慌以降、どの世代よりもリスクを回避する傾向にあるという。彼らは人生における決断を先送りし、結婚時期を遅らせ、ひとつのキャリアに腰を落ち着けるまでにうんと時間をかける。彼らは

過去の世代と比べて、成人ならではの責任が伴う3つの事柄と縁遠い——結婚相手、家、子どもである。

ところが、そんな不自由さとは無縁で、なんら束縛はないはずなのに、いまの20代は過去の若い世代と比べて引っ越すことが少ない。2016年に、前年からの住所変更を届けでた25歳から32歳の成人は、ほんの20パーセントに留まっている。古い世代が同年代だったときは、1年で引っ越す率がはるかに高かった。1963年、いわゆる「沈黙の世代(1920年代半ばから40年代半ば生まれの消極的な世代)」が25歳から35歳のときは、過去1年間に引っ越した割合は26パーセントほどだった。そし2000年、20代と30代に入ったX世代(1960年代半ばから80年代の型にはまりたがらない世代)も、過去1年間に26パーセントが転居を届けでている。

それに加え、今日の若い成人は過去の同世代と比べて、長い期間、実家に留まる傾向にある、とピュー・リサーチ・センターは分析している。2016年について言えば、25歳から35歳の15パーセントが両親と同居していた。これは、X世代が同じ年ごろだった2000年から1・5倍の増加であり、1964年に実家で暮らしていた沈黙の世代の2倍近くに相当する。いちばんの驚きは、今日の18歳から34歳の若者が家族から独立して生活する割合は、1930年代の世界大恐慌まっただ中よりも低い点だ。

## ただ楽しむだけの時間はどこにある？

それにもかかわらずいまの社会は、若者はもっと多くを達成すべきだ、もっと早くに達成すべきだ、もっと若くして達成すべきだ、と大きな期待を押しつける。20代の人にとって、メッセージは明快だ。〝いますぐ成功せよ、さもなくば一生成功しない〟

クリスティン・ハスラーによる『*20 Something Manifesto*（20代の宣言）』は、彼女曰く「期待の二日酔い」も含めた若者の経験を探求した短編集である。ジェニファーという名の25歳の女性は、「なんだか恐ろしい」と語る。「成功〝らしきもの〟を手にするために期待されていることを考えると――『自身の情熱にしたがえ、夢を生きろ、リスクを恐れるな、しかるべき人たちとつながれ、師を見つけろ、金に責任を持て、ボランティアをしろ、はたらけ、大学院入りを検討するか実現しろ、恋に落ちろ、からだと心の健康と栄養を保て』。ただ楽しむだけの時間はどこにあるの？」バージニア州出身の24歳の若者はこう嘆く。「20代で残りの人生の基盤となるような決断をしろ、とプレッシャーをかけられる。まるで、選択肢がかぎられている方が簡単だとでも言うように」

本書のためにリサーチしているときに出会った20代の若者の多くが、同じような懸念を口にしていた。一流大学を卒業した25歳のメグは、独り立ちして中西部の大都市で将来性のある仕事に就いている。彼女は多くの同僚の気持ちをこう代弁した。「大きなプレッシャーを感じています。いつも、いま以上に頑張らなければ、と」

これはけっして目新しいことではない。アメリカをはじめとする裕福な国々は、外見とヒップな文化という点で、若さをやみくもに崇拝してきた。１９６０年代のカウンターカルチャーの時代、ヒッピーのスポークスマンだったジェリー・ルービンは、30歳を超えた人間をけっして信用してはならない、と若者に説いた。しかしルービンのコメントはおもにベトナム戦争と戦場へ10代の若者を送りこんでいた年長（そしておそらくは信用ならない）者への抗議だった。

ここ数十年のあいだに、わたしたちの若さにたいする文化的執着は、その焦点を戦争と理念から成功の外面的な尺度へと移してきた。探検と自己発見に置かれていた価値観が、目に見えるたしかな業績へと移ったのだ。完璧もしくはほぼ完璧なテストの点数と成績、名門大学への入学、とびきりすばらしい就職先、高収入、高い地位――そうしたものへの進歩を数量で表すことによって、模範的な若者が定義されるようになったのである。

《フェイスブック》、《スナップチャット》そしてとりわけ《インスタグラム》等のソーシャルメディアのプラットフォームが、その移りかわりに重大な役割を演じている。ソーシャルメディアは、相手の年齢にかかわらず、人が抱える不安に直接訴えかけてくる。これまでも、自己像をかたちづくるうえで映画や雑誌やテレビが大きな影響をおよぼし、社会的な理想を押しつけてくることは認識されていた。ところがいまではソーシャルメディアが、もっとも有害な文化的鏡となったのだ。

イギリスの王立公衆衛生協会が行った広範囲におよぶ調査によれば、《フェイスブック》、《インスタグラム》、《スナップチャット》といったビジュアル・プラットフォームのせいで、若者は自分と他人とを比較し、外見をもとに人に認められようとするようになったという。ちなみに、《スナップチャット》が、大きな不安や憂鬱、いじめを引き起こす可能性がもっとも高いことが判明した。他人と比較したり他人からの承認を求めたりする機能が、トウェンギ教授が詳述した危機を増大させている。つまり20代の若者は、自分の外面――見てくれ、富、地位、そして成功――を、達成不可能な完璧さの基準とつねに照らし合わせていることになる。

では年長者は難なく生きているのかと言えば、悲しいことにそうでもない。

## シリコンバレーの年齢差別問題

数多くの産業が中高年労働者を若い労働者に置き換えようとする昨今、とりわけテクノロジー企業は長い職務歴を信用しない傾向にある。シリコンバレーでもっとも高い業績を上げている企業は、社員の平均年齢が32歳かそれ以下であることが多い。起業したてのベンチャー企業の話をしているのではない。〈アップル〉、〈グーグル〉、〈テスラ〉、〈フェイスブック〉、〈リンクトイン〉等の巨大な企業とその文化の話である。こうした企業は、シリコンバレー周辺に長年はびこる暗い精神を反映している。２０１１年、億万長者のベンチャーキャピタリスト、ビノッド・コースラが聴衆に向かってこう語った。「45歳以上の者は、基本的に新しいアイデアが枯渇している」

ジャーナリストのノーム・シャイバーは、シリコンバレーの年齢差別問題を取り上げるにあたり、サンフランシスコの形成外科医セス・マタラッソの体験を引き合いに出している。マタラッソが開業した当初は、中年後期に差しかかった患者がほとんどだったのが、いまでは20代の技術者が日常的に訪れるようになったのだという。毛髪が薄くなってきたので植毛できないか、と26歳の若者が訪ねてきたこともあった。

シリコンバレーで40歳以上の労働者の職探しを支援するコンサルタント、ロバート・ウィザーズは、歳のいった応募者には、年齢をごまかすためにプロのカメラマンに写真を撮ってもらい、それを《リンクトイン》に登録するよう勧めている。また、有望な雇い主の駐車場や、その人が通うカフェやレストランに張りこみ、彼らの服装をチェックするよう助言する。するとたいてい50代の人が、身につけていたスーツとブリーフケースを、パーカーとバックパックに換えることになる。

退職者のロビー団体、全米退職者協会（ＡＡＲＰ）の弁護士ローリー・マッキャンは、テクノロジー企業が新鮮なアイデアと極端に高い生産性にこだわったために、人々は年齢にかんする安易な思いこみを抱くようになったと考えている。たとえば、「中高年ははたらくスピードが遅い。中高年は頭の回転が遅いのでアイデアを思いつかない」等。また、中高年は頭が固くて信念や習慣を変えられない、若い社員とうまくやっていけない、と思いこんでいる人も多い。

たしかにシリコンバレーはビジネスの縮図の極端な例なのだが、これらのことは大きな問題が発生していることを示唆している。中年期もしくはそれ以降に職を見つけるのが、いまやありえないほど困難になってしまったのだ。

２０１６年にＡＡＲＰが実施した調査によれば、職場でそれとなく、あるいは日常的に年齢差別が行われていると考える45歳以上の人は、92パーセントに達するという。年齢差別の地域的なデータを見つけるのはむずかしいが、２０１０年にカリフォルニア州公正雇用住宅局に申し立てられた苦情1万８３３５件の5分の1は、年齢による差別が理由だった。年齢差別にたいする訴えが、人種差別、セクシャルハラスメント、性的指向の訴えを上まわっていることになる。

全米雇用均等委員会によれば、あらゆる訴えの中で年齢差別の訴えは、カリフォルニア州で26パーセント、ニューヨーク州で22パーセント、テキサス州で21パーセントに上り、イリノイ州では年齢にかんする苦情でもっとも高い37パーセントに上るという。

## 中高年を取り巻く厳しい現実

しかし、今日の経済において中高年労働者を取り巻く環境はそれほど悪くないはずでは？　と思う人も多いだろう。55歳を超える労働者の失業率は、2018年には4パーセント前後で、中高年労働者の労働参加率は1990年代初期以降、上昇をつづけているのだから。

ところが大見出しを飾る統計データの裏には、厳しい現実が隠れている。中高年労働者の場合、いったん職を失うと失業期間がより長引き、他の職が見つかったとしても前の職より給料が下がる傾向にあるのだ。

2015年のAARPの調査が、中高年労働者の多くが引きつづき長期の失業に直面していることを浮き彫りにした。長期間の失業に年齢差別が加わると、彼らの職探しはますますむずかしくなる。55歳以上になると、平均して求職者の45パーセントが長期間（27週以上）の失業状態に陥るという。

経済シンクタンクのシュワルツ・センター・フォー・エコノミック・ポリシー・アナリシス（ＳＣＥＰＡ）のデータによれば、若い労働者が26週間で再就職するのにたいし、中高年は36週間かかっている。さらに悪いことに、中高年は職を見つけたとしても、経済的な回復がむずかしい。労働時間が短く、福利厚生もかぎられた低賃金の仕事で妥協する人が多いからだ。ＳＣＥＰＡのデータによれば、失業した中高年労働者が新しい仕事を見つけたとき、たいてい賃金は前の仕事の75パーセント止まりだという。

こうした風潮にとりわけ大きな打撃を被っているのが、50歳を過ぎた女性たちだ。これは驚くべき事態である。というのも、最近の傾向――医療ケア産業やホスピタリティ企業などのサービス産業での仕事が増えていることや、より高学歴の女性が増えていること――を考えると、はたらく女性には好都合な世の中になったように思えるからだ。

ところが２０１５年に実施された調査によれば、サブプライム住宅ローン危機に端を発した世界的金融不況のあと、50歳を超えた女性の将来に暗雲が垂れこめはじめたという。景気が低迷する前の２００７年、50歳を超えた女性失業者のうち、６か月以上失業していた人の数は４分の１にも満たなかった。それが２０１３年になると、長期間失業している人の半数が中高年女性になったのである。

加えて、カリフォルニア大学アーバイン校とテュレーン大学による最近の調査により、中高年女性は雇用の際に年齢差別を受けることがわかった。調査に当たった研究者たちは、求職者の年齢をそれとなくほのめかした偽の求職申込書を4万通発送し、その反応をモニターしてみたのだ。さまざまな職種につき、電話が返ってきた率を調べた結果、管理職に応募した49歳から51歳の求職者の場合、若い求職者より30パーセント近くも低いことがわかった。64歳を過ぎた求職者の場合、若い求職者より47パーセントも低かった。

しかし中高年男性も苦しんでいる。労働エコノミストでSCEPA所長のテレサ・ギラルドゥッチによれば、政府が発表した在職期間にその現実が表れているという。過去5年間、高卒以下で55歳以上の白人男性の平均的な在職期間は、17・7年から16・7年に減少しているのだ。他のグループの在職期間は延びているというのに。

中高年労働者は若い失業者よりも再就職先を見つけにくく、引退前に職を失うと財政的な保証も失いかねない。その調査では、つぎのように結論づけられている。

「中高年労働者はフルタイムの仕事を見つけられないため、不本意ながらパートタイムではたらいている。そうでない者は、もはや再就職先を見つけるのは不可能だと考えてやる気を失い、労働力から脱落してしまう。失業後の経済的な締めつけは、引退後の生活と貯金に致命的な一撃を加える。その要因として、失業保険の適用が制限されていることと、医療ケアの恩恵が欠けていることが挙げられる」

この風潮が陰鬱なジレンマを生んでいる。彼らの多くは引退するには若すぎる一方で、再就職するには歳を取りすぎているのだ。どうやらいま、実績がありながらもなおざりにされてきた労働者が大勢いるようだ。彼らにとって、積み重ねてきた経験の多さが不利にはたらいている。

多くの人にとって、それは目覚めながら見る悪夢のようなものである。

## 早咲きの神童の失墜

2012年の夏。本章の冒頭で紹介した神童ライターのジョナ・レーラーは、世界の頂点に君臨していた。最新の著書『*Imagine*』の売れ行きは好調で、『ニューヨーク・タイムズ』紙のベストセラー・リストのトップに輝いていた。『ニューヨーカー』誌の常勤ライターだったレーラーは、講演ごとに最高4万ドルを稼いでいた。公共ラジオ局の番組にも出演し、スティーヴン・コルベアのテレビ番組にゲスト出演も果たした。ハリウッドヒルズの由緒ある屋敷を220万ドルで購入していた。31歳になるころには、レーラーはたいていのプロのライターが一生かけても手に入れられないほどの称賛と金を集めていたのである。早咲きのローズ奨学金生は、満足していた。

そのときまでは。

ジョナ・レーラーの失墜は、彼がベストセラー本『Imagine』の中で、シンガーソングライターのボブ・ディランの言葉をねつ造したことが発覚したときからはじまった。レーラーのねつ造を見つけたのは、ディランの熱狂的なファンでライターのマイケル・モイニハンだった。彼はつぎのように書いている。

「説明するのはむずかしいが」ボブ・ディランは、創作プロセスについてかつてこう語った。「なにか語りたいことがある、という感覚なんだ」

ディランの見解とされるこの記述は、ジャーナリスト、ジョナ・レーラーの最新刊でベストセラーとなった『Imagine』の第1章に登場する。神経科学によって創造的天才を解明する箇所だ。レーラーはこのテーマについて多くを語っている。ポストイット開発者の瞑想から、ボブ・ディランの心の動きの探求にいたるまで。そこに上記の引用が含まれているのだ。

しかし問題は、ディランがこのような発言をしたという証拠がないことである。典拠の怪しい引用をひとつしたくらいなら、不注意とはいえ許されるかもしれない。しかしモイニハンは、レーラーがディランの発言をねつ造した例を他にも挙げつらねている。

彼がそれらをレーラーに面と向かって突きつけようとすると、「レーラーは返答を拒み、ごまかし、しまいにはあからさまな嘘をついた」という。

のちにレーラーはモイニハンに、創造性にかんする自身のテーマを支持すべく、言葉をでっち上げたり言い換えたり、時と場所の異なるディランの発言ふたつをくっつけ合わせたりしたことを白状した。

ディランの発言をねつ造する数か月前、レーラーは《Wired.com》のブログの中での盗用を疑われていた。そこにはレーラー自身の作品から言葉を拝借したものもあり、ジャーナリストたちはそれを「リサイクル」と呼んだ。ジャーナリストの倫理に照らし合わせれば、横断歩道以外の場所をわたるようなものだという。つまり道義に反するというよりは、怠慢と見なされるのだ。ところがディラン発言の失態のあと、レーラーは他人の作品からの盗用も暴かれることとなった。そこには『ニューズウィーク』誌の科学ライター、シャロン・ビグレーの文章も含まれていた。

レーラーの罪にたいする反応はすばやかった。『ニューヨーカー』誌と公共ラジオ局は彼を解雇した。版元の〈ホートン・ミフリン・ハーコート〉は『一流のプロは「感情脳」で決断する』と『Imagine』を各書店から回収した。〈アマゾン〉もテクニカルな呪術を駆使してキンドルストアから『Imagine』を抹消し、いまではこの2冊の古本のみを取り扱っている。

ジョナ・レーラー本人はどうなったか？　２０１６年、彼は新作『*A Book About Love*（愛についての本）』を引っ下げての復帰を試みた。しかし即座に手厳しい反応が返ってきた。ジェニファー・シーニアによるつぎのレビューのように。

出版業界では、書籍はいまなおスローフードのようなものだ。しかしここで、ミスター・レーラーがふたたびファストフード的ノンフィクションを差しだしてきた。予想外だった。わたしは、ミスター・レーラーがきちんとしたかたちで復帰を果たすだろうと考える、変わり者のひとりだった。彼は聡明だし、身なりもきちんとしている。みずから犯した罪のために何週間も公共の檻の中でみじめに暮らしてきた。もっと個人的で、魂のこもった、目新しいものに挑戦したらいいのに、と思っていた。それがなにかはわからないけれど。だが彼はそうしなかった。彼の新刊は、オリジナリティのかけらもない傲慢な作品だ。

早咲きの神童ともてはやされたジョナ・レーラーが、そこまで急速に、そこまで徹底的に堕ちてしまうとは、いったいどういうことなのか？

著作権エージェントのスコット・メンデルの指摘がいちばん的を射ている。「若きジャーナリストが第2のオリバー・サックスになることを期待していたとすれば、この結果はある程度予測がつくことだと思う」

サックスは神経学者および心理学者として数十年間従事したのち、ベストセラー本と『ニューヨーカー』誌の記事を書くライターに鞍替えした人物だ。しかしレーラーの場合、若きスターを好むシステムから恩恵を得るのがあまりに早すぎたのだ、とメンデルは考える。レーラーのつまずきを挙げ連ねても楽しくはない。わたしは、彼がエージェントや出版社や編集者、そして読者をだまそうとした悪者だとは思っていない。むしろ、現代社会のプレッシャーと期待の犠牲者だと考えている。神童に執着する炭鉱に連れこまれたカナリアのようなものだ。しかしなにより、彼は小説家ウォーカー・パーシーの著作『The Second Coming（再来）』からの引用を具現化する存在である――「オールAの成績をとっても、人生で落第することはある」。

## 自分なりのテンポで潜在能力を発揮する人たち

「はじめに」の中で、わたしは遅咲き組をつぎのように定義した――期待されているよりも遅く潜在能力を発揮する人のことだ。他人には見えない才能に恵まれていることが多い。

ここでのキーワードは、期待されているだ。彼らは自分なりのテンポで潜在能力を発揮する人たちであり、歯を食いしばってまで親や社会の期待に沿おうとはしない。

遅咲き組には、気の抜けたティーンエイジャー時代を過ごした人もいる。高校ではぼうっと過ごしていた宇宙飛行士スコット・ケリーのように。しかし彼らはのちに、書籍やなにかのトピック、あるいは人物にモチベーションを見つけるのだ。親となって子育てに10年かけたあとで復職する人もいるだろう。彼らは10年の遅れを感じながらも、10年分の知恵を身につけている。あるいは引退後に少年時代の夢を追いかけたり、他人を導いたりすることで、人生により深い意味を見つける人もいるだろう。人はいくつになっても開花できるし、人生で一度と言わず何度でも花を咲かせることができる。

たとえばスキーのスラローム競技のようなものだと思ってほしい。選手はひとりずつ滑っていくが、第1、第2、第3のゲートを通過するタイムをもとに、その選手がライバルたちと比べてどの位置にいるのかがわかる。選手が期待されるタイムよりも速いか遅いかがわかるのだ。

遅咲きという概念をあらゆる年代に広げて考えれば、社会が設定したスラローム・ゲートが見えてくる――そこでは特定の時間に特定のゲートを通過することが期待されている。そのゲートを人より速く通過する者もいる。小学校、中学校、高校で、彼らは完璧な成績を収め、ＳＡＴで高得点をマークし、名門大学に入学し、それなりの職に就く。そういう人たちはゲートをいち早く通過してゴールを決め、表彰台に上がることができる。

人生とオリンピックのスラローム競技はちがうが、一流選手でないかぎり、人生のスラローム・ゲートでも遅れを取れば、追いつくのがどんどんむずかしくなってしまう。これは現代社会の途方もなく大きな問題だ。なぜなら、非常に多くの人々に影響を与えることになるから。

じっさい、人生の早い時期に開花できずにいるのには、さまざまな理由が考えられる。身体的もしくは神経学的な発達の遅れ、幼児期のトラウマ、標準的ではない学習スタイル、社会経済的な地位、地理的な制約、病気、中毒、キャリアの波乱等々。たんに運が悪かったという場合もある。多くの人が学校時代に潜在能力をフルに発揮することができない——それゆえ大学や仕事の面でうまくいかない——のは、学習能力に否定的なメッセージを突きつけられるからだ。「あなたには科学的な頭脳がない」とか「あなたにライターは無理だ」とか。

年齢を重ねるうち、結婚、妊娠、子育て等、緊急を要する家庭内の事情のために機会が制限され、キャリアに影響がおよぶこともある。事故や病気、鬱病や依存症等の理由で開花が妨げられることもある。そうしたありがちな挫折によって才能の開花や目標への到達が遅れると、いまの社会では疎外感を覚えずにはいられない。

わたしを含めた多くの人が、自分は遅咲きだと自覚している。どうもいまの仕事はしっくりこない、と漠然と思っている人もいるだろう。人生に行き詰まりを感じている人は、どこにでもいる。それはあなたが大切に思う人や愛する人かもしれない。ここで忘れてならないのは、それが自分であれ、他のだれかであれ、あきらめてはならないということだ。たとえ（そしてとりわけ）社会のせいで、追い上げるのがむずかしいとしても。

## ほぼすべての分野で遅咲き組が花開く

社会がいくら早咲き組を持ち上げようとも、ほぼすべての分野で遅咲きが花開く例は数え切れないほど存在する。

国際的なスター、アンドレア・ボチェッリがオペラ歌手になったのは34歳のときだ。LCDサウンドシステムを結成したジェームス・マーフィーがファーストアルバムをリリースしたのは、35歳のときだった。エレクトロニック・ダンス・ミュージックの世界ではかなり遅いスタートである。ルシンダ・ウィリアムスは45歳のとき、『Car Wheels on a Gravel Road』でブレイクした。リリース5枚目にして、ついに売れたのだ。スーザン・ボイルは48歳のときに「ブリテンズ・ゴットタレント」で発掘された驚きのスターである。

マーサ・スチュワートが友人宅の地下室でケータリング業をはじめたのは35歳のときで、彼女の最初のレシピ本が出版されたのは42歳のときだった。

ファッションという前衛的な業界ですら、驚くような遅咲きの物語が存在する。リック・オウエンスがブレイクしたのは39歳で、ヴェラ・ウォンは41歳、ヴィヴィアン・ウエストウッドは42歳だった。

アーティストとして名高いマリーナ・アブラモヴィッチは、30代に入るまでアート界で埋もれていた。54歳のときにパフォーマンス作品『Seven Easy Pieces』で全国的に名を知られるようになり、59歳のときニューヨーク近代美術館で行われた回顧展『The Artist Is Present』ではじめて名声を得た。

遅咲き作家のリストは、華々しく多彩だ。チャック・パラニュークが処女作『ファイト・クラブ』を出版したのは34歳のときで、ユーモア作家のデビッド・セダリスが初のエッセイ集を出したのは38歳のときだった。トニ・モリスンは39歳で処女作『青い眼がほしい』を出版し、56歳のとき『ビラヴド』でピューリッツァー賞を受賞した。ジャネット・イヴァノヴィッチがベストセラーとなったステファニー・プラムの犯罪小説シリーズを発表したのは44歳のときで、フランク・マコートがピューリッツァー賞を受賞した回想録『アンジェラの灰』を出版したのは63歳のときだった。

ビジネス界では、トム・セイベルが最初のテクノロジー会社〈セイベル・システムズ〉を成功させたのは41歳のときで、2番目の〈C3IoT〉を成功させたのは57歳のときだった。デイヴ・ダッフィールドはテクノロジー会社〈ピープルソフト〉を66歳で設立し、ゲイリー・バレルは〈アライドシグナル〉等のエンジニアリング企業で数十年経験を積んだあと、52歳のときにGPS装置のメーカー、〈ガーミン〉を共同創業した。ジョン・トロードが航空会社〈ヴァション・エアクラフト〉を開業したのは70歳のときだった。億万長者ディートリヒ・マテシッツは大学に10年在籍し、スキー・インストラクターとしてはたらいたのち、40歳のときに栄養飲料メーカー〈レッドブル〉を創業した。

そして現代のもっとも偉大な革新家を忘れてはならない——スティーヴ・ジョブズだ。厳密には遅咲きとは言えないものの、彼は45歳以降に〈アップル〉からiPod、iTunes、iPhone、iPadを世に送りだした比類なき第2幕を演じている。

52歳にしてハリウッドで大ブレイクするなど、想像できるだろうか？　それがモーガン・フリーマンの身にじっさい起きた。コミュニティ・シアターや小さな舞台公演で長年下積みを重ねたのち、81歳のジェシカ・タンディと共演した『ドライビング Miss デイジー』で一躍有名になった。ちなみにタンディはこの作品ではじめてアカデミー賞にノミネートされている。

悪役で有名なアラン・リックマンは、グラフィックデザインのスタジオ経営を長年つづけたあと、42歳のときに『ダイハード』でハンス・グルーバー役を演じてはじめて名声の味を知った。ジョン・ハムはエージェントに見捨てられ、ソフトコアポルノ会社の美術部ではたらいていたが、36歳のときにTVドラマ『マッドメン』で突破口となる役を手にした。子ども時代、ぎりぎりの生活でめまぐるしい日々を送っていたブライアン・クランストンは、44歳のときにTV番組『天才少年 マルコム奮闘記』で世に認められた。ジェーン・リンチは45歳のときにジャド・アパトー監督作『40歳の童貞男』でブレイクした。そしてマーゴ・マーティンデイルはコミュニティ・シアターで数十年活動したのち、60歳にしてFX（テレビ局）の番組『JUSTIFIED 俺の正義』の演技で突破口を開いた。

## クリエイティビティは若者の専売特許ではない

ここに挙げたのは、著名な遅咲き組のほんの一部にすぎない。彼らのような有名人ではないにしても、大きく成功して人生に個人的な充足感を覚えている人はごまんといる。公になっていないだけの話だ。

クリエイティビティは若者の専売特許ではない。道を切り開き、自身の才能に気づくのに、時間と経験と実験が足りないだけの人もいる。人生には、思わぬ障害や挫折、避けようのないまわり道や落胆がつきものだ。そうした経験のよせ集めから、遅咲き組の目的と知恵、強みが生まれる。そのおかげで遅咲きの人はより思慮深く、思いやりにあふれ、辛抱強い。それに遅咲きの人は他人の気持ちを察するのがうまい。そしてたいていの人が、感情の制御に長けている。感情的知性（ＥＱ）と対処スキルも高い（これについては第3章と4章でさらに掘り下げる）。

驚くことではないが、逆境や挫折への対処は、早咲き組より遅咲き組の方が得意だ。スタンフォード大学のキャロル・ドゥエック教授が著書『マインドセット「やればできる！」の研究』で指摘しているように、早咲き組は自分たちの早熟な成功の道筋に固定観念を抱く危険がある。自信過剰のために、学ぶことも成長することもできなくなってしまうのだ。たとえば早咲きのテニスプレイヤー、ジョン・マッケンローは、遅咲きの選手たちに追い抜かれるにつれ、いらだちを募らせていった。

わたしたちは、貴重な人生の物語を失う危険にさらされている――人は何歳になっても、人生のどの段階でも、花を開かせることができると教えてくれる物語だ。遅咲きの人の話題が、世の中から消えつつある。早くに才能を発揮し、若い野望に燃え、並外れて優秀な若者――神童たち――を崇拝する文化の罠にはまっているためだ。

この新たな理想があまりに広く浸透してきたために、人の価値観と安心感が徐々に削り取られてしまったのではないだろうか。昔ながらの成功の道筋が狭められたり、排除されたりすることもある。あまりに多くの人が、自分の人生と運命は自分でコントロールするという気持ちを奪い去られてしまった。

早期の成功を求める狂気——それができない者につけられる落伍者の汚名——は、人々の才能を無駄にし、クリエイティビティを阻んできた。健全な社会であるためには、人生を通じて何度でも開花し、成長し、成功することができる、と人々に気づかせる必要がある。

そんなのはあきらかな事実のはずなのだが、なかなか気づくことができない。なぜだろう?

# 第2章
# IQテストは人の将来を測定できない

## 勝利を手にした現実世界のオタクたち

二流の俳優が出演する低俗なコメディ『ナーズの復しゅう』は、思わぬヒットを飛ばし、文化にひとつのきっかけを与えた。舞台はアダムス大学という架空の大学。コンピュータ科学を専攻するオタク学生が、体育会系の男っぽさが売りの大学社交クラブ「アルファ・ベータ」に対抗する話だ。勝者は？　もちろんオタクである。

この映画が公開された１９８４年、現実世界のオタクたちも勝利を手にしつつあった――しかも、大々的に。

１９７５年、早熟なビル・ゲイツは、1年生を終えたところでハーバード大学を中退した。ＳＡＴの数学で８００点満点を取っていたゲイツにしてみれば、ハーバードの授業の進みぐあいは退屈だったのだ。彼はその後、シアトル郊外の友人ポール・アレンとともに〈マイクロソフト〉社を設立する（当初は〈マイクロ＝ソフト〉と呼んでいた）。

１９８６年、〈マイクロソフト〉は株式を公開し、１９９８年には世界でもっとも価値のある会社に成長していた。ビル・ゲイツは２０１7年まで世界一の富豪だった。

１９９０年代初期、わたしはゲイツに何度かインタビューし、彼と一緒に5日間の旅に出た。当時の彼は、話しながら椅子の中でからだを前後に揺らす神経質な癖が抜けていなかった。それをアスペルガー症候群のボーダーラインにいる証拠だと見る者もいる。あのころのゲイツは、現在の慎重な世界的博愛主義者というイメージとはちがって、はるかに向こう見ずで率直な人物だった。[9]

1990年代、ゲイツがイメージする〈マイクロソフト〉は、IQ稼働工場だった。「IQではどこにも負けなかった」と彼は語った。「〈オラクル〉にも、〈サン〉にも。〈ゴールドマン・サックス〉とはいい勝負だな」

ソフトウェア会社内のいたるところに世界レベルのIQ保持者がいることのありがたみがどれほどのものかと言えば、「最優秀のプログラマーひとりは、平均的なプログラマー1000人分に相当する」のだそうだ。彼によれば、最優秀のプログラマーとは、IQがいちばん高い者を指すという。

彼の論理はこうだ――ソフトウェア・プログラマーのIQ値は、プロのアメフト選手が40ヤードを猛ダッシュするタイムに相当する。動きの遅い選手がNFLでプレーすることが一生ないのと同じように、頭の回転の鈍い者が〈マイクロソフト〉ではたらくことは一生ない。

これはアメリカ文化におけるひとつの節目となった。世界一の富豪は神童であり、知的エリートであり、その証拠にSATの数学で満点を取っていた。彼は高いIQをもとに選りすぐったソフトウェア・プログラマー部隊を結成し、世界でもっとも価値の高い企業をつくり上げたのだ。

これでSATには、ハーバード、スタンフォード、MIT、カリフォルニア工科大学といった名門校への登竜門というだけでなく、『フォーブス』誌に掲載される世界の富豪トップ400リストへの登竜門というイメージもついたと皆さんは思うだろうか。これにより、アメリカではIQやSATがより重視されるようになったと思うだろうか？　あるいはその逆？

失礼、つまらない質問だった。

いまわたしたちが暮らしているのは、もっとも高いIQを持つ人間がもっとも経済的に報われる世界だ。しかも彼らは、目にも留まらぬ速さで稼ぐ――一生をかけてではなく、ほんの10年かそこらのうちに大金を稼ぐのだ。

わたしはこれまで、大勢の精力的な早咲きの人たちに会ってきたし、彼らの才能や仕事にたいする倫理やビジョンはすばらしいと思う。しかし彼らが傑出することで、どうしても多くの懸念が持ち上がってしまう。いま、社会の富裕層において、たったひとつの共通テストで高いIQ値を示した人々が急速にその数を増しつつある――言っておくが、16歳もしくは17歳のとき、ほんの数時間かけて受けるテストでの話だ。

どうしてこんなことになったのだろう?

## 知能テストの成り立ち

1905年、ドイツ生まれのスイス特許庁の審査官——6歳まで言葉を話さず、25歳の時点でも注意力散漫なために職場での昇進をくり返し拒まれてきた遅咲き組——が、仕事の時間外に、その後、世界を根底から変えることになる一連の論文を執筆した。そこには博士論文と、光電効果、ブラウン運動、特殊相対性理論、そして質量とエネルギーの関係にかんする4つの論文が添付されていた。その執筆者は最終論文を、有名な方程式「$E=mc^2$」で要約した。それによってアルベルト・アインシュタインは、わたしたちの知る世界の基盤を変えたのである。

ただし1905年は、現在も世界を定義しつづけるべつの論文が発表された注目すべき年でもある。その執筆者はアインシュタイン同様、独学のアウトサイダーだった。

1857年、フランスのニースに生まれたアルフレッド・ビネーは、弁護士になる教育を受けながらも、あれこれと突飛な物事にも関心を抱いていた。けっきょく彼は神経学の研究者となり、生涯を通じて脳機能にたいする興味を追求した。

ビネーの脳研究は、創造性と斬新さにあふれていた。チェスのプレイヤーに目隠ししてプレイさせる記憶テストを考案したこともある。催眠術に手を出したために学者としての評判が脅かされることもあった。彼は当時生まれたての心理学を、パリの国立図書館で論文を読んで独学で学んだ。

1899年、フランスでは6歳から14歳までを義務教育とする法律が成立した。幅広い教育を受けてきたビネーは、子どもの能力と学習法を評価する「児童心理学のためのフリー・ソサエティー」という委員会への参加を求められた。まもなくビネーは、悲しいことに、決められたカリキュラムのいずれにもついていけない子どもがいることに気づいた。そうした飲みこみの悪い子どもには、どう対処すべきか？ とりあえずは、そうした子どもたちの能力をきちんと調べる必要がある——その子たちの能力は、どの程度損なわれているのか？

そこで1905年、ビネーは若き医学生テオドール・シモンとともに、3歳から13歳の子どもの知能を測定する検査を考案した。50人の測定結果をサンプルに、平均点と、測定値の高い子から低い子といった両極端の値を決定した。ビネー＝シモン式と呼ばれたそのテストが、世界初の知能テストである。

ビネーが1905年に開発したテストについて、忘れてはならない重要な事実がある。彼はそのテストを、一瞬のスナップショット的なテストだと考えていた。ひとりの子どもの知能を他の子どもと比較したとき、その時点でスケールのどの位置にいるのかを測るテストなのだ。ビネーは、3歳から13歳の子どもに一度行ったそのIQテストが、その子の一生涯における知力を見積もるものだなどとは、書いたこともほのめかしたこともない。不幸にもそういう解釈に飛びついたのは、ひとりのアメリカ人だった。

## 脳の先天的な能力を測定できる奇跡のIQテスト?

1999年、ジャーナリストのニコラス・レマン(現在はコロンビア大学ジャーナリズム大学院の名誉教授)が『ビッグ・テスト―アメリカの大学入試制度 知的エリート階級はいかにつくられたか』を出版し、SATの歴史と、その直接的なルーツであるIQテストについて詳述している。その中でレマンが語っているように、20世紀の夜明けを迎えたわが国にとってテストはきわめて重要な道具だと考えたのは、スタンフォード大学のアメリカ人心理学者ルイス・ターマンだった。レマンはつぎのように書いている。

ルイス・ターマンは、IQテストは非常に重要で、広範囲に応用できる科学的な飛躍だと考えた。彼は、このテストならまるで奇跡のように、あっという間に脳の先天的な能力を測定できると信じた。つまりIQテストは疑似生物学的な資質を持つものであり、彼はそれが現代における人間の本質を測定できるものだと考えたのだ。ターマンは、ＩＱテストをできるだけ広範囲で実施するよう精力的に唱道してまわった。このテストなら生徒たちを評価し、各能力に応じて分類し、教育できる、と。

ターマンはビネーのＩＱテストを「スタンフォード－ビネー式ＩＱテスト」として改訂し、それを使えば何世代にもわたり人間性――そして人そのもの――を改良できると信じていた。しかし彼の信念の種は、よいものとは言えなかった。20世紀初頭の代表的な学者の多くが共通して持っていた種、すなわち優生学である。

優生学とは、優秀な資質（たとえば高い知能）を持つ者は、繁殖し、その資質を後世に受け継がせるべきだという考えだ。劣る資質の持ち主は（20世紀初頭のアメリカでは、北ヨーロッパ人以外を意味していた）子どもをもうけない方がいいとされた。精神的な障害等、「欠陥」とされる資質を持つ人は不妊手術を行うべきだ、と。ビネーのＩＱテストを改訂した20年後、ターマンはヒューマン・ベターメント・ファウンデーションを共同設立した――「劣った」人種への不妊手術を擁護する団体である。

悲しむべきことに、当時はそうした考えに異を唱える者はいなかった。しかしだからと言って、ターマンの心理学にたいするポジティブな貢献を否定するものではない。

1917年にアメリカが第一次世界大戦に参入すると、スタンフォード‐ビネー式IQテストが170万人の兵士にたいして実施された。各兵士の知能を手っ取り早く査定しようという考えだ。それをもとに軍事機構内における最適の配置先を判断したのである。点数の高い者は軍の諜報機関か士官訓練に送られた。点数の低い者は前線行きだ。

イギリスではまったく異なる分類法が採用されていた。家柄のいい者が諜報機関や士官訓練に送られ、貧しい者や労働者階級が前線に送られていた。アメリカ兵に行われたターマンのテストは、より効果的というだけでなく、出自にこだわらないという点でより公正なものに思われた。

ターマンのIQテストは大成功を収めた。望みのものを手に入れたアメリカ軍は、さらなるIQテストを求めた。しかしやがて、優生学を容認するターマンの姿勢は、20世紀初頭の基準に照らしても有害だとされるようになっていった。

1916年、彼は著書『*The Measurement of Intelligence*（知能の測定）』の中でつぎのように書いている。「欠陥ラインぎりぎり……は、南米人、南西部のメキシコ人、そして黒人のあいだに非常に多く見られる。彼らの愚鈍さは人種に起因するようだ。少なくとも、家系に受け継がれてきたのだろう。……そのグループの子どもたちはクラスを隔離すべきである。……彼らは抽象概念を理解することはできないが、効率的な労働者に仕立て上げられることは多い。……彼らはたいていの場合、多産であることから、優生学的視点から見て、重大な問題を呈している」

読むのが辛くなるような内容だ。

残念ながら、1920年代にIQテストを研究していた一流研究者のほぼ全員が、優生学運動とかかわっていた。1926年にアメリカ軍のためにプリンストン大学でSATを開発した心理学教授のカール・ブリガムが、ターマンの後を継いだ。彼はターマンほど狂信的ではなかったものの、優生学を熱心に支持していた。

しかし何年かのち、彼はテストにたいする考えを一変させた。じっさい、自身がつくりあげたテスト、すなわち100年たったいまでも人々の心を捉えて放さないSATを、毛ぎらいするようになったのだ。

## 「知能」ではなく「環境」を測定するSAT

ブリガムが1922年に出した『*A Study of American Intelligence*（アメリカ人の知能にかんする研究）』は、瞬く間に学術界に旋風を巻き起こした。その中でブリガムも、人種には優劣があるという考えを支持している。「われわれの数値は、ユダヤ人が非常に知的だという一般的な見解を否定する傾向にある」と、思わず身のすくむような言葉を書いているのだ。彼は当時の移民数の多さをいかにも不快そうに嘆いた。とりわけ「地中海沿岸」の国々からの、肌の浅黒い移民について。「アメリカの知能は低下している。人種の混合がますます広がるにつれ、この傾向は加速するだろう。多少醜くとも、それがわれわれの研究が示す事実である」

悲しいことに、当時はこれが代表的な意見だった。それがブリガムのキャリアを傷つけることもなかった（あとで取り上げるように、むしろ正反対の考えを抱いたことが彼のキャリアに傷をつけた）。それどころか、彼はIQ研究者の第一線に押し上げられた。第一次世界大戦で用いた知能テストの改良を求める際、アメリカ軍はスタンフォード－ビネー式IQテストの考案者ルイス・ターマンとコロンビア大学の心理学者エドワード・リー・ソーンダイクとともに、ブリガムにも協力を求めたのだ。

ブリガムが改良した知能テストは、軍に大いに気に入られた。ブリガムはそれを「Scholastic Aptitude Test（学力適性テスト）」、略してSAT（1990年に改称）と呼んだ。1926年、ブリガムは、SATはIQテストをより長く、より実用的にしたテストだという事実を隠そうともしなかった。

軍が採用したことと、プリンストン大学の心理学教授というブリガムの印象的な肩書きもあって、各大学もまもなくSATを採用しはじめた。最初に採用したのは、1930年、ウエストポイント（陸軍）とアナポリス（海軍）にある士官学校だった。そのあとイェール大学がつづいた。ほどなくして、アメリカ北東部のほとんどの大学が採用するようになった。

つまりＳＡＴは大ヒットを飛ばしたというわけだ。ところが作成からほんの2年後には、ブリガムは自身のテストに大きな疑問を抱くようになっていた。ＳＡＴが生まれつきの知能を測定するという点に納得がいかなくなり、むしろ子どもがそれまでさらされてきた環境を測定するものだという確信を強めていったのだ。

１９２８年、優生学者の集まりで講演するために招待されたブリガムは、その場で自身の疑念を口にした。１９２９年にはこう書いている。「この分野の研究を進めれば進めるほど、心理学者たちが大きな罪を犯してきたと思えてならない。みんな、テストに名前をつけたり、それで測定する対象を口にしたりするのをやめるべきだ……『心理骨相学』の段階を超えて前進するつもりならば」

１９３４年、死ぬ直前、彼は自身が作成したテストを「輝かしい誤り」と呼び、つぎのように書いている。

アメリカで25年から30年前に起きたテスト運動は、科学史においてもっとも輝かしい誤りを伴っていた。すなわち、訓練もしくは学校教育をいっさい考慮に入れることなく、テストで生まれつきの知能を純粋に簡潔に測定できる、という誤りだ。いまはそれをだれも信じていないことを願う。テストの点数は、学校教育、家庭環境、英語力、そして関係あるものないものすべてを総合したものであることはまちがいない。「生まれつきの知能」の仮説は死んだ。

ところが「生まれつきの知能」の仮説は、死ぬにはほど遠かった。むしろ、歩みはじめたばかりだった。ハーバード大学のふたりの革新論者が、ＳＡＴの評判を救出し、猛烈に勢いづけることになったのだ。

## 知力にもとづく階級主義のはじまり

１９３０年代は革命の気運が高まっていた。１９２９年10月から１９３２年７月にかけて、株価は86パーセントも値下がりした。失業率は25パーセントに達し、食糧配給の列に並ぶ頬のこけた市民の姿を写した数多くの写真が、苦難の時代を映しだした。資本主義は失敗したかに見えた。

しかしアメリカの昔ながらの資産家は（１９２０年代に高騰した株や債券で儲けた百万

長者とはちがい)、比較的、世界大恐慌の影響を受けずにすんだ。その多くが、引きつづき豪邸で使用人を抱え、会員制クラブや豪華なヨットのある生活を送っていた。

のちのハーバード大学学長ジェームズ・ブライアント・コナントは、その陰湿な不平等に不満を抱いていた。彼は東海岸の資産家の出ではなかった。父親は写真製版を扱う商人だった。成績は優秀だったコナントだが、ハーバードの裕福な集団の中にあって、二流市民のような気分を味わっていた。

1933年にハーバードの学長に就任したときも、その気持ちはぬぐえなかった。ハーバードのリッチな学生の生活ぶりは、自分とはまるで別世界で、それが彼の怒りを駆り立てた。

レマンはこう記述している。「ハーバードの裕福な学生は、いまの大学生とはまるっきりちがう生活を送っていた。アメリカ人労働者の4分の1が失業し、絶望していた時期に、(ボストンの)ゴールド・コーストと呼ばれる地区のプライベート・アパートメントで執事やメイドにかしずかれながら暮らし、ボストンの舞踏会に出席し、たいていは授業をさぼり、学期末には試験に合格するために特別な個人レッスンを短期間受けるのだ」

コナントは、ハーバードの階級システムを根底から覆そうと決意した。富と上流階級主義にもとづく序列を、自然な序列に置き換えるにはどうしたらいいのか?

コナントは、異なる階級主義を信じていた——知力にもとづく階級主義だ。それはけっして目新しい発想ではなかった。プラトンの『国家』から拝借した考えだ。中国ではこの思想が大成功を収めていた。

アメリカでも、過去に同じようなことを考えた者がいる。6世紀の中国では、高級官吏は試験で選抜されていたのだ。トーマス・ジェファーソンだ。彼は家柄にもとづく階級主義ではなく、「長所」にもとづく階級主義を論じた。理論家でもあり発明家でもあったジェファーソンは、人間の長所を測定する「人体測定器」と呼ばれる装置を提案した。「あらゆる人がそれを使って測定され、それぞれに見合った場所に配属されるところをこの目で見てみたい」と彼は書いている。

ハーバードの学長コナントの原動力は階級にたいする嫌悪だったかもしれないが、彼は倫理的公正さにも突き動かされていた。彼は、ニューヨークの上流階級の祖父を持ちながらも詐欺で一族の財産を奪われた副学部長、ヘンリー・チョーンシーという同志を見つけた。ヘンリーが生まれたころには、一族は品位を保ちながらもつましい生活を送っていた。経済的な理由からハーバード大学に入れなかったチョーンシーは、当時、心理学が盛んだったオハイオ州立大学に進んだ。そこで心理学にのめりこみ、後援者から奨学金を得てハーバードに転校すると、心理学とその新たな支流である知能測定を追究しはじめた。

その流れで、ジェームズ・コナントとヘンリー・チョーンシーというハーバードのふたりの革命家が、怠惰な上流階級主義への対抗策としてSATを後押しすることになった。彼らの努力が、アメリカ人の人生にSATを永遠に固定させる結果となったのだ。コナントとチョーンシーは優生学運動には手を染めていない。優生学支持者たちとはちがい、彼らは社会ダーウィン主義や人種差別主義を基本に据えてはいなかった。彼らはフランクリン・ローズヴェルト時代における左翼の改革派だったのである。

## 国家の存続はIQテストにかかっている、と信じて

とくにコナントは、IQテストはアメリカ防衛のために欠かせないと考えた。1940年、彼はアメリカ国防研究委員（NDRC）に任命された。1941年にはNDRC委員長となり、1945年に原子爆弾を開発したマンハッタン計画を統括した。1945年7月16日、ニューメキシコ州アラモゴードで行われたトリニティ実験にも参加し、史上はじめてあきらかにされた原子爆弾の破壊力を目撃している。

反ユダヤ主義者だったSAT開発者のカール・ブリガムとはちがい、コナントはナチスから逃れてきたユダヤ人はマンハッタン計画の成功に不可欠の貢献者だと見ていた。ヒトラーのユダヤ人差別とナチスの政策は、ドイツでも一流の物理学者たちをアメリカ側へと追い立てる結果になった。アメリカはヒトラーによる人種差別の幸運な受益者だったのだ。

しかしそんな幸運がつづくとはかぎらない、とコナントは悟っていた。そこで彼は、アメリカの子どもたち全員にIQテストを受けさせるべきだ、と以前にも増して熱心に考えるようになった。IQテストにより、マイノリティ集団や貧困家庭、人里離れた場所から、数学、物理学、工学の才能にあふれる人材を見つけ、支援するためだ。アメリカの国防と国家の存続はIQテストにかかっている、と彼は信じていた。

この時点で、SATの広まりを食い止めるものはなにもなかった。その影響は、アメリカ文化に瞬く間に広がっていったのだ。1950年代はじめ、ハーバードをはじめとするアイビーリーグの各大学は、あいかわらず北東部のエリート家庭と私立校からの裕福な子どもたちを好んで受け入れていた。しかし1960年代に入ると、テストで好成績をマークしたユダヤ人や小さな町出身の子どもたちが、アイビーリーグに流れこむようになった。アフリカ系アメリカ人、アジア系アメリカ人、その他のマイノリティもまもなくそれにつづいた。

1950年代から1990年代にかけて、名門大学への入学を許可する正式な門番が、昔ながらの上流階級主義からSATに取って代わられていった。SATの重要性が高まるにつれ、自然な流れで専門の予備校が誕生した。驚いたことに1990年代には、新聞社の〈ワシントン・ポスト〉が、その市場価値のほとんどを新聞の販売事業からではなく、

SATの模試を販売する〈カプラン・テスティング・サービス〉の事業から得るようになっていた。

それまでSATは、いくつか注目に値する論争を切り抜けていた。たとえば、高得点者には朝鮮戦争への徴兵猶予を与えるべきか、とか、カール・ブリガムが懸念していたように、SATがより貧しい人種的マイノリティを差別することになるのか、とか。しかし最終的に、このテストの流行をもっとも痛烈に批判したのは、もっとも初期の主導者だったルイス・ターマンその人だった。

## IQが高くても特別な人間ではないという事実

いまではアメリカ人の生活のいたるところに知能や適性や性格を測定するテストが浸透しており、テストが存在しなかったかつての世の中を想像するのがむずかしいくらいだ。昔も、聡明な人と愚鈍な人、頭の回転が速い人と遅い人、才能のある人とない人の見分けくらいはついていたかもしれないが、それぞれを互いに比較し、順位づけするような経験主義的尺度は存在しなかった。

ルイス・ターマンによるスタンフォード–ビネー式IQテストは、まさにそれを目的としたものだった——先天的な適性と後天的な知識の両方を評価するテストの先駆けだ。いまアメリカに住んでいる人で、IQテスト、性格テスト、あるいは高校でのSATかACT、大学での大学院進学適性試験（GRE）、MCAT（医学大学院進学適性試験）、LSAT（法学大学院進学適性試験）等の学力テストのいずれかを一度も受けたことのない人は、まずいないだろう。

そうしたテストはみな、ルイス・ターマンのパイオニア的業績の末裔というだけでなく、全国民に共通テストを広めよう、そして官公庁も含めた主要な国の機関での採用を推し進めよう、という彼の熱意のたまものである。しかしターマンはたんなるIQ唱道者ではなく、重要な研究者でもあった。

1921年、彼は「Terman Study of the Gifted（ターマン天才調査）」に着手した。IQの高い個人を研究する最初の、そして現在までもっとも長く継続されている心理学研究だ。彼はアシスタント・チームとともに、研究対象にするための天賦の才能を持つ子ども1000人を見つけるべく、カリフォルニアの公立校をしらみつぶしに調べていった。最終的に1500人が見つかった。全員が1900年から1925年のあいだの生まれで、男子の数が女子をわずかに上まわり、その大半が白人で、ほぼ全員が中上級クラス以上の家庭の出だった。

しかし年月が経ち、被験者が人生の盛りを過ぎるにつれ、けっきょくのところ彼らは特別な人たちではないことがあきらかになってきた――IQ値が高かった、というだけだ。もちろん、大学教授になる等、成功した者もいたが、全体的には、彼らよりIQ値が低かった人たちと大差ない人生を送っていた。被験者の最後の人々がこの世を去るまで、その結果は変わりそうにない。そのほとんどが、主婦になるか、「警官、船員、タイピスト、事務員等の地味な職業」に就いている。

それでもターマンは、知能は遺伝するという考えをしばらく抱きつづけたが、のちにしおらしくつぎのように書いている。「なにはともあれ、知能と成功はまったく関係しないことがわかった」

ところが、優生学の悪臭も、スタンダード－ビネー式IQテストが予測装置として機能しないという事実も、知能テストにたいするアメリカの熱意を冷ましてはくれなかった。1951年にはほんの8万人だったSAT受験者数が、2015年には170万人に跳ね上がっている。そして21世紀のいま、SATは全世界の大学で実施されつつある。

この爆発的な利用の増加は、二次的影響を生んでいる。大量の解答を時間通りに処理するために、採点者による主観的な採点方式から、多肢選択式解答を機械処理する採点方式に変わったのだ。小論文はかろうじて生き残ったが、他のSAT科目からは微妙なニュアンスがすべて取り払われ、厳密な実証プロセスとなったのである。

## そもそもまちがっている、「才能」が測定できるという理論

ＩＱテストをはじめとして、ＳＡＴやＡＣＴで「才能」が測定できるとする理論がそもそもまちがっているため、測定結果はたいてい予想と食いちがったものになる。１９７５年、異なる大陸でそれぞれ研究していたふたりの科学者が、この手の人間測定基準のあきらかな機能不全をまとめ上げた。アメリカの社会心理学者ドナルド・Ｔ・キャンベルは、やがて「キャンベルの法則」と呼ばれるようになる理論を打ち立てた。つぎのような主張である。

「いかなる定量的社会指標も、社会的意思決定に用いられれば用いられるほど、信頼性が損なわれやすくなり、追跡対象としていた社会的プロセスを歪め、まちがいを生じさせる傾向が強まる」

要するに、ＳＡＴのような類いのものを重視すればするほど、信頼できない歪められた結果が出るということだ。

そしてイギリスの経済学者チャールズ・グッドハートは、「グッドハートの法則」を生みだした。「計測結果を目標にした測定はあてにならない」

つまりこういうことだ。高得点を得ることがテストの目標になったとたんに、そのテス

トはもはや役に立たない。よりシンプルに、がさつに表現すれば――数値に褒美が出るとなれば、どんなテストも人為的なものとなる。

このふたつの法則からわかるように、テストで高得点を獲得することにたいする社会の強迫観念が、そのテストの有効性を破壊しているのだ。SATは長期的な業績を測るテストであり、生徒がそれまで何年もかけて学び、発展させた知識と能力を評価するよう設計されている。ところがテストを受けることそのものに焦点を合わせてしまうと、測定するはずだったものが測定できなくなってしまう。むしろそれは時間との戦いとなる。かぎられた時間内に多肢選択式の設問に答える能力を測るテストになってしまうのだ。「グッドハートの法則」が明確に示しているように、テスト結果が動機となればそれだけ、人々はテストを賢く切り抜けるためにあれこれ手を尽くそうとする。その結果、個人教師やさまざまな準備に金を費やすことのできる裕福な者たちが、非常に高い得点を得るようになるのだ――試験されている教科について深く理解することなく。

16歳もしくは17歳の青少年の将来を決定する方法としては、じつにお粗末だし不公平だ。

## さまざまなIQテスト

同じ時期に、やはり人間の特性を評価するべつのテストが開発されている。「マイヤーズーブリッグス・タイプ指標（ＭＢＴＩ）」と呼ばれる、いまや人気の就職適性検査だ。感覚、直観、感情、そして思考といった指標をもとに、受検者がどのように世界を認識し、さまざまな決断を下すのかを見るためのテストである。

１９２３年、独学の人だったキャサリン・クック・ブリッグスが、スイスの伝説的な心理学者カール・ユングの最新英訳版『心理学的類型』を読み、ひらめきを得た。彼女はそこから自身の理論を展開させ、１９４４年、娘のイザベル・ブリッグス・マイヤーズとともにＭＢＴＩを発表した。もともとは、戦地に赴いた夫に代わって仕事をする女性たちの戦力の助けになればと願って考案した指標だったのだが、その根底にビジネス要素があったことが、企業界の関心を引いた。そして10年もたたないうちに、ＭＢＴＩは人事採用部門の標準ツールとなったのだ。１９６２年、ＳＡＴを運営する〈教育テストサービス（ＥＴＳ）〉がマイヤーズのマニュアルを購入した。

もっとも、ＭＢＴＩが心理学のプロに採用されることはなかった——その主観性と利用者の偏見、そして反証可能性の欠如が批判されたためだ。研究者のアニー・マーフィー・ポールはそれを「無責任なえせ心理学的行為」と呼び、ベストセラー本を執筆した社会科学ライターのアダム・グラントはこう主張した。「正確さという意味では、占星図と心臓モニターを両極端に置くとすれば、ＭＢＴＩはその中間あたりに位置する」

しかし93の設問と4つのグリッドから成るこのテストは、世界でもっとも人気の高い性格診断テストとして残り、いまでも世界中で毎日のように何千回と実施されている。

1950年代と1960年代には、そうした典型的な測定基準を利用することで、アメリカではやたらとテストがもてはやされるようになった。当時IQテストは未就学児にも実施され、子どもたちはその結果によって能力別のクラスに振り分けられた。SATもしくはACTの結果は、大学を選ぶ際には学校での平均成績よりも重視されるようになった。社会人に成長したあとも、なにかの職に応募するたびにさまざまな人格テストや能力テストを受けさせられた。

ほんのひと握りの——たったひとつのことすらある——測定基準をもとにした個人のランクづけは、学生のみならず社会人を分類する際にも、いまやごく一般的に行われている。

## 企業が用いる測定基準となる

1990年代はじめ、〈ゼネラル・エレクトリック（GE）〉や〈マイクロソフト〉をはじめとする各企業では、ベル曲線上に全社員をランキングすることが一般的だった。〈GE〉の会長兼CEOだったジャック・ウェルチは、毎年下から10パーセントを解雇していると口にしてはばからなかった。

〈GE〉も〈マイクロソフト〉も世界の五指に入る企業だったことから、当然ながら数多くの企業がランキングシステムを採用するようになった。彼らがしていることなら正しいにちがいない！　というわけだ。

テストによるランクづけは、客観性と数字の幻覚を生む。たとえば昇進や昇給を拒んでも、客観的な根拠としてテストを持ちだせば、正当化できるし弁明もできる。いかにももっともな理由があってのことのように見えてしまうのだ。

〈グーグル〉も含めた企業の中には、ランクにもとづいた雇用や昇給システムからは正式に脱したとされるところもある。ただ、GPAとSATの得点に取って代わったのが論理的パズルと数学の文章問題――本質的に共通テストと同じ能力を測定するよう設計されている――だったため、そんなのは表面的な変化にすぎないと批判する求職者や批評家は多い。状況を改善しようと努力しているつもりでも、雑な測定基準の快適さから逃れられずにいる企業が多いようだ。

IQテスト、SAT、ACT、そしてMBTI等の性格判断テストは、いくら批判されようとも、不正確であることが証明されようとも、いまなお生き残っている――大盛況とすら言える。21世紀に入ったいま、SATとACTはアメリカの高校生とその親にとって、かつてないほど不気味な存在感を増している。

そしてMBTIの成功を受けて、他にも数多くの性格判断テストが誕生している。たとえば「ビッグ・ファイブ・パーソナリティ・テスト」、「エニアグラム性格タイプ診断テスト」、「DISC性格類型検査」等々。この勢いは驚くようなことではないのかもしれない。ルイス・ターマン、カール・ブリガム、そしてエドワード・リー・ソーンダイクが、個々人の潜在能力を測ろうと努力していたのと同様に、アメリカではまたべつの強力な流れが生まれようとしていたのだから。

## 厳しい不況から生まれた進歩主義

こんな話を聞いたことはないだろうか？　新たなテクノロジーが誕生し、世界をつなげる。その先見の明のあるリーダーが途方もなく裕福な第一世代を誕生させる一方、テクノロジーからかけ離れた場所にいる低所得労働者は押しつぶされる。富める者と貧しい者の格差が過去最高水準に達する。よりどころを失った地方の貧しい人々が都市になだれこみ、病気と犯罪を蔓延させる。左派にしろ右派にしろ、怒れるポピュリズムに火がつく。アメリカン・ドリームなんて神話にすぎない、と思う人たちがどんどん増えていく。

ここでわたしが言っているのは、19世紀末に登場した鉄道テクノロジーのことである。1890年代は、鉄道が生みだした目を見張るほどの富や大邸宅やヨットというイメージから、「金ぴか時代」と呼ばれることが多い。しかし同時に、1894年から1897年にかけての恐慌の時代でもあった。1930年代の世界大恐慌の悲惨さの陰に隠れがちではあるが、アメリカ経済にとって、過去最悪の経済的災難だ。

その厳しい不況の最中とその後、多くの教育者と社会科学者が、強欲な企業行動と破綻した経済、そして恐慌が生んだ社会病をうまく抑制する方法がないかと模索していた。そんななか、歴史家が「進歩主義運動《プログレッシブ》」と呼ぶものが大衆のあいだに台頭してきた（今日、「プログレッシブ」と言えば民主党議員コリー・ブッカーやエリザベス・ウォーレンによって人気が高まったリベラル左派の思想を代表するが、1890年代当時は経済から企業行動、教育、公衆衛生、社会学、心理学等、あらゆるものに科学的管理を応用しようとする運動のことだった）。進歩主義は、政治的には社会ダーウィン主義も、ヨーロッパで発生した集産主義も無政府主義も拒んだ。じっさい進歩主義は政治的には超党派で、共和党大統領のセオドア・ローズヴェルトにも民主党大統領のウッドロウ・ウィルソンにも支持されていた。

## 生産性の高い労働者を生み出すという要求

進歩主義は善意から発展したものであり、公衆衛生、労働者の安全、反トラスト規制、女性の参政権等、必要な改正を数多く行った。教育とビジネス管理にもかなり大きな影響を与えた一方、そこには矛盾点もあった。進歩主義はビジネスの場で厳格な服従を強いたので、人間が動く部品と化してしまったのだ。当時もっとも影響力のあったビジネス思想家のフレデリック・ウィンズロー・テイラーの言葉から、それが読み取れる。

「これまでは人間が第一だった。未来は組織が第一でなければならない」

これは彼が１９１１年に出版した『科学的管理法の原理』の中に書いた言葉だ。管理者は、工場内で時間を無駄にするようなはたらきぶりの労働者を見きわめ、取り除くことで生産性を大きく高めることができる、という彼のシンプルな考えは魅力的だった。管理者たちはさっそく労働者の行動を監視、記録、測定、分析するようになった。もはや、工場で自由にしていられる労働者はいなかった。作業の合間にだらだらすることもなくなった。職人技を発揮することも、即興で作業を進めることもなくなった。テイラーは複雑な製造過程を減らし、どんな労働者でも手早くこなすことのできる細かな反復ステップを求めた。

テイラー主義は、労働者と彼らの労働習慣の管理に独裁者並みの体制を要求した。しかしテイラー本人は、自分の考えが労働者の救済になると思っていた。生産性の高い労働者ほど、高い賃金を稼げるからだ。

20世紀の最初の数十年間、彼の影響力は絶大だった。彼の理論がヘンリー・フォードの組み立て工場で実用化され、みごとな成果を上げたのだ。テイラーが予測したように、フォードはもっとも生産性の高い労働者に、そのはたらきぶりにたいして相場の2倍の賃金を支払った。フォードは、従業員にはフォードを1台手に入れるくらいの金を得てほしいと語った。

テイラーは、科学的管理の悪霊を瓶から放ってしまったのだ。テイラー主義により、新たな計測、簿記、会計処理法が数多く誕生した。作業フローチャート、機械速度のスライド計算機、動作研究、組み立て速度の測定基準もしかりだ。管理者に、労働者の作業量を毎分ごとに時計で確認しながら監視、測定、分析することを許してしまった。それこそがテイラーの科学的管理法の核であり、その価値に抗うのはむずかしかった。

今日のテクノロジー――クラウドコンピューティング、インターネット、ビッグデータ分析、人工知能、ワークフロー・アプリケーション、ロボット等――を考えると、ストップウォッチを手にしたテイラーの時代とは隔世の感があるが、彼の考えの多くはあいかわらずビジネス界を支配している。

## 教育の世界にもおよぶ科学的管理法

奇妙なことに、テイラーの科学的管理法は、教育の世界にもどっしり腰を据えるようになった。1世紀前、アメリカの教育者たちは、大量に流れこんでくる移民の子どもたちへの対処には彼の手法が打ってつけだと考えた。1912年、ジョン・フランクリン・ボビットの『*Elimination of Waste in Education*（教育の無駄をなくす）』の出版が、学校教育の現場で科学的管理法を採用、実施する足がかりをつくった。ボビットは、学校教育もビジネス同様、効率的で、無駄を省き、結果を重視する必要があると主張した。生徒を効率的な労働者に仕立て上げるためのカリキュラムだ。

テイラーと同様、ボビットも効率的な結果は中央集権とトップダウン型の指揮系統が決め手だと考えた。コロンビア大学のエドワード・リー・ソーンダイクをはじめとする他のリーダー的存在の教育者たちも、ベルトコンベア式構造を堂々と支持した。とりわけソーンダイクは、科学的管理法の原則に合わせたカリキュラム、教授法、組織構造について、社会の見解を牽引した。それが瞬く間に教育の支配的モデルとなったのだ。

ハーバード大学のトッド・ローズが人間の個性について書いたすばらしい著書『平均思考は捨てなさい――出る杭を伸ばす個の科学』の中で述べているように、今日の教育システムに柔軟性が欠けているのは、工場の管理法をベースにしているからだ。

わが国の学校は、1世紀前と変わらずテイラー主義の堅苦しい行進をつづけている。

固定された授業時間、固定された学期、頑固な「核」となる一連のカリキュラムをあいもかわらず採用しているのだ。なにもかも、（ふつうの）生徒全員が高校を同じ年齢で、そして推定上、同じ知識を持って卒業できるようにするためである。

1962年、歴史学者のレイモンド・キャラハンは、科学的管理法がアメリカの学校におよぼした影響について論じた。著書『*Education and the Cult of Efficiency*（教育と効率性の狂信）』の中で、教育行政にテイラー主義が与えた影響――建物や教室スペースの有効活用から用務員の仕事の規格化にいたるまで――について述べ、「無駄」を最小限に留めるため、各教師に教育活動について逐一記録させるといった改革についても言及している。

いまのわたしたちはテイラーの時代より賢くなった、と思ったらまちがいだ。最近行われた教育改革、たとえば「No Child Left Behind（落ちこぼれをなくす）」、「Common Core（各州共通基礎スタンダード）」、「Race to the Top（頂点への競争）」等すべてが、公共教育における共通テストの役割を増加させている。

しかし人の運命を握る共通テストも、教育現場においてフレデリック・テイラーの理論がいちばん目立って機能している一例にすぎず、現実的にはいまの教育システムの大部分が産業システムに合わせて運営されている。すなわち、標準化と測定を絶え間なく推し進め、STEM（科学・技術・工学・数学、理系の各教科）に焦点を合わせたカリキュラムをあからさまに奨励し、ベルの合図で変化や休憩を同時に告げる――まるで子どもたちは小さなT型フォードかなにかで、フレデリック・テイラー設計の組み立てラインから転がりでていくかのようだ。

そんなばかな、と思う人は多いだろう。人はだれでもそれぞれの方法でものを学ぶものだ、というのが人々の共通する認識なのだから。学習は、神経的、心理的、感情的発達とかかわる累積的なプロセスだ。つまり人はみな、異なるペースで知識を吸収し、組み合わせ、応用するのである。

基礎に触れただけですぐに知識を応用しはじめる人もいるだろう。その一方、（わたしを含めた）遅咲きの人にありがちなように、最後のピースが所定の位置に収まってはじめてその知識を応用できるようになる人もいる。複雑なものが突如として意味を成す瞬間は、あたかも目覚めのように感じるものだ。しかしそのパターンだと、生徒を測定、ランクづけし、分類するプロセスに合わないことがある。学習テンプレートにきっちりはまる特性の生徒もいれば、期待にうまく沿えない特性の生徒もたくさんいる。

共通テストでは、生徒の批判的思考能力や、物事への真の関心を測定することはできない。そして教師に、共通テストで測定できる内容だけを教えるよう強要し、より分析的な題材を避けさせようとするのは、生徒の学習を妨げているも同然だ。教師という職の価値をおとしめることでもある。テイラーの理論が工場内の熟練職人の価値をおとしめたのと同じだ。教育をテストの準備に単純化してしまったら、カリキュラムの質と教授法の技術を危機にさらすことになる。教育から人間性を奪い取るような行為である。

## 人間の定義を正当化したいという強迫観念

テストにたいする強迫観念はなにを生みだしたのか？

今日における成功者の代表は、ＩＱテストとＳＡＴで高得点をマークし、ビル・ゲイツや〈ゴールドマン・サックス〉、〈グーグル〉、〈アマゾン〉といった高ＩＱ値のたまり場にこよなく愛される神童たちだ。テストでもっとも高く評価された者が、もっとも多くを、もっとも早く稼ぐ。いまはＩＱ値とデータが学業成績を左右する世の中だ。

若者、とりわけ男性は、そんなおとなの世界に拒否感を覚え、両親の家で毎日何時間もコンピュータ・ゲームをして過ごしている。酒や合成麻薬に走る人と同じように、ややこしくてストレスだらけの満たされない生活から逃れる道を探しているのだ。企業に勤める人の大半が、自分は正当な評価を受けていない、疎外感を覚える、と考えていることが示された調査結果からも、そうした傾向がうかがえる。多様な技能、変則的な発達、そして遅咲きが悪いことだと言わんばかりの風潮からも。

多くの学校や職場があいかわらず知能テストを採用しているのは、立証可能な有効性を求めているというよりは、人間の定義を正当化できるような、客観的に見えるシステムを求めていることの表れだ。しかし個人の潜在能力もしくは才能を正確に測定するテストを考案した者は、いまだかつていない。要するに、たったひとつの測定基準もしくは表面的な物差しを、人の発達ほど複雑で多角的なものに適用するのは不可能なのである。

にもかかわらず、わたしたちは社会として、いままでにないほど人を測定し、ランクづけし、分類しようとしている。なぜだろう?

## SATの数学で満点を取る男たち

この章のはじめに、世界で2番目に裕福な男ビル・ゲイツがSATの数学で満点を取ったことに触れた。金儲けマジックには高IQが必要だという彼の信念が〈マイクロソフト〉の初期の雇用・人事方針を決定したこと、そしてプログラミングの才能とビジネスの才覚の予測判断材料としてIQ値を頼りにした〈マイクロソフト〉に、他の数多くの企業が追随したことも説明した。

〈グーグル〉の創業者ラリー・ペイジとセルゲイ・ブリンも、SATの数学で満点かそれに近い点数を取っている。ふたりはスタンフォード大学院に在籍していた1998年に〈グーグル〉を設立し、2014年まで、〈グーグル〉への求職者にSATの点数を確認することで知られていた（グーグルの持ち株会社〈アルファベット〉は現在、もうそういうことは行っていないと否定するのに忙しいが、〈グーグル〉はあいかわらずさまざまなパズルや謎かけ等で求職者の頭の回転を測定している）。

〈アマゾン〉の創業者でCEOであり、世界でもっとも裕福な男でもあるジェフ・ベゾスもまた、SATの数学は満点だった。記者のブラッド・ストーンはつぎのように書いている。「（ベゾスは）もっとも賢い頭脳を持つ最高の人材のみを雇用することこそが〈アマゾン〉成功の鍵だと感じていたという。当初は彼自身が求職者の面接を行っており、その際、やはりSATの点数をたずねていた。ベゾスはこう語った。『だれかを雇うたびに、その人物がつぎの雇用の敷居を高くしなければならない。そうすれば、全体的な才能がつねに向上する』」。ベゾスはある記者に向かって、自分の妻もSATの高得点者なので夫婦としてうまくやっていけるのだ、と冗談を飛ばしたこともあるという。

〈フェイスブック〉の創業者マーク・ザッカーバーグは、SATの数学と英語を合わせて満点となる1600点を取っている。では〈アップル〉の共同創業者スティーヴ・ウォズニアックは？　彼もまたSATの数学で満点だった。

さらにふたつ、目を見張るような数値を紹介しよう——いま紹介した数学の神童6名の個人資産を合わせると、3000億ドル以上になるのだ。そして彼らが設立した会社の資産価値は3兆6000億ドルにも達する。上位9つの国を除けば、一国のGDPを上まわる額だ。

もちろんこれは称賛に値することだ。だがちょっとその代償について考えてみよう。こうした現状に反対意見を持つある著名な理論家によれば、SAT高得点への強迫観念とアルゴリズムの天才による大金稼ぎマジックのせいで、アメリカ経済は何十年も伸び悩んでおり、社会はその答えをしきりに求めているという。言っておくが、この反対意見の持ち主は、シリコンバレーと鼻持ちならないほどリッチな神童たちの敵ではない。じつは、彼らの側の人間なのだ。

〈ペイパル〉の共同創業者で〈フェイスブック〉の取締役でもある（自身、高校時代はチェスの天才でスタンフォードの法科大学院に進学し、SATの数学で満点を取っている）ピーター・ティールは、投資家の財布の紐が緩いからと言って、経済全体が繁栄するわけではないと主張する。ティールに言わせれば、アメリカ経済では「ビット」企業にばかり投資資本が流れこんでいるのだ。

## 測定可能な知能で「ビット」企業の職を得る

マサチューセッツ工科大学のニコラス・ネグロポンテが1990年代に造った「ビット」企業という呼び名は、アルゴリズムにもとづいたサービスを提供して利益を得るか〈グーグル〉、〈フェイスブック〉、〈アマゾン〉等)、アルゴリズムを利用して金融市場で利益を得ようとする企業のことだ(〈モルガン・スタンレー〉、〈ゴールドマン・サックス〉をはじめとする無数のヘッジファンド会社)。

「ビット」企業は、物理的な製品はあまりつくらない。彼らは自分たちの賢いアルゴリズムを用いて、製品ではなく市場を生みだすのだ。

ネグロポンテとティールの造語「アトム」企業は、物理的な物品を扱う昔ながらの企業のこと――穀物の収穫、燃料の抽出、鋼鉄の鋳造、車の製造、製本、テレビの組み立て、陸、海、空による物品運送等々。〈ゼネラル・モーターズ〉は典型的な「アトム」企業だ。17か国に何十という数の工場を所有して20万人以上を雇用し、毎年1000万台に上る自動車とトラックを製造している。

アトム企業は物理的な資源を利用するため、工場や店舗を必要とし、廃棄物を出し、仕事がらみの怪我とも無縁ではない。それゆえ規制が厳しく、税金も高い。それとは対照的にビット企業は、従業員はコンピュータの前にすわってプログラミングするだけなので、資源も最小限ですみ（電気だけは例外だが、その規制の重荷は燃料会社や各施設が担う）公害も生まず、就業中の事故もまずない。だからほとんど規制がない。

昔ながらのアトム企業に挑戦状を叩きつける〈ウーバー〉や〈エアビーアンドビー〉といったビット企業は、あまりに新しくて破壊的なために、従来の規制構造の方が追いついていない。ビット企業のもうひとつの強みは、税制上、有利な点だ。ビット企業の創業者や投資者には、個人のより高額な所得税率ではなく、より低いキャピタルゲインの税率が課せられる。ビット企業の企業利益は、たいてい国内法の規制がおよばない地で保管されている。〈フェイスブック〉と〈グーグル〉が事実上15パーセントの法人所得税の支払いですんでいるのにたいし、S&P500種株価指数の企業は平均して21パーセントを支払っている。

いまの経済ではビット企業が歪んだ報酬を得ているというティールの見解は、けっして偏ったものではない（彼は自由主義的保守派として有名だ）。民主党の世論調査員マーク・ペンも、彼に同意する。「従来型の経済はガチガチに規制されている。ところが新しいテクノロジーに後押しされた経済は、規制のおよばないところで莫大な価値を築く許可証を手にしているようなものだ」

となれば、投資資本がアトム経済を避けてビット経済にばかり流れこむのも当然である。オンラインのカーシェアリング・サービスを展開する〈ウーバー〉は、2018年に720億ドルに上る株式時価総額――すなわち市場価値――を弾きだした。創業からまだほんの9年で、フルタイムの従業員が約1万人程度にもかかわらず、である。創業110年になる〈ゼネラル・モーターズ〉の現在の株式時価総額は、520億ドルだ。

ちょっと考えてみてほしい。〈ウーバー〉は〈GM〉より200億ドルも価値が高いことになる。ビット企業が手にする巨大な市場価値の優位性は、どこまでもつづく。豊かな資本を手に入れたビット企業は未来に目を向け、アトム企業よりもさらなる投資が可能となり、さらに儲けを上げ、さらに優秀な人材を金で確保できるようになる。ビット企業のこの偏った優位性は、ここ30年間で勢いを増してきた。

これは早咲き組と遅咲き組にとって、なにを意味するのか？

いま紹介したような収益率の相違を目にしたとき、そしてもしあなたが野心的なティーンエイジャー――あるいはその親――だったら、自然とこんな疑問が頭をもたげてくるのではないだろうか。

〝ビット企業で職を得るにはどうしたらいいのだろう？〟

簡単だ。これまで見てきたように、ビット企業は知的エリートを求めている。測定可能な知能と頭の回転の速さを持つ、ベスト中のベストな人材を。そして彼らにしてみれば、たっぷり充電されたアルゴリズム的技能を一瞬で写しだしてくれるテストもしくは測定法は、SATの数学テストをおいて他にはない。

青少年にしろ、親、教師、そして雇用主にしろ、21世紀において世界でもっとも価値の高い会社を設立したのは、SATの数学テストで天才的な点数を取った者であるという事実を避けて通れる者はだれもいない。それがはっきり口にされることは少ないが、それが真実であることは万人の知るところだ。ひどく不安定ないまの経済において、社会は子どもたちに、テストでいい点数を取れ、そしてもっとも儲かる産業の中でももっとも大きな利益を上げている会社に就職しろ、と途方もないプレッシャーをかけてきた。

しかし、テストの高得点と早期の成功を求めるこのプレッシャーが、歪んだ結果を生んでいる。

## 若き成功者が嘘をつく

2014年、『フォーブス』誌は、スタンフォード大学を中退した、世界でもっとも裕福なたたき上げの女性を取り上げた。30歳のエリザベス・ホームズと彼女の会社〈セラノス〉は、「ピンで軽く刺した指先から採った血液で何百種類もの病気を検査することができる、静脈注射いらずの技術」を開発した。ホームズは、自分の会社が何百万もの命を救うことになるのでは、と見積もった。

投資家たちも、〈セラノス〉が何十億ドルもの利益を上げさせてくれるのでは、と見積もった。彼らは個人的な資金をくり返し注ぎこみ、〈セラノス〉の価値を100億ドルにまで高めていった。結果、ホームズは権力の座についた。彼女は自身の影響力を利用して〈セラノス〉の株の半数を手元に残した。おかげで個人資産は50億ドルに達し、彼女は『フォーブス』の長者番付の頂点に押し上げられたのである。

ところが2016年、すべてが崩壊した。『ウォール・ストリート・ジャーナル』紙の記者ジョン・カレイロウが、2ダース以上に上る記事の中で、〈セラノス〉の技術は機能しないことを暴露したのである。

ピンで刺して採ったごく少量の血液は、指先の破れた皮膚で汚染されることが多い。さらに悪いことに、汚染されていない血液でも、実績のある昔ながらの静脈注射による採血の結果と一致しなかったのだ。言い換えれば、ピンで採取したサンプルは使い物にならず、致命的な症状を見逃したり、まちがった治療が行われたりと、非常に危険になりえるということである。

最初にこの問題に気づいたのは、〈セラノス〉の主任科学者イアン・ギボンズだった。〈セラノス〉の最高執行責任者はホームズにこの件を報告したうえで、ギボンズに口を閉じているよう告げた。それでも〈セラノス〉のごまかしは外部に漏れ、まもなくＦＢＩが捜査に乗りだした。ホームズのオフィスに呼びだされ、おそらく解雇を告げられるであろう日の前夜、ギボンズはみずから命を絶った。未亡人となった彼の妻ロシェルが受け取ったのは、ホームズと〈セラノス〉からの哀悼の意ではなく、メディアと話をしたら法的措置を取る、という〈セラノス〉の弁護士からの脅しの手紙だった。

若くして成功することに強くこだわっていたホームズは、当初はそうなる運命にあるかに見えた。９歳のとき、彼女は父親に手紙を書いている。「わたしの将来の望みは、それまで人類が知らなかったなにか新しいものを発見すること」

彼女は子どものころから標準中国語を学んでおり、はじめてビジネスを手がけたのはヒューストンの高校時代で、中国の大学にコンピュータのプログラミング言語を販売していた。名門スタンフォード大学への入学が許可されると同時に、奨学金と、研究プロジェクトへの給付金を受け取った。スタンフォード大学での最初の1年間を終えた夏には、シンガポール・ゲノム研究所ではたらいた。からだに貼る薬のパッチを開発して最初の特許申請を行ったのは、まだ18歳のときだった。

並外れて才能に恵まれていたホームズは、並外れて精力的でもあった。彼女にとってのビジネス・ヒーローは、〈アップル〉社を共同創業し、のちに栄光へと導いた天才、スティーヴ・ジョブズだった。彼女はすぐさまジョブズの言いまわしや癖をコピーしはじめた。黒のタートルネックを身につけ、手を合わせて屋根をつくるしぐさをまねた。相手の眼窩を射貫くのでは言われるほど、ゆっくりまばたきして相手を凝視した。

彼女はジョブズのあまり褒められない特質も採り入れた。〈セラノス〉を警察国家のごとく経営したのだ。従業員同士で担当業務について話さないよう、徹底的に管理した。やがて彼女はジョブズの「現実歪曲空間（ジョブズのカリスマ性を表す造語）」も習得した――自身の天才的な頭脳と〈セラノス〉のすばらしい製品はあくまで現実だ、と人々に信じこませたのである。

〈アップル〉を共同創業したときのジョブズはまだ21歳で、〈アップル〉が株式を公開したときは25歳だった。その若さでジョブズはセレブリティの仲間入りを果たし、億万長者となった。ホームズはそんなかつてのアイドルに対抗しようと、栄光へのレースと若くして富豪になることへのプレッシャーをますます感じるようになっていった。

〈セラノス〉の血液検査が価値なしと証明されても、彼女は技術を正すのではなく、強引に推し進めようとした。レンタルしたプライベート・ジェットにたびたびひとりで乗りこんでは、世界中を巡って講演を行った。批判する者たちにたいしては、訴訟を起こすと脅した。『ウォール・ストリート・ジャーナル』紙の会長ルパート・マードックを訪ね、カレイロウの記事を差し止めようともした。そして〈セラノス〉には、採取した血液を従来の技術を使って秘密裏に検査するよう命じ、ドラッグストア〈ウォルグリーンズ〉らの顧客を安心させようとした。

しかし『ウォール・ストリート・ジャーナル』紙、のちには『フォーブス』誌や『ヴァニティ・フェア』誌による調査記事は、待ったなしで発表された。2016年にはことが公になる。〈セラノス〉は公言したことを達成できなかっただけでなく、嘘をつき、真実を報道した人間を相手かまわず脅しつけた。世界でもっとも裕福なたたき上げの女性としてエリザベス・ホームズを取り上げた2年後、『フォーブス』誌は彼女の持つ〈セラノス〉株が無価値であると判断した。

エリザベス・ホームズを、どう表現したらいいのだろう？　彼女はとてつもなく才能に恵まれていた。100万人に1人のアルゴリズム的技能のおかげで標準中国語をマスターし、高校ではコンピュータ・プログラムのエキスパートになった。スタンフォード大学では奨学生に選ばれ、18歳で特許申請し、実業家としても長け、カリスマ性あふれる存在で、19歳にしてスタンフォードのアドバイザーを自社に引き入れることに成功した。

そんな彼女は、生まれつきの嘘つきだったのか、詐欺師だったのだろうか？　史上最大級の巨額詐欺事件を起こしたバーニー・マドフを目指したのか？

あくまで推測だが、わたしはそうは思わない——少なくとも最初からそんなつもりはなかったはずだ。彼女の致命的な欠点は、早期成功への執着と、それに伴う焦りだったのではないか。〈セラノス〉が彼女の望む魔法のようなスケジュールで成功しなかったとき、彼女は技術を修正するのではなく、若く天才的な話術、ＴＥＤでの演説、プライベート・ジェットでの旅、疑問を抱いた人たちへの法的な脅しに活路を見いだそうとしてしまったのだ。

エリザベス・ホームズは悪人なのだろうか？　そう思う人は多い。だがわたしは彼女の行動はもっと複雑で、白黒つけられないのではないかと考えている。むしろ、若くして成功するという、みずから描いたストーリー——成功にたいする狭い見解を後押しする社会がもてはやすようなストーリー——にがんじがらめにされてしまったのではないだろうか。

## 受け入れた多様性と受け入れない多様性

アメリカをはじめとする世界中の豊かな国々では、ほんの一世代か二世代前には受け入れられなかった民族とライフスタイルの多様性が、いまはさまざまなかたちで歓迎されるようになった。歴史的に除外されてきた数多くの人たちにとって、これは意義深い進歩だ。

アフリカ系アメリカ人の大学卒業率は過去30年間で倍増している。マイケル・ジョーダンやマジック・ジョンソンといった著名なアフリカ系アメリカ人は、元プロバスケット選手というだけでなく、いまやプロスポーツチームのオーナーだ(10)。『フォーブス』誌の「アメリカでもっとも裕福なたたき上げの女性たち」の最新リストには17名の億万長者が名を連ねており、屋根葺《ふ》き業者からトラック輸送業から小売業までと、業種もさまざまだ。同性婚はいまではアメリカの50州すべてで連邦政府により憲法上の権利だとされ、〈アップル〉のCEO、ティム・クックのような注目を浴びるビジネス・リーダーが、ゲイであることを公表している。

最近のアメリカは、国民と政治の忍耐という意味で社会として一歩後退したとはいえ、ここ数十年のあいだに、教育現場や職場における多様性、ジェンダー間の平等、同性婚への理解が着実に進んでいることは、世論調査の結果に表れている。社会がどんどん寛容になり、個人のスタイル、独特な興味、急進的な政治的独自性が受け入れられるようになったということだ。いまではタトゥーを入れていても、ピアスの穴を複数開けていても、まともな職に就くことができる。ジェンダーを変えることも、性的に流動的でいることも可能だし、突っかけサンダルやパーカー姿で職場に行くこともできれば、おとなになっても堂々とコミックを集めたりビデオゲームに興じたりすることができる。そうしたことすべてが、昔と比べれば文化的にはるかに受け入れられやすくなった。

ところが話が早期の成功と認知力の多様性となると、状況は逆転する。異なる認知力の持ち主——発達が遅かったり、就職市場で認められていない技能を持ち合わせていたりする人たち——にたいしては、そこまで寛容になれないのだ。

社会は、人々がしっかりと自立し、以前より多様な考えを持つようになったことに鼻高々だ。ここまで異なる主体性とライフスタイルを称賛しているのだから、学び方にしても認知力の発達スピードにしても、多々あることを受け入れているはずだ、と人々は思いこむ。いまはかつてないほど大勢の人が多くの機会に恵まれている、と。しかしそれは大きなまちがいだ。そこを思いちがえているために、ＩＴ業界や金融業界が頭の回転の速いアルゴリズム的技能を切望し、過度に買いかぶっていることに、やみくもに同調してしまうのである。

しかもその同調が唯一の測定基準、もしくはあいまいなパーセンテージにもとづいている点が厄介だ。そうしたデータでは、人の潜在能力ほど複雑なものを解読することはできないのだから。

## いまだに決定的な力を持つIQテストとSAT

ＩＱテストとＳＡＴがどれほど決定的な力を持つようになってきたか、考えてみてほしい。それらのテストはもともと、人生で成功するかどうかを最終決定するために設計されたわけではない。ほんの数十年前は、ほどほどの成績やテストで平均点を取ったからといって、人生の軌道を制限されるようなことはなかった。ＳＡＴの点数は、稼ぎや結婚相手や他人からの評価を左右するようなものではなかったのだ。

いい仕事を得るために必要な条件は、それが工場での作業だろうがデスクワークだろうが、高潔さ、熱意、経験、労働倫理、信頼性、チームワーク、そして根気だった。いわば心の知能指数の問題であり、ＩＱだけの問題ではなかった。

それがいまはどうなったか。今日、共通テストの下位75パーセント――全受験者の４分の３に相当する人たち――は、苦労を強いられている。親に経済的な余裕がなくて予備校にも通えず、家庭教師の一団を雇ってもらえない人、あるいは親が忙しいために家で勉強を教えてもらえない人は、標準以外の学習機会を得ようにも、なかなかむずかしい。

そしてわたしたちが自覚しているかどうかはさておき――認めたいかどうかはさておき――そうしたことが文化を大きく後退させているのである。

いまは、正しいこと――しっかり勉強し、SATを受け、地元か州立の大学に進学する――をしても、なぜか取り残されてしまう。何世代にもわたって「成功へのエスカレーター」とされてきた道を歩んでいるにもかかわらず、片隅に追いやられ、経済から除け者扱いされてしまう。

なぜだろう?

なぜなら、そこに華々しさとスピードが足りなかったからだ。あなたは17歳で共通テストの輝かしい結果を出さなかった。それゆえ、あなたはおそらく人生の不幸な落伍者なのである。

昔は、高校か大学で思わぬ困難にぶつかったとしても、追いつく方法はいくつかあった。たとえば、かつては軍が自分を高めるための快適な選択ルートだった。たいていは男性、とりわけ労働者階級の出身者が多い軍は、鍛錬と成熟の場であり、手本となる人物を見つけ、目標をより高く掲げられるようになる場だ。ところがいまは、そういう選択をする人の話はめったに聞かなくなった――アメリカ人の会話からその話題が消えてしまったのだ。

2016年に意外なベストセラーとなった『ヒルビリー・エレジー～アメリカの繁栄から取り残された白人たち』の著者J・D・ヴァンスを例に挙げよう。ヴァンスはトラブルだらけの幼少時代と青年時代を過ごしたのち、海兵隊に入隊した。軍での任務を終えるとオハイオ州立大学に入学し、そこからイェールの法科大学院に進み、のちにシリコンバレーを牽引する投資会社の社長に就任した。探求、成長、自己啓発の並外れた物語である。

しかしヴァンスの物語の中でもとりわけ並外れているのは、それが並外れていないという事実そのものだ。彼のような経験は、かつてはよくある話だった。今日、人々は寛大な顔をしながら、その下に絶対的な権力をふるう頑なな同調性を隠し持っている。それが成功と充足感へと向かう数多くの道筋を、無言のうちに除外しているのだ。

さらに悪いことに、この同調性のために、人間の潜在能力はすばらしく多岐にわたるという、普遍的で深遠な真実が見えなくなっている。

早期成功という幸運には恵まれない大勢の人々にとって、潜在的な能力が発見されたり、認められたり、後押しされたりするのは、あったとしてもずっとあとになってからだ。その結果、あまり才能がない、もしくは野心がない、というまちがったレッテルを貼られてしまう。怠惰だ、無関心だ、と片づけられてしまうのだ。

しかしほんとうは、わたしたちの真の能力や得意とする独特な分野にライトが当てられていないだけのことなのだ。早期成功のプレッシャーと、世の流れへの同調という毒をはらんだ組み合わせが、わたしたちを血の通わない機械に変えている。

それが、こちらの負けが確実な競争の舞台を設定しているのである。

## 人工知能（AI）と自動化の波に職を奪われる未来

わたしたちはいま、薄気味悪いジレンマを抱えている。年々、機械が容赦なく賢さを増しているのだ。前世紀にはじめて自動化の波が押しよせたときは、知識を基盤とする経済にはさほど大きな脅威には見えなかった。と言うのも、それが提供する利益の犠牲者は、たいてい肉体労働者だったからだ。ロボットが車の部品を溶接したり組み立てたりするようになったことで不安を覚えたのは、組み立てラインの労働者だった。

しかしロボットと人工知能（AI）が専門職の領域に侵入してくると、今度は大学やメディアの人間が不安を覚えるようになった。いまになってようやく、危機の甚大さがあきらかになってきたのだ。

2016年の秋、元アメリカ財務長官で世界銀行のチーフ・エコノミストだったローレンス・サマーズが、つぎのように書いている。「25歳から54歳までの全男性の3分の1以上が、今世紀の半ばには失業すると見積もられる。半数の男性が、5年ごとに少なくとも1年間は仕事を失う可能性が非常に高い」これは、アメリカの優れた人口統計学者で、この来る失業時代を「アメリカの目に見えない危機」と呼んだニコラス・エバースタットの研究にもとづいた推測だ。

2016年のクリスマスの直前、ホワイトハウスが『AI、自動化、そして経済』と題した50ページに上る報告書を公表した。内容はこうだ。「アメリカ合衆国はAIに投資し、その発展を促すべきである。アメリカ国民を将来の仕事のために教育、訓練する等、『数多くの利点』があるからだ。また、AIは、将来の成長を共有できるよう、労働者を支援し、彼らに力を与えるものである」

これだけ読むと、さほど悪いことには思えないかもしれない。ところが文章はさらにこうつづく。「しかしこの報告書の執筆者も、無数の未知数があることは認めている。AIの有効性はどれくらいのものなのか、いつごろ登場するのか。専門家によれば、今後10年もしくは20年のあいだに奪われる職業は9パーセントから47パーセントと見積もられるという」

ウェブサイトの《マーケット・ウォッチ》はこの報道にたいし、皮肉な見出しをつけている――「ホワイトハウス曰く、ロボットに仕事の半分を奪われても甘受せよ」。

自分のキャリアは自動化の波の影響を受けないと思いこんでいる何百万というホワイトカラー労働者も、あと数年もすれば、それまで高く評価されてきた仕事が安価なソフトウエア・プログラムに取って代わられかねないことに気づくだろう。じっさい、AIやコンピュータ自動化に取って代わられる危険のないキャリアを見つける方がむずかしいくらいだ。医薬、放射線、腫瘍学といった分野で、さらにはある種の外科手術にいたるまでが、すべて自動化されるおそれがある。つまり、もっとも権威ある職業の中には、6桁の報酬に別れを告げざるをえなくなるものが出てくるのだ。

たとえば終身在職権つきの大学教授職はどうだろう？　オンラインで学習できるデジタル講義はすでに存在する。弁護士は？　ウェブサイトの《リーガルズーム》は、消費者が遺言書を書いたり、有限責任会社を設立したり、離婚訴訟を起こしたり、商標登録したりするのを手助けしている。建築家やエンジニアはどうだろう？〈ＢＩＭ〉（ビルディング・インフォメーション・モデリング）と〈ＶＤＣ〉（ヴァーチャル・デザイン・アンド・コンストラクション）が、「オートデスク」や「レヴィット」といったソフトウェアと同様に、すでに建築物をデザインし、設計図を作成している。

どの職業が危機にあるのかを推測するうえで、マサチューセッツ工科大学のフランク・レビーは、「規則性のある」ホワイトカラーの仕事を挙げている。弁論趣意書を提出したり、図を解読したり、構造的な設計をしたりといった、複雑な指示や規則にしたがう必要のある仕事だ。いままで、そうした仕事をして豊かな暮らしを送っていた人は、いまや攻撃の危機にさらされている――そしておそらくは、消える運命にあるのだ。

わたしは、たいていの人が時間とともにうまく順応するだろうと楽観視している。それでも、落とし穴はある。社会はいまのところＳＴＥＭ（科学、技術、工学、数学）路線を好み、若者にそうした仕事を勧めているが、皮肉にもそれはまもなくＡＩによって消滅させられる可能性のある職種でもある。エンジニアリングから銀行取引、臨床検査からプログラミングにいたるまでの規則性のある仕事は、かつて将来が約束され、死滅することなどないものに思えた。そこが落とし穴だ。未来が覆されるときの被害は甚大である。

## 社会は危機にさらされ、人の寿命は延びつづけている

社会は危機にさらされている。テストの点数、完璧な成績、早期成功にたいするわたしたちの強迫観念は、もともとは正しい考えから発したものとはいえ、もはや度を超している。わたしたちは人のさまざまな才能に報いる能力主義ではなく、間口の狭いＩＱとＳＡＴの少数独裁政治集団をつくり上げてしまった。早咲き組はこの新たな体制で大きく勝利できるが、大半の若者はおとなの仲間入りをする前から置いてきぼりを食らい、彼らが生まれ持った能力は使われることなく置き去りにされ、アルゴリズムを偏愛する成功のベルトコンベアにのせられることもない。

しかし早期成功を過剰に強調するのは的外れだ。人の寿命はどんどん延びている。最近生まれた人のほとんどが22世紀まで生きるだろう。大半の人は、ＳＡＴの高得点もしくは

ＳＴＥＭ教科の学位を取らずとも、真の才能を発見し、それを受け入れることで、よりよい人生を送ることができる。人生のどの段階でも、花を咲かせることはできるのだ。

４年制大学の高い学費と急増する学生の借金は、現在わたしたちが抱えるジレンマの一症状にすぎない。現在、アメリカの学生が抱える借金は１兆３０００億ドルにも達しており（「はじめに」を参照）、債務不履行の割合は11・５パーセントだ。これは２００８年のリーマンショックを上まわる。子どもたちが将来成功するための最初で最後の入り口を入り損ねるかもしれないという恐怖が、この財政上の狂気を駆り立てているのだ。アメリカには称号の世襲システムもなく、正式に委任された地位のはしごも設置されていないため、わたしたちはＩＱの点数と名門大学の学位にもとづいた新たな俗物システムをつくり上げてきた。

この危機を少しでも回避するには、若くして成功することを過度に美化したり、人間の発達を早期成功につづく「早道」と見たりするのをやめなければならない。大半の人にとってそれは不当であるだけでなく、ひどく非道なことでもあるのだから。だれもが生まれ持つ才能を無視するも同然の行為だ。休眠中もしくは遅咲きの才能や情熱を発見する道を、断ち切ってしまう。性格、経験、共感、知恵、信頼性、粘り強さ等、達成感と充足感を味わわせてくれるものの価値を損ねてしまう。そして遅咲きの可能性を秘めた大勢の人々の芽を摘み取ってしまう行為である。

個々人が成功し、業績を上げるために、ありとあらゆる人間の能力と多様性のタイムテーブルを認めるべきだ。発見への道筋を早い時期に勝手に断ち切るのではなく、その道を開いてやらねばならない。ＡＩとコンピュータ化が一般化される未来でも豊かさを望むなら、これは必須だ。その方が、人のじっさいの発達スピードとも一致する。

しかし社会は、人はみな異なるという事実を評価することなく、並外れたアルゴリズム的能力、もしくは若くして焦点を定められる人々ばかりを好む。

昔は、成功とは裕福になることや有名になることを意味していたわけではないし、できるだけ早くなにかを達成することを意味していたわけでもない。潜在能力をフルに発揮して生きる機会を得ることこそが、成功だった。個人として、ありのままの真価を認められることこそが、成功だった。

ところが究極の神童の出現と、若者へのテスト、ランクづけ、分類にたいする強迫観念によって、社会は堕落してしまった。若さに魅了される文化、とりわけ若くしての成功に魅了される文化のせいだ。経験や知恵ではなく、シナプスのスピードを評価するアルゴリズム的経済の高まりのせいである。

残念ながら、大半の人はＳＡＴで法外な高得点を上げることはできないし、年間４万ドルもかかる予備校に通うための資金もない。大半の人が、最新の学習テンプレートにはうまくはまらないし、科学的管理法の原則に沿った発達もしない。大半の人が、並み外れた運動神経を持っているわけでもないし、極端なまでに外交的でもなく、容赦ないほど野心的でもなければ認知力で際立っているわけでもない。

それでは、資金もなく、ＳＡＴの数学で満点もとれず、発達ものんびりしていて平凡な学習者であるわたしたち遅咲き組は、どうすればいいのだろう？

本書ではこれからその点に焦点を当てていく。いいことを教えよう。じつは遅咲き組は、今日の神童崇拝文化とは裏腹に、すばらしく勇気づけられる状況にあるのだ。

# 第3章

# やさしい時計で計る人間の発達スピード

## 危険に身をさらす衝動からの卒業

15歳のころのアシュリーは、手首を切って家出し、年上の男と密会する危険を冒すような娘だった。憂鬱、自虐、無気力のサイクルからなかなか抜けだせずにいた彼女だが、その後プロのカウンセラーとなり、現在は講演者として活動している。

いま32歳になったアシュリーは、リゾートホテルの大宴会場で自身の体験を紹介してまわっている。600人ほどの聴衆を前にした彼女は、いかにも健康的で、自信あふれる女性だ。彼女自身が「常習的にリストカットや脱走をくり返した無責任な人間」と語るかつての姿は、想像もつかない。

アシュリーがリストカットをはじめたのは、中学生のときだった。両親は驚き、彼女がそうせずにはいられない理由はともかく、なんとかその行為をやめさせようとした。厳しくしつけたり、褒美を与えたり、カウンセラーをつけたりしたものの、なにひとつうまくいかなかった。そこで両親は当時10年生だったアシュリーを、全寮制の実験的な女子校に転校させてみた。アリゾナ州フェニックスから北に1時間の場所にある、スプリング・リッジ・アカデミーである。

スプリング・リッジでもアシュリーはたびたび脱走し、ヒッチハイクをくり返した。いちばん長いときで、フェニックスでのひと晩も含めたほぼ20時間も姿をくらましていたことがある。彼女の衝動は、ほんものの危険に身をさらす段階まで達していた。それでも、話に真摯に耳を傾けるスプリング・リッジのカウンセラーが介入したおかげで、アシュリーは健康と普通の生活をようやく取り戻しはじめた。彼女は高校の卒業証書を手に入れ、大学に進学したあと、臨床心理学の修士号を取得した。

フェニックスに逃げてから20年以上が経過したいま、アシュリーは問題を抱えるティーンエイジャーの女の子をカウンセリングしている。「昔から、怖いもの知らずの人にあこがれていました」と彼女は語る。「でも、最初は不健全なかたちで怖いもの知らずになろうとしていたんです。いまでは、もっと健全に怖いもの知らずになれることを学びました。リーダーになって、他の人たちを助けることもできます」

アシュリーの話からもわかるように、今日の早咲きを求める熱狂ぶりは、実生活との衝突を免れない。そしてそれは、いまから挙げる3つの大きな流れとも衝突する。

ひとつ目は、いまは一般的に、青少年が認知的、感情的に成熟するのは、過去の世代より遅いことを示す証拠が多く見つかっていることだ。ふたつ目は、テクノロジーの容赦ない進歩が、人材とキャリアにどんどん改革を求めていること。真実は避けがたい。若者が大学やSATで示す能力は、より変化の速い時代には日持ちがしないのだ。そして3つ目は、年齢とともに失われる認知能力はあっても、人はそれを埋め合わせる能力を死ぬまで獲得しつづけることが最近の研究でわかってきたことだ。つまり、そこそこ健康な人ならほぼ全員、異なる年齢において異なる方法で花を咲かせることができるのだ。だから個人個人が満ち足りた、繁栄する社会をつくり上げるには、人間の発達スピードをもっとやさしい時計で計ってやらねばならない。だれもが、自分なりのタイムテーブルにしたがって、脳、才能、そして情熱を進化させるチャンスを何度でも手にするべきなのである。

## なにひとつ咲かなかった、取り残された青年期

ティーンエイジャーや青少年の成熟スピードはまちまちだ。親ならだれでもそんなことは知っているし、その通りであることを確認する神経科学者と心理学者の数もますます増えている。多くの心理学者が、18歳から25歳は、もはや青年期とも言えなければ、はっきり成人したとも言えない独特な時期だと考えている。アメリカではその年代を法律で成人と定めているが、現実的には、多くの人、とりわけ遅咲き組には、その時期にはまだ機能的な面で成人の重要な要素が欠けている。

わたし自身の、少々恥ずかしいエピソードがいい例だ。

わたしは子どもでいるのが大好きだった。小学校での成績は優秀で、あらゆるスポーツ

を楽しみ、両親、きょうだい、友人たちとの心温まる思い出がたっぷりある。ところが思春期に入ると、わたしの小さな世界がひっくり返った。

中学校は牢獄のようだった。こちらはまだ足踏み状態だというのに、他の男子は身体的に成熟しはじめていた。彼らは女子に関心を抱きはじめ、女子の方も男子を意識するようになった。男子も女子も、同級生の多くが、わたしにはちんぷんかんぷんの代数と幾何学をいきなり理解するようになり、わたしは取り残された。

『アラバマ物語』のようなまじめな本は、読む気にもならなかった。学校はなんとかやり過ごしたが、もはや優秀な生徒ではいられず、小学5年生のときにはオールAだった成績が、中学ではほとんどBに落ちていた。スポーツでも控えにまわるようになった。日常的にみんなにからかわれ、小突きまわされ、下着をつかんで持ち上げられたりと、恥をかかされることばかりだった。ある日の午後、9年生に殴られ、めがねを壊された。それでも仕返しできず、まわりで立って見ていた生徒たちの目の前で、負け犬に成り下がった。

高校に入ると、陸上部入りを目指して奮起することで多少の品位を取り戻した。長距離走は細身の子どもに向いているし、苦しさを耐えることで怒りを発散させることができる。わたしのタイムは1マイル4分36秒というまずまずのものだったが、州の優勝チームに所属していたこともあり、チーム内では4番手止まりだった。コーチの目に留まることもほとんどなかった。

学業の方はと言えば、521人中94位の成績で、高校3年生を終えたときの平均成績は3・2だった。高等数学はクラスで最下位だった。

凡庸さの極みと疎外がわたしの宿命に思えた。自宅から3ブロックの場所にある地元の短期大学に入ったあとは、経済学、微積分学、化学に苦しんだ。陸上競技はつづけ、レースで勝利したこともあったが、弱小チームだったわが校が戦っていたのは、大学リーグの最下位グループの中だった――アメリカ中西部の中でも人口密度の低い州にある短期大学だったのだ。

そのあと4年制大学に移ったのだが、これは途方もないかんちがいの幸運に恵まれたおかげだった。短期大学でのわたしの1000ヤードの屋内記録はごく平凡な2分21秒だった。それでも短期大学の全国屋内大会への出場資格が与えられ、その場でスタンフォード大学の長距離走コーチの目に留まったのだ。わたしが全国大会に出場していたがゆえに、そのコーチはその記録が1000メ・ー・ト・ル・のものだと読みちがえ、わたしには全米大学競技協会（NCAA）の陸上選手になる見こみがあると考えたのだ。つまりそのコーチは、わたしがじっさいより10パーセントも速く走れると思ったのである。

じつは、たとえ10パーセント速く走れても陸上の奨学生レベルには届かなかったのだが、そのコーチはわたしのためにひと肌脱いでくれた。彼はスタンフォードの入学事務局に電話をかけ、短期大学でのわたしのBの成績と、輝かしいとは言いがたいSATの得点を、NCAAレベルの中距離走選手としての可能性に免じて見過ごしてもらえないだろうか、と掛け合ってくれたのである（わたしがコーチのかんちがいに気づいたのは、後に大学内の陸上競技会の場でしゃべっているときのことだった）。

この時点で、この途方もないほどの幸運を生かして代表チームの陸上選手として花開き、ローズ奨学生候補にまで上りつめた、と言えたらどんなにいいだろう。しかしそうはならず、わたしは黄金の機会を無駄にしてしまった。学業面での停滞もつづいた。クラス登録の期間は、アメフト部のメンバーのあとをついてまわった。と言うのも、おそらく彼らなら、「ミッキー・マウス・カリキュラム」と呼ばれていたいちばん簡単なクラスを選ぶにちがいないと踏んだからだ（その勘は当たった）。

## 25歳、「犬と同じ仕事」から一歩踏みだす

しかしネズミ向けのカリキュラムでも、わたしはBを取るのがせいぜいだった――映画美学だけは一度Aマイナスを取ったことがあるが。卒業後、ルームメイトたちは壮大な計画を胸に大学院に進んだ――法律、化学工学、神学。一方のわたしは、警備員、皿洗い、

臨時タイピストと、職を転々とした。7か月間、『ランナーズ・ワールド』誌の編集助手をしたこともある。ほんもののキャリアへの足がかりになる可能性のある仕事だった。ところが、酒癖が悪い、怠慢、同僚と喧嘩する、名前のスペルやレース結果をまちがえる、といった理由で解雇されそうになったので、その前にこちらから辞めてしまった。

当時のわたしはその日暮らしだった。『ランナーズ・ワールド』を辞めてから数か月は、ワイナリーで夜警の仕事をしながらワインをボトルごとくすねては仕事中に酔っ払っていた。古びたフォード・ファルコンを運転しておんぼろアパートに戻る途中、コンビニエンスストアで朝食用のジャンクフードを買いこむ毎日だった。

ある寒い夜、開花することなくくすぶりつづける日々の中で、わたしはひとつの屈辱的な事実に気づかされることになった。

定期的なパトロールをするために警備小屋から外に出たとき、すでにあたりは暗くなっていた。わたしは〈アメリカン・パトロール・サービス〉の制服姿だった。黒のスラックス、グレイの半袖の襟つきシャツ、胸ポケットには光沢のあるバッジ。まるでショッピング・モールの警備員だ。もっともその夜のわたしの「持ち場」は、カリフォルニア州サンノゼ北部にあるレンタカーの駐車場だった。

武器は携帯していなかったが、アイスホッケー用パックを大きくしたような〈デテックス〉社製の時計を手にしていた。わたしの任務は、フェンスで囲まれた駐車場の隅々を歩いてまわり、フェンスにボルトで固定された1ダースかそこらの箱に〈デテックス〉の鍵を挿しこんでいくことだった。毎時、指定通りにパトロール巡回していることを証明するためだ。

夜の闇の中、どこかで犬が吠えはじめた。大型犬の吠え声だ。警戒の吠え声。なかなか止みそうになかった。吠え声の出所を突き止めようと懐中電灯を左右に振ってみると、すぐに見つかった――隣接する材木置き場にいるロットワイラー犬だ。

そのとき、はたと気づいた。隣の材木置き場の警備員は、人間ではなく犬だ。その事実に、目が覚める思いがした。当時わたしは25歳。スタンフォード大学の卒業生だ。その数か月後には、同じく25歳のスティーヴ・ジョブズが〈アップル〉を世に放ってコンピュータ産業を変革し、途方もなく裕福になる。一方のわたしは、貧しく立ち往生し、犬と同じ仕事をしている。

25歳のわたしは、そんな人間だった。

そのあと、なにもかもが好転した。26歳にして脳が目を覚まし――そう、まさにそんな感じだった――ある研究所でテクニカル・ライターの職を得ることができた。29歳で結婚し、友人と一緒にのちにシリコンバレーのトップに上りつめる広報会社をスタートさせた。

34歳のとき、シリコンバレーではじめてのビジネス誌を共同創刊した。38歳で『フォーブス』誌に雇われ、テクノロジー誌の発行を任された。44歳で『フォーブス』誌の発行人となり、講演者としてのキャリアも開始して世界中をまわることになった。46歳で飛行機の操縦を学び、49歳で空の冒険を描いたベストセラー本を執筆した。なにか大きなことを成し遂げたいという5年生のときの夢が、実現しはじめたのだ。

いま思えば、わたしのキャリアの転機は20代後半だった。その時期、わたしは中学時代からはじまった長いまどろみから、どういうわけか目覚めたのだ。そして29歳のときには、ついに脳がフル稼働するのを感じ取るようになっていた。テレビでニュースを見てすませるのではなく、『ウォール・ストリート・ジャーナル』紙や『ニューヨーク・タイムズ』紙を読むようになった。政治ジャーナルでさまざまなイデオロギーに目を通した。直観的にも、論理的にも物事を考えられるようになり、そのちがいを見きわめることもできるようになった。文章を、パラグラフを、論文をまるまるひとつ書けるようになった。ビジネスプランを立ち上げ、運営する方法を学んだ。実業家としてのチャンスを予測し、企画書を書けるようになった。自分より年長の人や実績のある人とも、プロとして接することができるようになった。

まるっきり新しい世界が開けたのだ。

20代後半にわたしを目覚めさせたものはなんだったのか？　ポスト青年期のわたしのまどろむ脳を揺さぶり起こし、おとなとしての可能性と責任へと駆り立てたものは、なんだったのだろう？

## おとなになり切っていない脳

新たな研究によれば、青年からおとなに成熟する際、これまで認められてきた過程にひとつ欠けているものがあるという。18歳から25歳にかけて、ほとんどの人はまだおとなになり切ることなく、つかの間、ポスト青年期を過ごすのだ。その時期、フル稼働するおとなの脳と比べると、認知プロセスがいくつか欠けている。

青年と若者の脳の中で、完璧に発達するのがいちばん遅いのは前頭前野皮質――前頭葉の処理センター――で、完成するのは20代半ばから後半にかけての場合が多い。額のすぐ裏に位置する前頭前野皮質は、計画、組織、問題解決、記憶の呼び戻し、応答阻害、そして注意配分等、複雑な処理を担う部位だ。

認知力の研究者は、神経画像検査を用いて前頭前野皮質のふたつの重要な特徴を調べ上げた。すなわち、発達が遅く、大きいという特徴だ。基本的に、前頭前野皮質が位置する前頭葉における認知力の発達は、後ろから前の方向に進む。一次運動野からはじまり、頭頂葉皮質と側頭皮質へと広がり、前頭前野皮質で終わるのだ。

ヒトの前頭前野皮質は、他の種と比べて巨大だ。成人の前頭前野皮質は、大脳新皮質の3分の1近くを占めている。新皮質は、脳の中でも高次脳機能とかかわる部位全体に相当する。比較してみると、チンパンジーの前頭前野皮質は新皮質の17パーセントしかなく、犬の場合は13パーセント、猫は4パーセントだ。

ここで重要なのは、前頭前野皮質の重要な変化の多くは、10代後半から20代初期にかけて起きるという点である。たとえばミエリン形成だ。ミエリンというのは、神経シグナルがより効率的に伝達されるよう線維を防護する物質のことで、ミエリン形成とはミエリンがさらに広範囲にわたって神経線維を覆うプロセスのことである。

シナプスが広範囲にわたって刈りこまれるのもこの時期だ。刈りこむと聞くと悪いことのように思うかもしれないが、そうではない。神経が爆発的に成長すると、編み目のように張りめぐらされたシナプス結合にもつれが生じる。しかし刈りこみによってそれらが切り戻されれば、残ったシナプスがより効率的にシグナルを伝達できるようになる。同時に、前頭前野皮質が脳の他の部位、とりわけ感情と衝動を司る部位と通信する能力の発達を促してくれる。そのおかげで脳の全エリアが、計画したり問題を解決したりといった複雑な処理にかかわるようになるのだ。

そうした能力が、人をおとなに成長させる。感情と衝動をコントロールし、複雑なプロセスを計画し、トラブルを未然に防ぐ。しかし18歳から25歳までの若者の大半の脳は、まだ完成形ではない。心理学者は、神経学的な成熟を「実行機能」と呼ぶ。実行機能の欠如が、アシュリーの衝動的なリストカットや家出癖、そしてわたし自身のひどい未熟さの原因だ。

実行機能はＩＱ値や潜在能力や才能とはいっさい関係がない。先を見越して効率的な計画を立てる能力、行動と結末を結びつける能力、リスクと報酬の可能性を見きわめる能力、というだけのものである。またそこには、自己認識（自我、個人的信念、個人的価値値）、感情規制、目標の設定も含まれる。そうした実行機能の大半が、前頭前野皮質――もっとも遅く、大きく、脳の中で最後に発達する部位――を通じて調整、制御されているのだ。

## 測定され、人生を決められてしまう子どもたち

国立精神衛生研究所（ＮＩＭＨ）が支援する縦断研究で、３歳から16歳までの５０００人近くの子どもの脳の発達を調べるための追跡調査が行われた（登録時の平均年齢は約10歳）。その結果、子どもたちの脳が25歳を過ぎるまでは完璧に成熟しないことが判明した。また、感情の源である大脳辺縁系と、その感情を管理する前頭前野皮質の成長には時間的

なずれがあることもわかった。大脳辺縁系は思春期にいっきに活性化するが、前頭前野皮質はそこからさらに10年かけて成熟をつづけるのだ。大脳辺縁系がすっかり活性化しているのに前頭前野皮質があいかわらず成熟の途中となれば、理性や戦略的思考や結末の考慮を、感情が大きく上まわることになる。

だから18歳から25歳の若者の大半は、責任をもって判断すること、充分に注意を注ぐこと、そして感情を管理することが、文字通りできないのである。ところがまさにその時期、彼らは測定され（テスト、成績、仕事の面接を通じて）人生の残りの軌道を決められてしまう。そんなのはおかしい。

それに思いだしてほしい。25歳というのは、実行機能がしっかり根を張る平均年齢だ。中には、21歳で完璧に発達する者もいるだろう。だがそれが25歳をはるかに超えたり、さらには30代に入ってようやく発達を終えたりする人もいる。わたしがポスト青年期の亡霊からようやく脱したのは、20代後半だった。もしあなたもわたしと同様、未熟な10代とひどく無責任な青年期を過ごしたなら、やはり発達が遅い方だったのかもしれない。

うちのティーンエイジャーの子どもは集中力がない、だらしがない、と親として心配しているのでは？　もう成人しているのに、いまだ生産的な責任ある生活を送っていない子どものことが心配なのでは？　21世紀の人類へようこそ。

いま心理学者たちは、まだ実行機能が備わっていない若者を成人したと言えるのかどうかで議論を重ねている。たしかに、18歳の数学の天才やチェスの名人はいる。18歳から25歳の偉大なアスリート、勇敢な兵士、俳優、歌手、実業家を、わたしたちはじっさい目にしている。

しかし彼らの成功はたいてい、実行機能による決断に頼るものではない。レンタカー会社はその点を心得ているので、25歳以下の若者に車を貸す場合、高額な保険料を請求する。たいていの人にとって、充分に発達した実行機能は20代半ばから後半になるまで備わらない——これは脳の前頭前野皮質の成熟時期と一致する。もっと遅れて20代後半や30代前半になってようやく備わる人も、それなりの人数いるのだ。

前頭前野皮質がのんびり発達することと、より幼い時期にテストを受けさせ、徹底的に彼らの才能を見いだそうとする社会の努力とは、みごとなまでに矛盾している。高校スポーツに本格的に取り組みたいと考える若者は、高校に入るまで待たない。アメリカン・フットボール、バスケットボール、サッカー、野球といったチーム・スポーツを目指すなら、もっと早い時期からきちんと組織されたプログラムでスタートを切らなければならないと考える。テニス、水泳、体操といった個人競技で勝負したいなら、パーソナル・コーチ、トレーニング、夏合宿、競技会やトーナメント戦の出場に大金を払わなければならない、と。

学業も同じだ。子どもを一流大学に入れたいなら、子どもが高校生になるまで待ってなどいられない。一流大学に入学するには、トップの成績、満点近くのSATの得点、そしてリーダーシップやコミュニティ活動への参加、業績等の履歴が必要だ。7年生もしくは8年生から計画を立てても早すぎることはない。何百万という数の親たちが、個人教授やSATの準備コースに、総じて10億ドル近くの金を注ぎこんでいる。

そのふたつの流れ――おとなへの成熟時期が遅いことと、子どもたちの能力をテストする時期が早いこと――は、くっきりと相反している。25歳以下でこの早咲きレースに勝利し、繁栄する者は、ごくわずかしかいない。大半の者は勝利どころか、教育者や焦った親たちが設定したルールにもとづく賭け金の高いプレッシャーだらけの競争のために、心に傷を負いかねない。おとなたちが大きな価値を置く競争に敗れたことで、徹底的に落ちこぼれてしまう者も出る。それでも社会はティーンエイジャーと青少年の潜在能力を測ろうとテストをくり返し、能力別に分類し、ランクづけすることに執着する。彼らの認知力は成熟プロセスに入ったばかりで、20代後半以降にならないとそれが終わらないにもかかわらず。

## さまざまな可能性を秘めた「新成人期」

世代が進むごとに、学業を終え、経済的に自立し、結婚し、子どもをつくる年齢がどんどん遅くなっている。1970年代末から行われている全国規模の調査によれば、現在の25歳は、親の世代が同年齢だったときと比べて、まだ学校に通っている割合が2倍で、親に生活費を出してもらっている割合が50パーセントも高く、結婚している人は半数しかいないという。

なぜ20代の多くが、おとなになるのにそれほど時間がかかっているのだろう？　そんな疑問がそこここで持ち上がっている。子どもが「なかなか独り立ちしない」とか、「ブーメラン・チャイルド」すなわち実家に舞い戻ってくる子どもがますます増えている、という親の心配はよく耳にする。

どうやら昔ながらのライフサイクルは、コースから外れてしまったようだ。恋愛する相手や身を落ち着けた生活に縛られないとなれば、多くの若者は他にめぼしい選択肢もないので学校に戻っていく。旅に出たり、あてもなく漫然と過ごしたり、無給の実習生か臨時の（そしてたいていが過酷な）仕事をめぐって激しい競争をくり広げたりする人もいるだろう。そうやって、おとなとしての生活を先送りしようとしているのだ。

ベビーブーム世代が成長した1970年代初期の平均初婚年齢は、女性は21歳で、男性は23歳だった。それが2009年には、女性は26歳、男性は28歳に上がっている。脳はわたしたちが20代に入ってもしばらく発達しつづけるので、いわゆる成人期に入るのが以前考えられていたより遅いようだ。

これはなにを意味するのだろう？

20代は発見のときであり、さまざまな可能性を秘めた時期であることを示しているのだ。正式な教育をほぼすべて終える時期でもある。未来の配偶者や、おとなになってもつき合いつづける友人と出会う時期。そしてキャリアを築きはじめる時期。冒険や旅に出て、その後は二度と味わうことはないであろう自由を満喫しつつ、男女関係を育む時期だ。

マサチューセッツ州にあるクラーク大学の心理学教授ジェフリー・アーネットは、人生の注目すべき段階として、「新成人期」と呼ぶ概念を社会に提案した。社会と経済の変化により、18歳から30歳という独特な段階を新たに認識する必要性が生じたからだという。さらなる教育の必要性が生じ、初歩的な仕事が減少し、若いうちに結婚するようせかす風潮が少なくなったことがその理由だ。

遅咲きを自認するアーネットは、新成人期は自己発見に重要な時期だと考える。アイデンティティを探求し、不安定を経験し、自分自身を見つめる時期だ。探求は青年期の一部でもあるが、20代になると新たな重要性を持つようになる。そのくらいの年齢になると、可能性が狭まり、長期間にわたる真剣な取り組みが必要となり、いろいろな利害が絡んでくるのだ。

議論を呼ぶところではあるが、アーネットは青年期が延びるのには利点がある、と提案する。若者を甘やかしているだけではないかという意見もあろうが、それは的外れだ。彼が論じているのは、刺激を受けつづけ、チャレンジが増えるスーパー青年期のことなのだ。難易度が高くて認知力を刺激する新鮮な活動に没頭することで、脳は柔軟に保たれる。くり返しの多い予測のつくような仕事をしたり、たんなる実習生になったりしてしまえば、柔軟性の窓を閉ざしてしまう。だから成人期を遅らせるのは、むしろ望ましいことなのである。そのぶん自立心を育み、新たなスキルを獲得できる。それ以上に、モチベーションとやる気を高めることができるのだ。

大学入学前か在学中、あるいは卒業後に、1年か2年の休暇を取ることを勧める説得力のある神経学的論拠がある。ほんの短い期間でも青年期の柔らかい脳を長く保てば、社会人として、同年代の固い頭の持ち主よりも知的に優位に立てる。研究により、より高い業績を上げる人は、新しいシナプスを増加させる時期が長かったことがわかっている。

証拠は明白だ。脳の前頭前野皮質がまだ柔らかいうちに、新鮮なものや難解なことに触れると、長い目で見たキャリアの成功につながるのである。

これを本質的に理解している組織もある。モルモン教は、若い男女に大学を休学して2

年間のミッションに出るよう促している。結果、彼らは22歳ではなく24歳で大学を卒業することになる。神経学的な観点から言えば、彼らは職探しもしくは結婚もしくは大学院への進学を決断する際、おとなとしての能力がかなり成熟していることになる。

モルモン教徒のオーブリー・ダスティンは、2年間のミッションを日本で過ごした。彼は幼稚園から高校までの12年間、苦しんできた。読み書きとスペルが不得意だったのだ。ところが日本に行き、教師や同級生の怪訝な表情から解放されると、いっきに花開いた。勉学に意欲を燃やすようになり、モルモン書の200節を日本語で暗記したのち、ブラジルからの移民に日本語を教えるためにポルトガル語を学んだのである。その2年前までは自身の母国語に苦しんでいたティーンエイジャーだったというのに。

ミッションから戻ると、ダスティンはアメリカ国防総省語学学校に受け入れられた。いま彼は陸軍士官であり、工学を専攻する大学院生だ。ダスティンは自身の遅咲きについてこんなふうに語っている。「ミッションのとき、人とかかわる中で発達させたスキルは、それ以降、僕のすることすべてに役立っています」

## 休暇のおかげで〈ナイキ〉を創業することに

〈ナイキ〉の創業者フィル・ナイトは、すばらしい（そしてみごとなまでに赤裸々な）自伝『SHOE DOG（シュードッグ）』の中で、大学を出てキャリアをスタートさせるまでに休暇を取ったおかげで、靴の会社を創業するアイデアを思いついたことを詳述している。

ナイトはオレゴン大学在学中、陸上選手として代表チームに加わっていた。陸軍で2年間任務に就いたあと、スタンフォード大学経営大学院に進んだ。そこで1960年代の日本――第二次世界大戦の破壊からまだ20年もたっていなかった――が、成長しつつあるスポーツ用品の世界市場で大きな力を発揮できるとしたテーマで修士論文を書いた。スタンフォードで経営学修士号（MBA）を取得したのち、彼は父親を説得して世界旅行に出かけるための支援を取りつけた。旅から戻ったら腰を落ち着けて会計の仕事を見つけるから、と約束したのだ。しかし彼は日本に滞在中、MBA論文のテーマを実地で探求すべく、スポーツシューズ・メーカーを訪ねることにした。そして最終的にはビジネスを興したのである。最初は、日本の「オニツカ・タイガー（現在の『アシックス』）」というランニングシューズの輸入業者として。

ナイトが自身のブランド――〈ナイキ〉――を立ち上げるのは、まだ10年先のことだ。彼にとって、ビジネスは発見の道のりだった。もし大学院を卒業後にそのまま就職していたら、既存の会社の会計士としてはたらいていたかもしれない。父親のようにいらだちを募らせ、満たされない気持ちのまま。

ナイトは2回小休止していることになる。大学卒業後に2年間、陸軍で任務に就いていた。だからスタンフォード大学経営大学院に入学したときには、22歳ではなく24歳になっていた。2番目の小休止は26歳のときで、経営大学院で追究したテーマを現実社会で探求したのである。

## 「外に出て成長する」ギャップ・イヤーの利点

「外に出て成長する」という考えは、けっして目新しいものではない。平和部隊、フルブライト奨学金、ティーチ・フォー・アメリカといった組織は、数世代にわたって若者たちを世界に送りだしてきた。また、軍に入隊して人として成長するという考えも、とくに目新しいものではない。じっさい、イスラエル、スイス、ノルウェー、デンマーク、そしてシンガポール等、多くの国々では、自国の防衛を超えた理由で徴兵制度を実施している。そうした国々では、同じくらい裕福な国々、たとえばアメリカ、イギリス、フランス、ドイツといった、徴兵制度のない国々の若者と比べると、失業率が低い。

ではなにが新しいかといえば——しかも劇的なほどに——世間一般と、変化に時間のかかりがちな大学が、小休止、すなわちギャップ・イヤーの利点を受け入れるようになってきた点だ。

カイル・デヌッチョを例に挙げよう。彼は大学1年生だった18歳のとき、苦悩していた。彼は春学期が終わったら退学したい、と両親に告げた。すると父親がこう警告した。「いま辞めたら、二度と戻れなくなるぞ」

それでもデヌッチョは退学した。「退学させられるほど成績が悪かったわけではないが」と彼はのちに書いている。「カリキュラムを最低限こなす以上のモチベーションがなくなってしまった。大金を無駄づかいしていることに罪悪感を抱いていたし、同じことをさらに3年もつづけられるとは思えなかった」

デヌッチョのような反応を見せる大学1年生は多い。彼にとって幸運だったのは、父親が承認してくれたことだ――ただし条件つきで。デヌッチョは経済的な自立を求められたのである。愛の鞭はきわめて重要だ（裕福な親からはめったに与えられない）が、デヌッチョにはまさに必要なことだった。

彼は『サーフ』誌の実習生としてはたらき、車で寝て海を風呂代わりにするようになる。しかし経営難の雑誌社でヒエラルキーの最下部にいることは、自分の将来に役立たないとすぐに気づいた。そしてカリフォルニアで、後にプエルトリコで、厨房の皿洗いをしながら自力で苦しい生活を送るうち、年齢と知恵を重ねた彼は、大学に戻りたい、という心からの願いを再燃させることになった。

デヌッチョの冒険に満ちたギャップ・イヤーの話には元気づけられるし、ギャップ・イヤーの利点を支持する新しい研究も行われている。

アンドリュー・J・マーティンは、338名の学生を調査し、ギャップ・イヤーを取る若者は、取らない若者と比べ、ギャップ・イヤー以前はモチベーションが低い傾向にあることを発見した。カイル・デヌッチョと同じだ。しかしギャップ・イヤーのあとは、彼らのほとんどがモチベーションを新たにしている。

マーティンはこう述べる。「彼らは成績もより優秀で、キャリアの選択肢も多く、雇用適性も高い。生活スキルも多岐にわたる……ギャップ・イヤーは教育プロセスのひとつであり、その中で生まれたスキルと考えが個人の発達に貢献すると考えられる」

マーティンはさらに、ギャップ・イヤーを取ると、その人の「経済的、社会的、文化的利点」が強まり、就職市場でも、より高度の教育においても、競争力が高まると示唆している。ギャップ・イヤーは、モチベーションを失っていた若者を再活性化するきっかけとなる――ただし、彼らが責任を取る心構えがある場合のみだ。カイル・デヌッチョの父親が、息子の冒険の年月に金は出さないとしたのは、彼にとって最良の条件だったのかもしれない。

## ギャップ・イヤーが生みだす利点

すでにモチベーションの高い学生は、ギャップ・イヤーを取ってもそれ以上モチベーションが高まることはないかもしれない。しかし万人にギャップ・イヤーを推奨する人たちには、またべつの主張がある。モルモン教のミッション、平和部隊、徴兵制度等、キャリアや教育の「まわり道」をすることが、より成熟してバランスの取れた、より責任感のある人間をつくるというのだ。

調査でもそれが正しいことが示されている。ギャップ・イヤーを取った若者は、ボランティアであろうが義務であろうが、より人に尽くし、勤勉にはたらき、アルコールに溺れることもなく、罪を犯す率も低い。2015年にアメリカン・ギャップ・アソシエーションが行った全国調査では、回答者の97パーセントがギャップ・イヤーを取ったおかげで人間的に成熟したと答え、96パーセントがより自信を持てるようになったと主張している。84パーセントがギャップ・イヤーのおかげで技能を獲得し、それによりキャリアで成功を収めたと回答した。75パーセントが、ギャップ・イヤーが就職に役立ったと答えている。

イギリスの元外相ジャック・ストローは、学生にギャップ・イヤーを取るよう公に勧め、こんなふうに語っている。「ギャップ・イヤーは、若者が視野を広げ、成熟し、責任ある市民となるためのすばらしい機会だ。人格や自信、そして決断力を高める旅から社会が得るものは、利益のみである」

ギャップ・イヤーを擁護する説が非常に高まってきたため、どこよりも変化に疎い主要な組織——高等教育の現場——ですら、ギャップ・イヤーを受け入れる方向に変化してきた。アメリカでは、ギャップ・イヤーを受け入れる大学はいまや160校を下らない。そこには、ハーバード、イェール、プリンストン、タフツ、ミドルベリー、スキッドモアといった名門校も含まれている。

バラク・オバマ前大統領の娘マリアも、ハーバード大学入学前にギャップ・イヤーを取り、インディペンデント系映画会社〈ミラマックス〉ではたらいた。マリアがギャップ・イヤーを取るというニュースは、《ツイッター》を席巻する勢いで駆けめぐった。

ギャップ・イヤーが大きな利益につながることもある。ソフトウェア業界のベンチャー・キャピタリストで、ニューヨークのマンハッタン・インスティテュートの上級研究員のマーク・ミルズは、カナダのウィニペグ近郊で育った。彼の父親は、夢のような教育を受けた息子といえども失敗した場合のために、生活費を稼げるよう手に職をつけさせなければと考えた。そこでミルズは溶接工の技能を学んだ。

彼はわたしにこう語った。「高校卒業後に手に職をつけておくのはお勧めだ。北米では、熟練した技能を必要とする仕事の担い手が50万人ほど不足している。仕事はいくらでもあるのに、人材が足りないんだ。だから賃金はどんどん上がっている。熟練した電気技師、溶接工、配管工が、ほんの少しの残業で年間10万ドル稼ぐのはよくあることだ。20歳にして、それだけの大金を稼ぐことができる。1万ドルか1万5000ドルを払って2年間訓練を受けるだけで。投資のリターンとしてはかなり大きい。それにいつでも好きなときに辞めて大学に行くことができる」

人間の発達を計るやさしい時計なら、若者がなにかやりがいのあることやそれまでとはちがうことをするための時間を与えてくれる。外の世界と自分の秘めた能力に発見の道筋を開くための、手探りの時間だ。

しかし早期の成功をせかす今日の風潮の中では、ペースを落として休息を取ることをためらう学生や大学卒業生は多い。大学院の入学事務局もしくは雇い主に、休息を取る意味を説明しなければならないからだ。彼らは後れを取ること、もしくは長期間にわたって稼ぐ可能性を台無しにすることを恐れている。しかしキャリアのトレッドミルから飛び降りるのを恐れる人たちには、不安を和らげてくれるいい知らせがある。

## 歳を取ることで、より賢く、よりクリエイティブになる

わたしたち人間は、歳を取るにつれてより賢く、クリエイティブになることが、研究によりあきらかにされた。人間の脳の生体構造、神経回路網、認知能力は、じっさい年齢と人生経験が増えるにつれ向上する。シリコンバレーの神話に反して、歳のいった従業員の方が若い従業員より生産性が高く革新的で、協力的な場合もあるのだ。認知力のピークは早くに訪れ、そのあと徐々に下降線をたどる――あるいはソール・ベローが『フンボルトの贈り物』で書いたように、「墓場へと向かう長くほこりっぽい滑り台」――というのは、真実ではない。

じっさいたいていの人が、人生を通じて認知力のピークを複数回迎えている。これは、ローラ・ジャーマイン（マサチューセッツ・ゼネラル病院の博士研究員）とジョシュア・ハーツホーン（ＭＩＴの博士研究員）による、急進的な発見だ。彼らは２０１５年に、《testmybrain.org》、《gameswithwords.org》等のウェブサイト上の脳テストを通じて、５万人近い被験者の認知力を測定した。その結果、認知力の異なる部分が異なる年齢でピークを迎えることがわかったのである。

「任意の年齢において、向上する認知力もあれば、下降する認知力もあり、平行線をたど

る認知力もある。ほとんどの認知力が同時にピークを迎える特定の年齢というものは、おそらく存在しない。ましてやすべての認知力が特定の年齢でピークを迎えることはありえない」とハーツホーンは述べている。

そのデータからすれば、それぞれの認知力は異なる年齢でピークを迎えることになる。たとえば情報処理速度は、18歳か19歳といった若い時期にピークを迎えるようだ。短期記憶は25歳くらいまで向上をつづけ、そのあとの10年は横ばい状態だ。一方、他人の気持などの複雑なパターンを評価する能力のピークはもっと遅く、40代か50代に入ってからである。

同じ研究者たちが、語彙テストを用いて結晶性知能——事実と知識の生涯にわたる蓄積——を測定している。結晶性知能がピークを迎えるのが人生の後半であることは、心理学者がすでに予測していたことだ。ところが新しいデータは、それがピークを迎えるのは被験者が60代後半か70代はじめに入ってからであることを示した。だれもが推測していたよりも、ずっとあとの時期である。ローラ・ジャーマインはその結果を次ページの表にまとめている。

ジャーマインとハーツホーンの調査は、「生涯にわたる人間の変化について、それまで考えられていたのとは異なる実態を示す」ものになった、とジャーマインは語った。他の

**認知スキルがピークを迎える年齢**

| | |
|---|---|
| 10代後半 | 認知処理能力の速度 |
| 20代はじめ | 名前の学習、記憶 |
| 25〜35歳 | 短期記憶 |
| 30代前半 | 顔認識記憶 |
| 45〜55歳 | 社会的理解 |
| 65歳以上 | 言葉の知識 |

研究でも、人間の脳は生涯を通じて驚くほど順応性が高いままであることが確認されている。

## 成人の発達についての研究

１９５０年代はじめ、カリフォルニア大学バークレー校の学生K・ワーナー・シャイエは、成人の発達についての研究に着手した。現在90歳になるシャイエがなにをきっかけに人間の脳と加齢に興味を抱いたのかはともかく、その選択は正しかった。当時まだ21歳かそこらだったシャイエは、すでに国際的な老人医学会議で講義を行うまでになっていた。のちにワシントン大学の大学院生になったとき、彼は長いキャリアを決定づけるプロジェクトを発進させた――「シアトル縦断研究」である。

縦断研究というのは、被験者を生涯を通じて追跡調査する研究のことだ。シャイエと彼の研究チームは、配偶者の死や病気からの回復といった人生の出来事が、さまざまな年齢において人の認知力にどう影響するかに注目した。彼は、認知力の下降を速める要素は数多くあるものの、その下降を遅らせたり、逆に向上に転じさせたりする要素もあることを発見した。たとえば継続的な教育と途切れることのない好奇心が下降を遅らせる要因になるという。シャイエは『シアトル・タイムズ』紙の取材に、つぎのように答えている。

どういう生活を送るかで、歳の取り方が変わってきます……歳を取ったからといって、いきなり人間からちがう種に変わるわけではありません。頭の回転が早く、順応性の高い人が優位であることはあきらかです。物事は変わりますが、若いときから問題解決を得意とする人や、個人的な危機をうまく切り抜けてきた人は、その状態を維持するでしょう。

シアトル縦断研究はいまもつづけられており、人間の脳の順応性についての新たな事実を発掘している。現在の研究リーダー、シェリー・ウィリスは、航空管制官は、年齢とともに徐々に、しかし着実に脳の処理スピードと短期記憶力が衰えていくが、それでも仕事ぶりにはなんら影響をおよぼさないことを発見した。なぜか？　航空管制官に必須の空間認識力と冷静さが、中年期を通じて向上するからだ。アメリカ心理学会がつぎのように指摘している。

中年期の頭は、若いころの能力の多くを維持するだけでなく、新しいものも入手しているようだ。成人の脳は、中年期に入っても配線し直す能力があり、そこに何十年にもおよぶ経験と行動を組みこむことができると考えられる。たとえば研究により、中年期の頭の方がより冷静で、穏やかで、社会的な状況を見分けるのが得意であることが示唆されている。中年以降に認知力を高める人もいる。

ミシガン大学の認知神経科学者パトリシア・ロイター＝ロレンツはこう語る。「柔軟性、再編、能力の保存のための、永続的な潜在能力というものが存在する」

これは遅咲き組全員にとって、いい知らせだ。ポイントは、積極的に参加することにある。健康に、周囲の世界にたいする好奇心に、そして学びに、心血を注ぐべきだ。そうすれば、生涯で何度も脳のピークを迎え、何度も個人的な花を咲かせることができる。

## 技能、知識、経験を活かす結晶性知能（Gc）が上昇する

認知力研究により、人には2種類の知能があることがわかっている——流動性知能（Gf）と結晶性知能（Gc）だ。流動性知能とは、新しい問題を論理的に考えて解決する能力で、過去の知識には依存しない。抽象的なパターンを識別し、論理を利用し、帰納的・演繹《えんえき》的な理由づけを適用する。Gfがピークに達するのは若いときだ。

一方の結晶性知能は、技能、知識、経験を活かす能力である。大半の成人の場合、Gcには職業的知識（仕事）と趣味的知識（趣味、音楽、芸術、大衆文化等）が含まれる。Gfとはちがい、Gcは中年期からさらにその先にいたるまでレベルの上昇が見られる。

ジョージア工科大学の心理学教授フィリップ・アッカーマンとその同僚が、成人期と知識レベルの強い結びつきをあきらかにした。率直に言って、より年齢を重ねた成人は若い成人よりも知識が深いものだ。アッカーマンによれば、若さあふれるGfの低下を埋め合わせるいちばんの方法は、Gcを最大限に活用する仕事と目標を選ぶことだという。

航空管制官という仕事について考えてみよう。いかにも若く回転の速いGfが役立ちそうな職業だ。31歳を過ぎると航空管制官になるトレーニングすら受けられなくなる。その年齢ですでにGfが下降しはじめているからだ。シアトルの研究であきらかにされたよう

に、30代から50代の航空管制官は、空間認識力と精神的冷静さを向上させることで、下降するGｆを埋め合わせている。連邦航空局は、そうした技能が下降しはじめる56歳で管制官は引退しなければならないとしている。しかし教師や法律家、政治家、作家、カウンセラーといった、高い知識を持つGｃが頼りの職業は、生涯にわたって安泰だ。

もちろんたいていの職業においては、最高の仕事をするにはGｆとGｃのバランスが必要だ。たとえば外科手術や財務分析等。Gｆは年齢とともに下降するが、仕事の知識――すなわちGｃ――はそれを補って余りあるほどに増加し、中年期以降にすばらしい仕事ぶりを発揮することになる。

タスクによって、必要とされるGｆとGｃのバランスは変わってくる。医療分野を例に挙げると、細い血管が数多くつながっていることから、肝臓移植は他の臓器移植よりも複雑であることがよく知られている。メイヨー・クリニックのある肝臓移植のスペシャリストが、外科医としての技術的なピークは50代はじめだったと認めた。「肝臓移植というのは、反射神経が求められるんです」と彼は言った。「あちこちから出血するので、急がなければなりません」

しかし、視力と手のすばやい調整技能（Gｆ）が低下しても、診断能力（Gｃ）は向上し、その向上は70代に入るまでつづく。では病院側は、その技能バランスの移行をどう管理すべきなのか？　メイヨー・クリニックは、経験豊富な、Ｇｃ知識をたっぷり蓄えた年配の外科医と、Ｇｆ技術がピークを迎えた若い外科医を組ませることで解決できると考えている。

ソフトウェアのプログラミングのような仕事は、流動的なＧｆ知能と若きプログラマーを好む傾向にある。〈グーグル〉や〈アマゾン〉等の企業に若い従業員が大勢いるおもな理由はそれだ。ただし、ソフトウェアのプロジェクトやソフトウェア・ビジネスの管理経営となると、望まれる技能がＧｆからＧｃにシフトする。だからこそ60代はじめのダイアン・グリーンが、〈グーグル〉の中でももっとも重要なクラウド部門の統括に当たっていたのだ。同じ理由から、60代半ばの億万長者トム・シーベルが、ＡＩやＩｏＴという激戦区で、最新のソフトウェア会社〈Ｃ３〉を率いている。

ある意味、人の脳は、神経回路網とシナプスが爆発的な馬力を発揮していた若いころにはなかったパターン認識能力を、つねに形成していることになる。人は歳を取るにつれ、新たな技能を発達させたり、もともとの技能に磨きをかけたりする。たとえば社会意識、感情規制、共感、ユーモア、耳を傾ける能力、リスクとリターンの見きわめ、適応知能等々。こうした技能はすべて、何度も花を咲かせるための潜在能力を高めてくれる。

## クリエイティビティは衰えない

では、クリエイティビティ、すなわち意外なアイデアを思いつく能力はどうだろう？これについても、わたしたちは思っていた以上に長い間、その能力を保つことがわかった。

２００８年、スウェーデンのカロリンスカ研究所のアルゴリズム動力学研究室の共同リーダー、ヘクター・ゼニルは、４歳から91歳までの３４００人を対象に、ランダムに行動する能力を調査した。ランダム思考――明白なこと以外に目を向けること――は、クリエイティブ思考とつながっている。木からリンゴが落ちたとき、クリエイティブな人は、リンゴが熟したのだろう、と考えるだけではない。アイザック・ニュートンのように、リンゴが落ちるのを見て、目には見えない重力を思い描くのだ。

ヘクター・ゼニルと研究者たちは、どうやってランダム思考を調べたのだろうか？彼らはコンピュータで行う短い「乱数アイテム生成」タスクを５つ開発した。たとえば12枚のコインをひっくり返す、さいころを10回転がす、箱をマス目に配置する、といったタスクだ。

被験者がすべきことは、コンピュータの論理的なプログラムが予想できそうにない答えを出すことだった。結果、ランダムな思考（と言外のクリエイティビティ）がピークに達するのは、予想通り25歳であることがわかった。しかし驚いたことに、ランダム思考の能力（と言外のクリエイティビティ）が60代までで下降する幅は、ごくわずかであることもわかったのだ。

ニューヨーク大学で神経心理と認知神経科学を研究し、2018年に『Creativity（クリエイティビティ）』を著したエルコノン・ゴールドバーグは、人の創造的産出は歳とともに増加すると語る。ゴールドバーグ博士は、右脳と左脳は「顕著性ネットワーク」でつながっており、左脳に貯蔵されたイメージとパターンを比較することで右脳側の新しい知覚を評価できるようになるのだという。それゆえ、子どもは中年期の成人よりも新しい知覚をたくさん得るものの、その新しい知覚を有用な創造的洞察力すなわち創造的産出へと変える文脈を持ち合わせていないのだ。

## ノーベル賞レベルの業績の年齢層は上がっている

しかしそうした発見は、現実世界に置き換えられるものだろうか？　人は歳を取っても革新的でいられるのか？　ここでもうひとつ驚くべき事実を紹介しよう。少なくともわたしは驚いた。若さが恥ずかしげもなく祝福される世の中にあって、賞を勝ち取る科学者、革新家、実業家の年齢は、どんどん上がっているのだ。

1世紀前、アルベルト・アインシュタインとポール・ディラックがそれぞれノーベル賞を受賞することになる研究を行ったのは、ともに20代半ばのことだった。ウィリアム・ローレンス・ブラッグが1915年にノーベル物理学賞を手にしたのは25歳で、受賞理由は彼がまだほんの22歳のときに行った研究の成果だった（彼は結晶の原子構造を研究するためにX線を用いたパイオニアだ）。

しかし今日、ノーベル賞につながる科学や科学的革新の業績を上げる人の年齢層は、着実に上がっている。2008年にノースウエスタン大学のベンジャミン・ジョーンズとブルース・ワインバーグが行った調査によれば、ノーベル賞につながる発見をしたときの平均年齢は39歳だという。いまでは55歳の人が科学分野に大きな革新をもたらす確率は、25歳の人と変わらない（25歳というのは、アインシュタイン、ディラック、ブラッグがノーベル賞につながる科学的発見をしたのとほぼ同じ年齢だ）。

ジョーンズ研究員は、今日、革新的な業績を上げるのに時間がかかるのは、あらゆる科学分野の深みが増しているからではないかと推測している。学ぶべきことが多すぎるので、なにかを生みだすまでにどうしても時間がかかってしまうのだ。神経科学的な言葉を使えば、早咲きのGf知能と、遅咲きのGc知能の両方があってはじめて、ノーベル賞レベルのはたらきができるのである。

最近、革新的な業績がピークを迎える年齢はさらに遅いとする研究結果が発表された。ノースウエスタン大学の研究結果よりほぼ10年遅い40代後半だという。40代が革新的業績のピークだという説は、アメリカで特許申請を行う人の平均年齢が47歳であるという事実にも裏づけられる。

では、ピークを迎えた認知力は、そのあとどれくらい高レベルを保てるものなのだろう？それにかんする新たな研究と事例証拠も、勇気づけられるものだった。

ヘクター・ゼニルのランダム思考テストで、クリエイティビティのピークに近いレベルが60代を通じて維持されることがわかったのだ。これはハーバード大学とMITとマサチューセッツ・ゼネラル病院が行った多重ピーク研究、そしてシアトル縦断研究の結果とも一致する。80代を通じてピークを長々と維持する異端児もいるかもしれない。選ばれしごく少数派として、高レベルのクリエイティビティのピークがもっと長くつづく人もいる。そのいい例をつぎに紹介しよう。

スマートフォンと電気自動車のどちらにも欠かせない部品と言えば、電気を貯蔵するリチウムイオン電池である。スティーヴ・ジョブズやイーロン・マスクの名前は聞いたことがあっても、ジョン・グッドイナフの名前は聞いたことがないのでは？　シカゴ大学で教育を受けた物理学者グッドイナフは、57歳という比較的高齢のときにリチウムイオン電池を共同開発した。それから数十年がたった２０１７年、グッドイナフは新しい電池の特許を申請した。『ニューヨーク・タイムズ』紙はそれを、「非常に安価で軽くて安全。電気自動車に大改革をもたらし、ガソリン車を全滅させるだろう」と表現した。その特許を申請したときのグッドイナフは、なんと94歳だったのだ！　しかも彼は、老人ホームのような場所でその革新を行ったわけではない――オースティンのテキサス大学のチームとともに研究を行っていたのである。

カンザスシティにあるカウフマン基金は、起業の研究を専門にしている――人が意を決してビジネスをはじめるきっかけを探っているのだ。彼らによれば、起業する平均年齢は47歳だという。医療や情報科学技術のように成長の早い産業の場合、その年齢層はもっと低くなるが、そうした典型的な若者向けの分野でも、起業する平均年齢は20代かと思いきや40歳なのである。すばらしいことに、25歳未満の起業家より、50歳以上の起業家の方が2倍も多いのだ。

起業家の全盛期が40代というのは、20世紀の発達心理学者エリック・エリクソンの考えとも一致する。[11] エリクソンは、40歳から64歳にかけては、クリエイティビティと経験が、より意義深い人生を願う普遍的な思いと結びつくユニークな時期だと考えた。つまり会社を興すのは、エリクソンが「次世代育成能力」と呼ぶものを多くの人が追求する証拠なのだという。その年代の人たちは、次世代に向けてポジティブに貢献できるものをつくり上げたい、と願う気持ちを抱くものなのだ。

## 「アップ・アンド・アウト」ではなくキャリアをアーチ状に描く

人間の脳と加齢についてわかっていることすべてが、人は晩年にいたるまでクリエイティブで革新的でいられるすばらしい能力を備えていることを示している。そうとわかったからには、キャリアの道筋についてより進んだ考えを推し進めるべきだろう。人より遅くキャリアをスタートさせるために、キャリア半ばで柔軟性を高めるために、そしてキャリアの終わりに近づくにつれて緩やかにペースを落とすために、それなりの道筋が必要だ。ところが悲しいことに今日の典型的なキャリアには、20世紀初頭の組み立てライン的思考が反映されている。人は仕事を得てより大きな責任を任されるようになり、給料も上がるが、やがて60歳あたりでいきなり引退させられるか一時解雇される。法律と会計の事務所では、これを「アップ・アンド・アウト（昇給そして退職）」という独特の言いまわしで呼ぶ。

人間の発達を計るやさしい時計なら、アップ・アンド・アウトを却下し、人のキャリアをアーチ状に描いてくれる。低下する能力はいくつかあっても（シナプスの速度や短期記憶）、代わりに手に入れる能力もある（実生活のパターン認識、感情的知能、知恵）。クリエイティビティと革新能力は、歳を重ねてもさまざまなかたちでしっかりと維持される。見識ある雇用主なら、これを、よりクリエイティブなキャリアの道筋をつくる絶好の機会と捉えられるはずだ。わたしはジャーナリストとして何千という数の企業幹部と時間を過ごしてきたが、みなこう口を揃えていた――才能ある人材を補強、維持することが最優先事項だ。それに失敗する企業、つまり所定の年齢に達した従業員を追いだしてしまう企業は、従業員の能力をフルに活用していないことになる。最良の従業員に最高の仕事をしてもらいたいなら、アップ・アンド・アウトについて考え直したほうがいい。

中高年労働者の問題は本人たちではなく、組織内部の典型的なキャリアの道筋にある。企業は優秀な従業員にたいし、よりりっぱな肩書き、さらなる権限、そして昇給で報いるが、それもその日が来るまでのことだ――そしてその日は必ずやって来る。そうした慣例が、もはや意味をなさなくなる日が。

アスリート、外科医、ソフトウェア専門家、航空機パイロット、教師――だれもがどこかの時点で最盛期を迎える。能力の面でも、給料の面でも、長時間労働にたいする意欲の面でも。雇用主にとって、効率性もしくは生産性ですでに最盛期を過ぎた従業員の給料を上げつづけなければならないのは、公平とは言えないだろう。経費がかかりすぎるし、若い従業員を昇給させる余裕がなくなってしまうのだから。そんなこともあって、雇用主は最盛期を過ぎた従業員を追いだそうとする。

だがこれは、雇用主にとっても従業員にとっても悲劇的な損失である。雇用主は、才能と経験豊富な従業員を失ってしまう。何年もかけて教育し、仕事内容をきちんと把握している人材だというのに。まだいくらでも貢献できるうえに、本人も仕事をつづけたがっているのに追いだすのは、人的資源の無駄づかいというものだ。

アップ・アンド・アウトの慣行は、さまざまなレベルにおいて人が花咲かせるうえでの障害となる。だから、思い切ってこう考えてみるのはどうだろう——直線的なアップ・アンド・アウトの道筋ではなく、キャリアをアーチ（もしくはアーチの連なり）状のものとして見るのだ。

仮に、X産業では40代もしくは50代の人が最盛期を迎えるとしよう。ここで言う最盛期は、その人の専門技術、チームづくり、管理技能、生産性とコミュニケーション技能、さらには長時間勤務その他にたいする意欲が頂点に達することを意味する。

伝統的なアップ・アンド・アウトの道筋は、こう命じる——〝55歳過ぎたら出て行ってもらう。われわれ雇用側はきみのような年齢に達した従業員に給料を支払う余裕はないのだ〟

一方、心やさしいキャリアのアーチなら、従業員のほぼ全員がどこかの時点で最盛期を迎えるものの、「盛りを過ぎた」中高年も貴重な貢献をすることを示してくれる。ならば、どこかの時点で昇給をストップさせる、給料を下げる、肩書きを増やさない、「グループ副社長」から「シニア・コンサルタント」に進化させる、といったキャリアの道筋をつくりだすのはどうだろう。

そうしたキャリアのアーチには、強制的な定年退職は存在しない。65歳や72歳になっても本人にはたらく意思があって、雇用主もそれ相応の給料で彼らに貴重な貢献をしてもらえるとわかっているのに、どうして辞めなければならないのか？（CEOのみなさんへ。もし人事部や法担当部門がこれを理解できないようなら、理解できる人間と首をすげ替えるべきだ）

アップ・アンド・アウトではなくキャリアのアーチを採用すべき理由は他にもある。年齢の多様化だ。アーチの下り坂に位置する貴重な中高年従業員は、もはや自分の縄張りを守る必要はない。だから彼らは、意外なアドバイスや警告の言葉を、なにを気にすることなく発することができるようになる。たとえば「それはたしかにすばらしいアイデアだが、きみの考えるセールスの基本的前提についてはっきりさせたうえで、じっくり話し合おう。つまずいて大きな犠牲を出さないためにも」とか。

自分の縄張りを守ろうとする中高年従業員の口からは、そういう言葉は出てこない。会社がいちばんしてはいけないのは、若くて才能あふれる従業員のクリエイティブなエネルギーを全滅させることだ。2番目によくないのは、賢い中高年従業員の助言なしに、若い従業員を落とし穴にはまらせてしまうことである。

人はだれでも、それぞれの方法で花を開かせる機会を得るべきだ。くり返すが、そろそろ人間の発達を計るよりやさしい時計について考えるべきときだと思う。共通テストを過大評価することなく、わたしたち一人ひとりが潜在能力をフルに発揮できるようになる時計だ。

ここらで変化が必要だろう。人はみな異なり、持っている技能も、発達の仕方も、背景も異なるという事実、そして一人ひとりが花を開かせるための異なる道筋を築き上げるという事実を認め、受け入れる必要がある。ところがいまの社会は正反対のことをしている。若くして並外れた認知力と集中力を発揮する個人を、激しく偏愛しているのだ。おとなたちは、脳がまだ発達段階にあるティーンエイジャーと青少年に、一流の学校に入学することと、一流のクラスを受講すること、一流の仕事を手にすることで、自分の能力を「証明」しろ、と要請する。その際、引き合いに出されるのは、厳選された、悲劇的なまでに制限された方法で優秀だとされた人たちだ。

それでは、肉体的、認知的、そして感情的発達が遅い、わたしも含めた残りの人たちはどうなるのだろう？　幼いころから抜きんでていたわけでもなく、早咲きの才能も発揮していない人たちは？

よろこんでほしい。わたしたち遅咲き組には、ユニークな強みがあるのだ。それについてはつぎの章で説明しよう。

# 第4章
# 遅咲き組の6つの強み

## 集中力のない若者の頑張れない日々

大学キャンパス内のその場所は「アグリー（醜いの意）」と呼ばれ、月曜日から木曜日の夜、友人たちが集っていた。アグリー（Ugly）は大学図書館（Undergraduate Library）の略で、そのあだ名に負けず劣らず魅力に欠ける建物だった。1960年代風のスチールとガラス製で、書籍よりも州政府の官僚制度に似合う雰囲気だ。

それでもスタンフォード大学の学生は、そこに夜な夜な通っていた。ただし、本を読むのが目的というよりは、学生寮やルームメイト、セックスのあえぎ声や噂話、隣接した芝地での騒々しい酒盛りや休憩室のクッキーの残骸から逃れるためだったという方が近い。要するに、静寂と集中を求めるためだった。スタンフォードではほとんど毎晩、4時間から6時間は勉強しなければならなかったのだ。

ルームメイトのボブは、バレーボール部の活動がない夜は、たいていアグリーに行っていた。彼にはルーティンがあった。バックパックに本、ペン、黄色の蛍光ペン、そしてノートと一緒にペプシのボトルを2本詰めこむのだ。砂糖とカフェインで燃料チャージすると、鉄の尻を持つボブはときに何時間も自習机の前で過ごしていた。トイレに行くのも忘れ、心理学、経済学、そして法律の教科書を何十ページも没頭して読むのである。彼の集中力を途切れさせるものなど、なにもないようだった。レポートを書かなければならないときは、黄色いリーガルパッド40枚に一気に手書きしたあと、いったんトイレに立ち、すたすたと部屋に戻ってきて、もう1本ペプシを飲んでから、すべてをタイプ打ちするのだ。

ボブは3年生のときに全米優等学生友愛会《ファイ・ベータ・カッパ》に受け入れられた。彼の知力と勤勉さはスタンフォードの法科大学院でも維持され、彼はほぼトップの成績で卒業した。以来、証券取引法を専門にする弁護士として、すばらしいキャリアを築き上げている。

わたしもボブの学習習慣をまねようとした。表面上は、成功したかに見えた。彼と同じようなバックパックを購入し、そこに教科書、宿題、ペン、ノート、そして黄色の蛍光ペンを詰めこんだ。ときおり夕食のあと、ボブと一緒にスポーツや女の子のことをしゃべりながら、アグリーまで歩いて行くこともあった。そのあと彼はそそくさとお気に入りの自習机に向かい、勉強を開始した。わたしも自習机を見つけて、勉強に没頭しようとした。

しかしわたしのアグリーでのルーティンは、ボブとは少しちがっていた。いや、大きくちがっていたと言うべきか。鉄尻のボブが本とペプシと集中力で何時間でもすわりつづけていられるのにたいし、わたしは15分とじっとしていられなかったのだ。1時間、いや、もしかしたら30分ほどは、日本の地理について、イギリスの小説における産業革命時代の初期の影響について学ぼうと頑張るのだが、無駄な努力だった。

まもなくわたしは席を立ち、雑誌が保管されている棚へと向かっていた。そこで『スポーツ・イラストレイテッド』誌のバックナンバーを読みふけるのだ。そうやって何時間も過ごしていた。当時は陸上競技やオリンピック競技に多くのページが割かれていた。マジソン・スクエア・ガーデンでの棒高跳びの話題や、サンモリッツで開催された4人乗りボブスレー・レースの記事にも没頭した。『スポーツ・イラストレイテッド』誌を読むと、カーリングがクールな競技に思えた。わたしはその内容をすべて吸収していった。

言うまでもなく、アグリーで夜ごと雑誌を読みふけったからといって、成績がよくなるわけでもなかった。日本の地理にかんする知識もあいかわらず深まらなかった。それでもきっかり最小限の単位を取得し、ぎりぎり制限時間内に政治科学の学位を取得して卒業することができた。成績は平均して3・1、映画美学でAマイナスを取った以外はすべてBだった。そのBにしても、お情けでもらったようなものだ。スタンフォードでは、最終試験の2週間前までなら、クラスを辞めてもいいことになっていた。C以下の点数を取ればそもそものクラスは落第するので、その前に辞めてしまえばなんら悪い記録は残らないというわけだ。

オールAの成績を取ったボブはスタンフォードの法科大学院に進み、お情けBのわたしは、『ランナーズ・ワールド』誌の編集助手（すぐに辞めた）、警備員、皿洗いの仕事を転々とすることになった。わたしはアグリーの雑誌棚で時間を無駄に費やし、黄金の機会を無にしてしまった――のだろうか？

## 12年後、真の開花のときが来た！

いっきに12年後に早送りしてみよう。そのころにはわたしの前頭前野皮質もようやく成熟し、実行機能もスイッチが入り、遅咲きだったとはいえ、責任あるおとなとしてまずまずうまくやっていた。カリフォルニア州パロアルトの研究所でテクニカル・ライターとしてはたらき、シリコンバレーの広告代理店のためにコピーを書いていた。結婚して、コンドミニアムと新車のフォルクスワーゲン・ジェッタ、マッキントッシュのコンピュータ、レーザー・プリンタを所有するまでになっていた。悪くない。順風満帆だった。

一方、友人トニーの望みははるかに高かった。彼はわたしよりかなり野心的な男で、それを隠そうともしなかった。シリコンバレーのとある銀行で融資担当者としてはたらいていたが、のんびりとしたキャリアの進みぐあいにいらだちを募らせていた。目指すは銀行の副頭取。そのあとはベンチャー・キャピタリストもしくは実業家として成功したい、と考えていたのだ。彼は名声と権力を欲していた。しかも、早々に。自分はシリコンバレーの「大物《プレイヤー》」になりたいんだ、と何度も打ち明けられた。

ある日トニーは、わたしがシリコンバレーの顧客のためにパソコンで作成していたニュースレターを見て、パソコンで雑誌もデザインできるだろうか、とたずねてきた。DTPソフトウェアの「クォーク・エクスプレス」でページをレイアウトし、「アドビ」からフォントをいくつか持ってきて、レーザー・プリンタを使えば、と。

できるよ、とわたしは答えた。

するとトニーは、「シリコンバレーのビジネス誌を創刊しよう」と言った。「みんなに注目されるぞ」

彼は真剣だった。わたしにいくつかレイアウトをデザインさせると、それを自分の幼なじみで若きベンチャー・キャピタリストのティム・ドレイパーに見せにいった。結果、トニーはティムから6万ドルの融資を得た。それだけあればシリコンバレーの銀行を辞められる。そして1年後、わたしたちはシリコンバレーではじめてのビジネス誌『アップサイド』を発行したのである。

トニーが資金調達と宣伝販売を担当し、わたしが編集とデザインを担当した。まっ先に決めるべきは、『アップサイド』の方向性だった。わたしは、ビジネス誌には刺激が必要だと直観していた。よりエキサイティングな内容にしたい、リスク、度胸、スタートアップ企業、ベンチャー・キャピタル、投資銀行、株式公開等々、栄光と富をめぐる熾烈な戦い全体を捉える必要がある、と。

そうだ。ある日、思いついた。スポーツ誌のようなビジネス誌にしよう。即決した――『アップサイド』は『スポーツ・イラストレイテッド』をまねよう、と。

その12年前、アグリーの書棚の前で、わたしは『スポーツ・イラストレイテッド』誌を1954年の創刊号からバックナンバーを1冊残らず読みふけり、以来、ずっと愛読していた。じっさい、何度もくり返し読んだ号も多く、いくつか気づいていた点があった。ジョージ・プリンプトン、ダン・ジェンキンズ、アニタ・ヴェルショース、フランク・デフォードによる優秀な記事の数々。文字フォントや巧みなキャプション。みごとな写真とイラスト。

デザインの中でもとくに気に入っていたのは、アーノルド・ロスやロナルド・サールといったイラストレーターによる風刺画だった。メジャーなトーナメント戦において6フィートのダウンヒルでパットを打とうとするゴルファーの神経質な汗を読者に伝えるのに、優秀な風刺画家の上を行く写真家はいない。わたしは風刺画が大好きだったし、これなら『アップサイド』をつくるうえでの大きな問題点を解決できると感じた。

ビジネス誌がスポーツ誌ほどおもしろくないおもな理由は、ビジネスが行われるのがファンで賑わうスタジオやテレビカメラの前ではないことだ。野球等のスポーツなら、決勝戦で勝負が決まるきわめて重要なシーンは、ファンが見守る目の前でくり広げられる。そのようすがスポーツ記者によって記録に残され、カメラによって後世の人々に伝えられる。

しかしビジネスの決定的瞬間とは？　大きな商談がまとまったとき、あるいは失敗したとき？　要となる従業員が頭に最高のアイデアをいっぱいに詰めこんで会社を辞め、ライバル会社を設立するとき？

そうした決定的な瞬間を表現するには、イラストレーターにその場面を再現してもらうしかない、と考えた。だから、『アップサイド』は『スポーツ・イラストレイテッド』のように、文字とイラストで読む雑誌にすると決めた。当然ながら試合の写真はないが、ストーリーを物語る漫画や風刺画を入れるのだ。自分が目指すものは正確に把握していた。なにしろ何年も前にアグリーの書棚で、たっぷり目にしていたものなのだから。

その勘は大当たりだった。創刊から1年もしないうちに、『アップサイド』の表紙を〈サン・マイクロシステムズ〉のボーイッシュなCEOの顔が飾った。ミケランジェロが解剖学的に描いたダビデ像風な劇画というかたちで。

〈オラクル〉にかんする長い調査記事を依頼したときは、創業者ラリー・エリソンをチンギス・ハンに見立て、戦士たちとともに策略を企てているその足下に斬首された頭が転がるイラストを描いてもらった。〈アップル〉のCEO、ジョン・スカリーのときは、砂場で砂をかけられる小公子に見立てて描かせた。

創刊から2年もしないうちに、テクノロジーからベンチャー・キャピタルにいたる業界のだれもが『アップサイド』に注目するようになっていた。〈マイクロソフト〉のビル・ゲイツは、わたしとの4時間のインタビューに応じてくれた。『フォーブス』誌から買収を打診されたこともある。けっきょくスティーヴ・フォーブスは買収ではなく、わたしにすばらしいキャリアを与えてくれた。

詰まるところアグリーの雑誌棚で過ごした多くの時間は、まったく無駄ではなかったことになる。学業成績はさんざんだったかもしれないが、あのときの好奇心がわたしのキャリアを築いてくれたのだ。

## 遅咲き組の第1の強みは、好奇心

前章までは、遅咲き組が直面する問題に焦点を当ててきた——学校も雇用主も早咲きの人間をますます過剰に評価するようになり、遅咲きの人間は後まわしにされるか欠陥品と見なされるようになった。そんな偏見が、遅咲き組の全人生に影響を与えかねない。多くの人たちが、まだほんの子どものときに受けた狭量な測定結果を鵜呑みにし、遅咲きの人は劣っていると考えるのは、社会全体にとっての損失だ。だからここで、これまであまり注目されてこなかった、遅咲きの強みという豊かな世界に目を向けようではないか。
遅咲き組の第1の強みは、好奇心だ。健康的な子どもならだれでも、好奇心をたっぷり持ち合わせているものだが、早咲きを促すアメリカのベルトコンベアにしてみれば、そんなものは邪魔なだけだ。とにかく早く成長しろとせかし、幼い好奇心を強い集中力に変えさせようとする。ベルトコンベアから降りたり、たとえば図書館の雑誌棚で道草を食ったりするようなまねは許さない。そんなことをしたらAではなくBの成績を食らってしまう。課外活動から娯楽要素を取り除き、大学もしくは職に応募する際にリーダーシップを示せるような活動に絞らせようとする。

遅咲きの人は、早咲きの人より好奇心が旺盛だろうか？　それを明示する研究は存在しないが、観察上、遅咲きの人は子どもっぽい性格を保っているぶん、子ども時代の好奇心も保っているように見える。

子どもっぽさは、人の歩みを速めてはくれない。そして早期成功のベルトコンベアがスピードアップし、分類メカニズムとしての重要性を高めるにつれ、幼い好奇心は学校経営者や雇用主の目にはマイナスに映るようになった。わたしたちは、雑誌棚から離れて自習机に戻るよう指導される。好奇心など抑えて、現実的に必要とされるものに目を向け、真剣になるよう促される。

しかし20代に入ると、おかしなことが起こりはじめる。脳の前頭前野皮質が発達を終え（第3章を参照）、実行機能がみずからを主張しはじめるのだ。すると衝動性は消え、より長い目でものを考えられるようになる。要するに、20代半ばのどこかで――もっと早い人もいれば、遅い人もいる――わたしたちはおとなとしての責任感を持つ、ほんものの成人へと成長するのである。

その時点で、成功、充足感、幸せ、そして健康により近い位置にいるのはだれだろう？集中力を養うために子ども時代の好奇心を犠牲にした、ベルトコンベア上の早咲きのスーパースターだろうか？　それとも、子ども時代の好奇心をたっぷり保ち、いまようやくそれに方向性を与えられる実行機能を備えた遅咲きの人だろうか？

２０１７年版の「はたらきたい会社ベスト１００」リストの中で、『フォーチュン』誌は数人のＣＥＯに、従業員の特質としてどんなものが望ましいかをたずねた。

バイオテクノロジーの先進企業〈ジェネンテック〉のビル・アンダーソンは、「好奇心、この分野への情熱、なにか大きなことを成し遂げようという願望と意欲」を重視すると答えた。〈インテュイット〉のＣＥＯ、ブラッド・スミスは、「わが社の価値観を重んじる者、失敗を学ぶ機会と捉える者、そして知性よりも感情と好奇心で導く者」が望ましいという。ビジネス・コンサルタントのマイケル・ヴィスドスとジャネット・ゲアハルトは、好奇心は「ビジネス革命にとって見落とされてきた重要なポイントだ」と主張する。世界的なマーケティング・コンサルタント、ドン・ペパーズは、『インク』誌の中でつぎのように掘り下げている。

人は、物事に好奇心を抱くことを道義的な義務と考えるべきだ。好奇心をなくすということは、知的怠慢であるだけでなく、事実をあえて軽視していることでもある。物事の真実を知ろうともせずに、自分は道義的な人間だと主張できるとでも言うのか？

しかし好奇心は、反逆の行為でもある。だから道義的勇気が必要とされる。好奇心なくして、どんな分野でも革新は起こりえない。そして革新がないなら、あなたの会社のドアは閉ざされたも同然だ。しかし物事に好奇心を抱くというのは、理由はともかく、それまでの不適切な解釈を拒絶して、よりよい解釈を探すことに他ならない。その本質からして、好奇心は心の主体性を示すものなのである。

## 好奇心は人生の質を高めてくれる

革新における好奇心の重要な役どころについては、1章まるまる、いや本が1冊書けるかもしれない。しかし好奇心には他にも、人生の質を高めるという性質がある。そのひとつが、モチベーションだ。

ロンドン拠点の科学ジャーナル『キューブ』誌はこう書いている。「好奇心はひとつの認知プロセスであり、そこからモチベーションとして理解される行動が発生する。好奇心とモチベーションの関係が相互にフィードバックを生む。人がなにかに好奇心を抱けばそれだけモチベーションが高まり、モチベーションが高まればそれだけ、より多くを学ぶようになり、さらに好奇心を抱くようになる」

好奇心はドーパミンのようなものだ、と『キューブ』誌は指摘する。

ただし、飲んだり注射したりするドラッグとはちがい、好奇心は効果が消えることのないドーパミンだ――しかも生涯を通じてその効果は高まっていく。国立衛生研究所によれば、好奇心は長期的な健康に役立つという。「高齢者の認知機能、精神衛生と身体的な健康を保つうえで重要な役割」を演じるのだ。

要するに、わたしたちの子どもっぽい好奇心は、途方もないほど貴重な贈り物なのである。人生において、長く、継続的に花を開かせるうえで、花を開かせるという能力そのものも含め、大切なことすべての要となる。

ここで、先に投げかけた疑問に戻ろう。

好奇心を集中力と交換させられた早咲き組の方がいいのか？　20代半ば以降になってはじめて、自分は（そして雇い主をはじめとするみんなも）もっと肩の力を抜きたいと思っていることに気づく人たちの方が？

それとも、遅咲き組の方がいいのか？　最初こそ見落とされがちだが、子ども時代の好奇心を失わず、残りの人生のためにその強力な未知の要素を尊重する人の方が？

## 2番目の強みは他者に手をさしのべる、思いやりの能力

遅咲き組の2番目の強みは、思いやりだ。つまり他者の立場になってものを考え、相手が直面している困難を理解し、いちばん適した方法で手を差しのべることができる能力である。また、ややこしい感情を寛大に受け入れるための能力でもある。共感は、他者が経験する気持ちを感じる能力だが、思いやりは共感を超えて他者を助けようとする行動につながる（〈リンクトイン〉のＣＥＯ、ジェフ・ウェイナーも、そのふたつの言葉を同じように区別している）。

人は共感することで他者の痛みを感じ、ともに傷つく。そこに思いやりが加わると、関与し、表現し、行動しようとする。公私において思いやりの重要性に疑問を呈する者はあまりいないだろう。医療ケアや教育、司法の場においては、とりわけ。

それでも思いやりは、早期の成功を目指すレースの中でたびたび犠牲にされてきた。より高いテストの得点を、より多くの富を、という熾烈な争いにおいて、多くの人はやさしさや思いやりの重要性を見失いがちだ。大学生のあいだでは、他人の幸福への関心は、1990年代はじめから下降線をたどり、いまはここ30年で最低水準にまで落ちこんでいる。早期成功へのベルトコンベアが、思いやりの危機を招いたのだ。

一方、遅咲き組の多くは、人生の山や谷に直面するたびに思いやりを深めていく。内省も増え、自己中心的な部分が減り、他者の困難な状況をより正しく判断するようになる――心理学者が言うところの、社会性のある行動が増えていくのだ。社会性のある行動を取るうち、人間には本質的に矛盾する側面、不完全な側面、否定的な側面があることを悟り、寛容さと理解と情けを深めていく人が多い。

遅咲きの人は、「より眺めの美しいルート」を通り、生きていく中でつまずいたり、ぶつかったり、傷を負ったりすることで、人との関係を見抜く力と先を見通す力を得ていく。彼らはその洞察力を使って他者を理解し、助けたいという気持ちに駆り立てられる。思いやりは、本人にも、周囲の人間にも、利益となるのだ。

ある研究者は、経験にもとづいたこの進化の特徴を、「自己本位の減少」と表現している。『EQ　こころの知能指数』の著者ダニエル・ゴールマンは、これを「広い地平線を持つこと」だと表現した。
どう定義するかはともかく、思いやりが深まると、交流する人、ともにはたらく人、さらには率いる人のことを、より理解できるようになるものだ。

## 思いやりは、与える方にも大きな利益となる

思いやりというと利他的に聞こえるが、思いやりを与える方にも大きな利益がある。ダニエル・J・ブラウンは2013年に出版した『ヒトラーのオリンピックに挑め 若者たちがボートに託した夢』で、1936年のオリンピックに出場した9名のアメリカ代表ボート・チームの物語を描いた。大恐慌時代を生きた9人の若者が、伝統的な強豪校ではないワシントン大学で、型破りなコーチのもとに集まる話だ。

ブラウンは、執筆の下調べをしていたとき、ボート選手のひとりジョー・ランツがあまりに貧しい家庭で育ったため、15歳で家族から見捨てられたことを知った——家族全員に食べさせるだけの余裕がなかったのだ。まだ15歳だったランツは、自力で生きていかなければならなかった。

ジョー・ランツが味わった苦悩の物語が、『ヒトラーのオリンピックに挑め』の根底に流れている。若きランツは、どうやって生き延びたのか？　彼が被った心の傷は、いかほ

どのものだったのか？　彼はどうやって人への信頼を取り戻し、ボート・チームの一員になったのか？　ボート競技に必要とされる技能は、信頼のうえに成り立つ。全員がひとつになってボートをこぐ技術を学ぶのだ。

ブラウンが『ヒトラーのオリンピックに挑め』の執筆に取りかかったのは50代の終わりで、それが出版されたのは62歳のときだった。この本は『ニューヨーク・タイムズ』紙のベストセラー・リストにランクインし、そこに2年間も留まった。

「この本は30代や40代のときには書けなかっただろう」と彼は語る。「ちがった作品に仕上がったと思う。層の深みが足りないものになったはずだ」

その深い感情的な層は、若きジョー・ランツの苦しみにたいするブラウンの思いやりから発したものだった。

他者に思いやりを持つのは弱い証拠だ、感傷的すぎる、といったまちがった考えを持つ人がいる。彼らは、その恩恵に浴することができるのはアーティストやブラウンのような作家——人の経験を再現することで生活の糧を得ている人たち——であり、容赦ないビジネスの世界では通用しない、と切り捨てようとする。

しかし人に思いやりをかけるのは、けっして楽なことではない。勇気を必要とする。真の思いやりを示すためには、むずかしい決断を下したり、過酷な現実に直面したりしなければならないことが多いのだ。

世の中のもっとも有力なリーダーの多く——ビジネスでも、軍でも、政界でも——は、型破りな進路を進んできたためか、大きな思いやりの持ち主だ。ノースカロライナ大学のシムル・ミルワニによれば、思いやりのあるマネージャーや幹部社員は、より優秀なリーダーと見なされるという。思いやりのあるリーダーは、頼りになるうえ取り組み方も熱心で、多くの人が進んでついていきたいと思うような人なのだ。

思いやりと信頼、そして高潔さを兼ね備えた管理スタイルは、従業員を引き留め、その業績を向上させる。どちらも最終的な収益アップにつながる直接的な要因だ。

2012年に行われたある調査によれば、思いやりのあるリーダーシップは、病欠を27パーセント、障害年金受給率を46パーセント減少させるという。またべつの調査チームが多数のケーススタディを確認したところ、先見の明があり、寛容で、人情に厚く、実務的なCEOは、10年で約7・5倍の利益を上げることがわかった。ちなみにS&P500社は約1・3倍だ。ミシガン大学のキム・キャメロン教授は、思いやりのあるリーダーは、「財務実績、顧客の満足度、そして生産性等の組織的効率性を驚くほど高いレベルで達成する」と説明している。

このように、思いやりにはじつに現実的な見返りがあるのだ。遅咲き組でいる利点のひとつは、試行錯誤、そして失敗と再生を通じて、より深い思いやりを手にしていること。思いやりのおかげで、重要な思考を磨くことができる。より大きな視点で物事を見られるようになり、より賢い決断を下せるようになる。より感覚の研ぎ澄まされたアーティストに、より優秀なリーダーに、より効率的な経営者になることができるのだ。

これは祝福すべきことであり、企業、人事部、組織が、心にしっかり留めておくべきことである。『自分を大事にする人がうまくいく』の著者エマ・セッパラは、「思いやりは最終的な利益を上げ、人間関係を高め、忠誠心を刺激して長つづきさせる。それに加え、思いやりは健康を大いに増進させるものだ」と明言している。

## 失敗と絶望の物語

8歳のマイケル・マダウスは、貧しい家庭ではめずらしくもないトラウマに苦しんでいた。ミネアポリスで過ごした子ども時代、彼の母親はウエイトレスとしてふたつの仕事をかけ持ちし、その間、彼は祖母に面倒を見てもらっていた。3人が暮らしていたのは、エレベーターのない古びた煉瓦造りのアパートメントの2階だ。それだけでも充分辛いところへ、「不幸が襲った」とマダウスは語る。「祖母が亡くなり、わたしと母は取り残された。そのあと義理の父親が入りこんできて、そこからアルコール依存症の問題が頭をもたげはじめた」

母親は日がな一日酒を飲むようになり、ときには数週間もベッドに寝転がったまま過ごすこともあった。幼い息子を呼びつけては、食べ物やさらなる酒を運ばせていた。義父はキッチンの椅子にすわり、カクテルを手に窓の外をぼうっと見つめるばかりだ。

「そんなアルコールまみれの生活に、母を奪われてしまった。そのころからわたしは路上生活を送るようになり、トラブルに巻きこまれるようになった」

当時ティーンエイジャーのマダウスは、仲間と徒党を組んで強盗をはたらき、車を盗むようになった。18歳になるまでに24回も逮捕されている。

それとは対照的に、リック・アンキールはティーンエイジャーとして魅力的な生活を送っていた。フロリダ州セントルーシーの高校3年生のとき、野球部のエースピッチャーとして活躍し、11勝を上げた。負けたのは1度だけで、防御率は0・47だ。おまけに1イニングにつき平均して打者2・2人を三振に打ち取る、つまり1試合で20個の三振を奪うという想像を絶する記録を打ち立てた。

1997年、彼は『USAトゥデイ』紙によって年間優秀高校生選手に選ばれた。高校を卒業すると、セントルイス・カージナルスが250万ドルで彼と契約を交わした。彼は即座にマイナーリーグに旋風を巻き起こし、1999年にマイナーリーグの年間最優秀選手賞を獲得した。20歳のときメジャーリーグに上がり、カージナルスの先発ピッチャー陣に名を連ねた。2000年にはカージナルスをナショナルリーグ中地区での優勝に導き、同リーグの最優秀新人賞の次席となった。

ところがそのあと、彼の野球人生ががらがらと音を立てて崩れはじめた。彼をだめにしたのは、怪我でも病気でもドラッグの乱用でもなかった。メジャーリーグのピッチャーとして、その若くすばらしいキャリアを破壊したのは、非常にミステリアスな症状だった。突如として、狙った場所にボールを投げられなくなってしまったのだ。

下降がはじまったのは、2000年のプレーオフからだった。カージナルスの監督トニー・ラルーサは、アトランタ・ブレーブスとの試合でアンキールを先発させた。最初の2イニングは、みごとなピッチングを見せた。ところが3イニング目に入ったところで、4人の打者を四球で歩かせたあと、ワイルドピッチを5回くり返し、4点を許してしまったのだ。1890年以降、1イニングに5つのワイルドピッチを投げたメジャーリーガーは、アンキールがはじめてだった。

シーズンオフにチームドクターがアンキールを診察したものの、からだに悪いところはなにも見つからなかった。2001年、彼はあらたな期待を胸にシーズンに臨んだが、その期待はすぐに打ち砕かれてしまう。四球とワイルドピッチが止まらなかったのだ。彼はカージナルスの3Aチームに降格されたが、そこでも状況は悪化の一途をたどった。4と3分の1イニングのあいだに17人の打者を四球で歩かせ、12回もワイルドピッチをくり返したのである。

カージナルスは百万長者の天才児を、プロ野球チームの最下層に位置するルーキーリーグにまで落とした。リック・アンキールはスポーツ専門チャンネル〈ESPN〉やラジオのスポーツ番組でジョークのネタに使われるまでに堕ちていった。

ジャネット・イヴァノヴィッチはニュージャージー州サウス・リバーの労働者階級に生まれ、一族ではじめて大学に進学した。芸術の学位を取得して卒業したものの、すぐに結婚して子どもをふたりもうけ、子育てに専念することになった。30代に入ると、小説を書こうと決意するが、原稿3本を書き終えたあと、どの出版社にも断られたために失望した。

そんなとき友人から、ロマンス小説を書いたらどうかと勧められた。すぐに芽が出ることこそなかったものの、とある出版社が2作目のロマンス小説を2000ドルで買ってくれたことをきっかけに、彼女はいかにもロマンス小説作家風のステフィー・ホールというペンネームを名乗るようになり、さらに11作のロマンス小説を執筆してある程度の成功を手にした。

ところが、物事が順調に運ぶようになったところで、彼女はロマンスというジャンルに飽きてしまった。もう、お決まりの濡れ場を書く気にはなれなかった。アクション・スリラーを書きたかった。当時40代に入っていたジャネットは、出版社に反対されながらも、18か月間、筆を休め、アクション・スリラーの書き方を学ぶことにした。

ある台湾人のティーンエイジャーは、大学入試に2回失敗し、大学教授の父親をひどく落胆させた。彼は芸術に興味があった。兵役義務を終えるとアメリカにわたり、イリノイ大学シャンペーン校でドラマと映画を学んだ。俳優になりたかったのだ。だが英語の発音に苦労したために、監督を目指すことにした。彼には監督として光るものがあった。

イリノイ大学のあと、彼は分子生物学分野で博士課程修了後の研究をしていた将来の妻を追ってニューヨーク大学へ移り、ティッシュ・スクール・オブ・アートに入学した。そこで監督としての才能が認められるようになり、2本の短編映画『Shades of the Lake』『Fine Line』で賞を受賞し、〈ウィリアム・モリス・エージェンシー〉と契約を交わした。

ようやく新人監督として道が開けたかに思えた。が……なにも起きなかった。どうやらハリウッドは、台湾出身で、もはや若くもないこの男には興味がないようだった。36歳にして彼は主夫となり、分子生物学者の妻に養ってもらいつつ、映画人としていらだちを募らせていった。

## 遅咲き組の3番目の強みは、復活力！

ここでうれしいお知らせを。いま紹介した失敗と絶望の物語は、いずれもハッピーエンドを迎えることになる。ミネアポリスの不良少年マイケル・マダウスは、現在ミネソタ大学の胸部手術長だ。リック・アンキールは、数年ほどマイナーリーグのジョークのネタにされて苦しんだあと、20代後半にセントルイス・カージナルスの外野手、そして強打者として舞い戻った。ジャネット・イヴァノヴィッチはロマンス小説の執筆を休んだ18か月のあいだにアクション・スリラーを書くコツを習得し、ベストセラーとなったステファニー・プラム・シリーズで女性スリラー作家としてアメリカ史上もっとも成功した作家となった。台湾生まれのアン・リーは、36歳でようやくチャンスをつかみ、映画監督として成功した。『ウェディング・バンケット』、『グリーン・デスティニー』、『ハルク』、『ブロークバック・マウンテン』等の作品を監督している。

遅咲き組の3番目の強みは、復活力だ。『サイコロジー・トゥデイ』誌は、「復活力とは、人生に打ちのめされた人間を以前より強くして舞い戻らせる、言いようのない資質のこと」と定義している。カリフォルニア大学サンディエゴ校の臨床心理学者モートン・シェイビッツは、復活力は受け身の資質ではなく、「逆境にたいし、計画性と決意ある行動で反応する継続的プロセス」だとつけ加える。

遅咲きの人は、早咲きの人よりも復活力があるのだろうか？　遅咲き組が逆境に陥りやすいのはまちがいない。そして人は年齢を重ねるとともに、逆境に応じて前進するためのツールと視野を手に入れるものだ。

ペンシルベニア大学ウォートンスクールの経営学と心理学の教授アダム・グラントは、こと復活力の発達にかんしては、感情の抑制力があるぶん、若者より成熟したおとなの方が有利だと考える。「復活力を高める姿勢は自然と身につくものであり、年齢を重ねるごとに熟練していく」

自分自身に語りかけることで逆境を捉え直すのも、人が時間とともに学ぶ重要な戦略だ。ハーバード大学で行われた調査によれば、直面した逆境を認め、それを成長のための機会と捉え直した学生は、逆境を無視するよう訓練された学生よりも成績が優秀で、身体的ストレスを低く保てるという。

裕福な国々では、早咲き組がいろいろな意味で優位に立っている。しかし彼らの欠点は、若くして業績を上げたために、その成功を自分の手腕だと評価しがちなことだ。理解はできる。青少年や若者はどうしても自己中心的になる。親中心の子ども時代から独立して成熟したおとなに進化する過程において、それは欠かせない通過点なのだ。

問題は、そんな早咲きの人が挫折したときに発生する。そうなると彼らは、すべて自分のせいだとして自己非難と無気力に陥るか、すべてを他人のせいにしてしまうかのどちらかになる。

その点、遅咲き組はもっと慎重だ。彼らは直面した逆境の中での自身の役割を、自己非難に屈することも、人に責任転嫁することもなく、判断することができる。

スタンフォード大学の心理学教授キャロル・ドゥエックは、2018年の新入生は、2008年の新入生と比べて「もろい」と語る。彼らは若くして業績を上げた者たちであり、その年齢と立場にありがちなように、自分のことで頭がいっぱいだ。しかし、復活力とは無縁である。自己イメージが少しでも欠けたら、神童の幻想が粉々に砕け散る危険がある。

思春期の若者は、それでなくとも仲間を意識しがちだ。社会的地位を巡って競争し、仲間と自分を比べようとする。早咲き組の場合、地位の喪失は耐えがたく、いったんそうなれば彼らの社会サークル内でその状態が永続しかねない。そんな逆境に直面しても、早咲き組はなかなか専門家に助けを求めることができなかったり、そもそも助けを求めたいと思わなかったりする傾向にある。

遅咲きの人の場合、同じ状況に陥っても、それまですでに何度も社会から拒絶された経験があるために、支援を求めるネットワークが広く、早咲き組には発達させる必要がなかったツールをそこから手に入れることができるのだ。

## 4番目の強みは、年齢とともに手に入れる冷静さ

成層圏に達さんばかりのSATの高得点、ガラパゴス諸島での夏合宿、MITやプリンストンといった名門大学への入学、〈ゴールドマン・サックス〉でのインターンシップ等々へとつづくベルトコンベアにのった早咲き組の中に、タミー・ジョーの姿はない。

タミー・ジョー・ボーネルが育ったのは、ニューメキシコ州トゥラローサの牧場だった。1945年7月に世界ではじめて原子爆弾を爆発させたトリニティ実験の現場から、50マイルほどの場所だ。吹きさらしの乾いた町トゥラローサは人口2900人ほどで、いちばん高い建造物は高さ30フィートのピスタチオナッツの漆喰《しっくい》像である。

彼女はトゥラローサの高校に通ったあと、カンザスにある小規模なミッドアメリカ・ナザリーン大学に進学した。2018年の『USニューズ&ワールド・レポート』誌は、同大学をアメリカ中西部で75番目の地方大学としてランクづけしている。早期成功のベルトコンベアには含まれない大学だ。

そこを卒業したタミー・ジョーは、ヒラ国立森林公園の南端にひっそりと建つウエスタ

ン・ニュー・メキシコ大学の大学院に進学した。最新の『USニューズ&ワールド・レポート』による西部の地方大学ランキング141校には入っていない大学である。

タミー・ジョー・ボーネルは出発点で挫折を味わっている。大学生だったときに空軍へ志願したものの、却下されたのだ。だが大学院のとき海軍に志願したところ、ペンサコーラ海軍航空基地の幹部候補生学校に受け入れられた。そこで飛行訓練を受けた彼女は、自身の才能と情熱を発見した。そこから、いっきに花開いたのである。

トム・ウルフは、戦闘機パイロットとマーキュリー計画の最初の宇宙飛行士を取り上げた1979年の代表作『ザ・ライト・スタッフ』の中で、古代バビロニアのピラミッド「ジッグラト」をのぼるかのような急上昇スキルと、戦闘機の操縦と戦闘機パイロットの頂点に達するのに必要な神経について詳述している。

タミー・ジョーには、その技能も神経も、そして意欲もあった。やがて彼女はホーネットの愛称で知られるジェット戦闘機F/A－18を操縦するはじめての女性パイロットのひとりとなった。1991年の湾岸戦争時、女性は戦闘機での飛行を禁じられていた。そのためタミー・ジョーは攻撃パイロットの飛行訓練を担当し、男性パイロットとの空中戦演習に従事することで満足しなければならなかった。

そろそろ、彼女がタミー・ジョー・シュルツであることに気づく読者もいるだろう。結婚後にシュルツと名字を変えた彼女は、2018年、左のエンジンが破損した満席の民間機ボーイング737型機を緊急着陸させた、サウスウエスト航空のパイロットだ。爆発によって客席の窓に穴が空き、乗客1名が死亡した事故である。窓が割れたために機内は減圧状態となり、5分もたたないうちに機体が3万1000フィートから1万フィートに急降下した。乗客は悲鳴を上げ、おう吐する者もいた。

シュルツ機長が機体を無事着陸させたとき、世界中の報道機関が、空中で緊急事態に遭遇したときの彼女の冷静さと「鉄の神経」を絶賛した。彼女をチェズレイ・「サリー」・サレンバーガーと比較する人もいた。バードストライクのためにふたつのエンジンが破損し、満席の民間機をハドソン川に不時着させたUSエアウェイズのパイロットだ。

冷静に離れ業を見せたときのシュルツ機長は、56歳だった。サリーは58歳だ。彼らの物語は、遅咲き組のある強みを浮き彫りにする。それをもっともよく表す言葉は、冷静さだ。「とりわけ困難な状況に陥ったときに冷静沈着でいられる」能力である。

では冷静さは、どういうふうに遅咲き組の強みになるのだろう？　冷静さというのは、年齢とともに備わっていくものなのだろうか？

人の脳は、歳を取るにつれて冷静さを求めるようにできている。コロンビア大学の社会心理学者ハイディ・グラント・ハルバーソンは、冷静さは幸福の要だと主張する。人は歳を取るにつれ「親の留守中にパーティではしゃぐティーンエイジャーが経験するような、はち切れんばかりのわくわく感ではなく、一日中熱い湯に浸かっていることを夢見るはたらきすぎの母親がリラックスするときのような、より穏やかな経験に幸せを感じるようになる。前者に比べて後者の『幸福度』が低いわけではない——幸せの理解が異なるだけだ」と彼女は語る。

ＵＣＬＡとスタンフォード大学の心理学者、キャシー・モギルナー、セパンダー・カムヴァール、そしてジェニファー・アーカーによると、興奮や気分の高揚といった感情は、より若い人たちに幸福感をもたらし、平穏や落ち着き、そして安堵はより年長者に幸福感をもたらすという。

冷静沈着なリーダーがより効率的であることは、昔から研究によって証明されている。カリフォルニア大学バークレー校で神経科学を研究する博士研究員エリザベス・カービーは、次ページの表で、感情が強すぎると最適なパフォーマンスが瞬く間に劣化することを示した。

ベストセラーになった『ＥＱ２・０（「心の知能指数」を高める66のテクニック）』の著者トラヴィス・ブラッドベリーは、人は冷静でいるときの方が問題をうまく解決できると指摘する——また、人の話により耳を傾けられる、と。

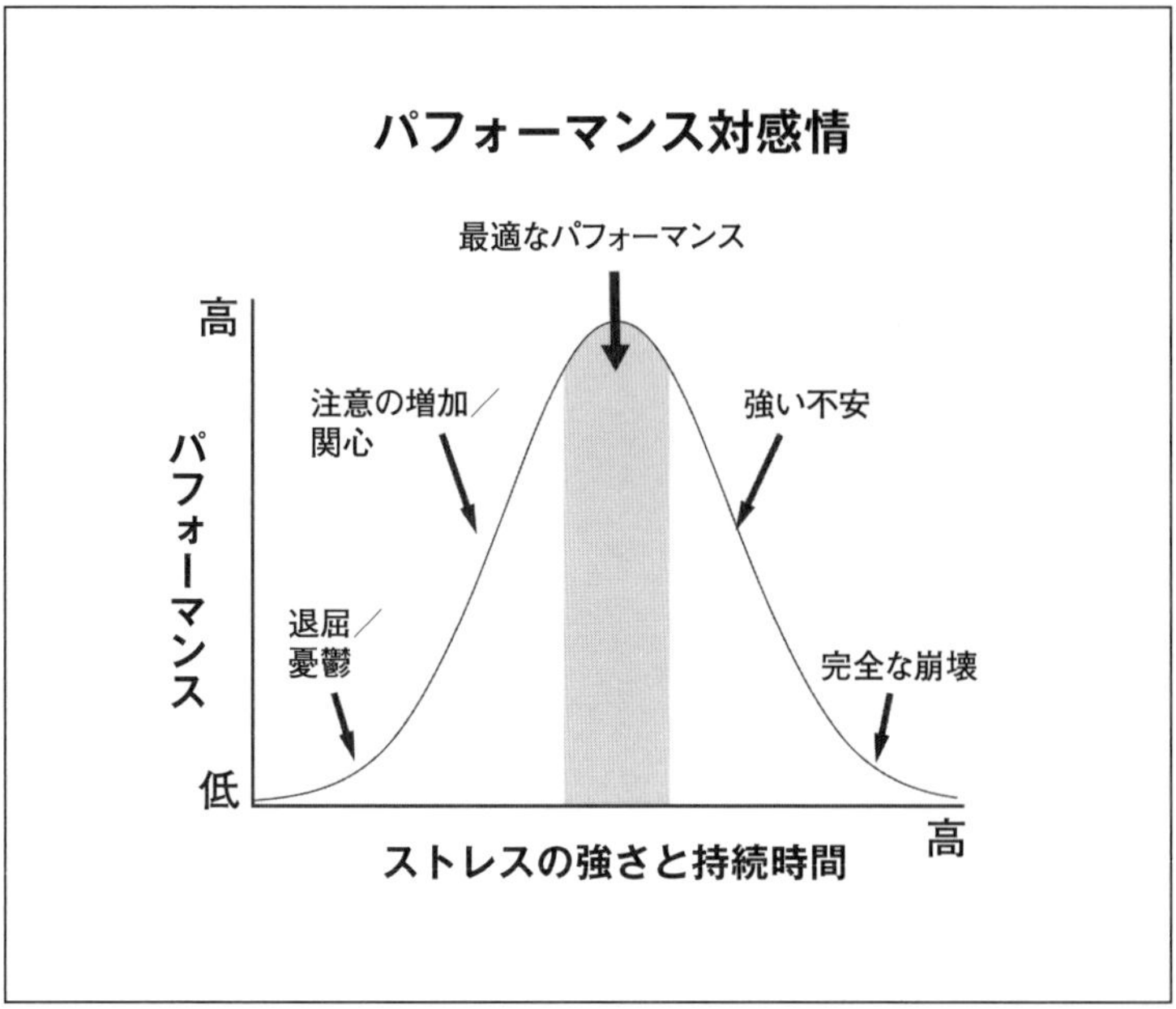


元海軍特殊部隊のブレント・グリーソンは、人はストレス下では冷静なリーダーに引きつけられると言う。当然と言えば当然だ。冷静さとは心が穏やかになって落ち着くことであり、物事に動じないことなのだから。心のバランスのとれた状態だ。あらゆるリーダー、パイロット、海軍特殊部隊等、非常に大きなプレッシャーにさらされる人間にとって、利点となる——そしてわたしたち遅咲き組にとって、ごく自然に育むことのできる特質なのである。

## 遅咲きの人間が持つ「洞察力」が5番目の強み

伝統的な基準からすれば、その36歳のアメフトのコーチは、キャリアの選択をまちがったとしか思えなかった。その前年、彼はオークランド・レイダーズのランニングバック・コーチだったのだが、ずっとヘッドコーチの座にあこがれていた。そしてついにその夢を叶えてヘッドコーチに就任したのだが、そのチームはナショナル・フットボール・リーグ（NFL）には所属していなかった。高校時代はスター選手だったもののすでにピークを過ぎ、大学では頭角を現せなかった選手のたまり場である、セミプロのリーグだったのだ。

そのチーム、サンホセ・アパッチスの選手の大半は、1ゲーム50ドルの報酬でプレーし、乏しい給料を補うために体育教師や保険外交員、建築作業員、バーの警備員という副業を抱えていた。短大のフィールドで行われる試合の相手は、サクラメント・バカニアーズ、ユージーン・ボンバーズ、ヴィクトリアBCスティーラーズ等の面々だ。彼らが所属するウエスト・コースト・リーグは、使い古されたひざ当てと打ち捨てられた希望のにおいがした。

アパッチスの練習場所はサンホセのでこぼこのフィールドで、高校の体育館が隣接していた。ある日、練習を終え、体育館の近くをぶらぶら歩いていたアパッチスのコーチは、大声や笛の音に誘われるように体育館内に足を踏み入れた。高校のバスケットボール・チームが、オールコートプレスの練習をしている最中だった。なんとなく惹きつけられた彼は、観客席に腰を下ろした。

バスケットボールのオールコートプレスというのは、敵チームのインバウンドや、ハーフコート・ラインの通過を阻止しようとする、攻撃的なディフェンス戦法だ。まずは、インバウンド・パスをしようとする者の前で腕を振って邪魔しようとする。それでもパスが通れば、ディフェンスはボールを持つ者をハーフコート・ラインのうしろに留めようとプレッシャーをかける。

オールコートプレスは、肉体的にも精神的にも疲労困憊する作戦だ。通常、試合の終盤に負けているチームだけが、強引な逆転の手段として仕掛けようとする。

その作戦が混乱を誘い、成功することもある。しかし相手チームがオールコートプレスを予測していた場合、オフェンスがブロックしたり壁をつくったりして通り道をつくり、切り抜けられてしまう。

観客席にすわっていたアパッチスのコーチは、興味をそそられながらその練習風景をながめていた。頭の中で、もやもやとなにかがかたちをつくりはじめた。と、はたとひらめいた。オールコートプレスに対抗してボールをパスしようとするバスケットボールの戦法を、アメフトのパスに応用したらどうだろう？

ビル・ウォルシュが、過去50年間のアメフト史上もっとも偉大な革命をもたらすアイデアを得たのは、そんないきさつだった――オフェンスをフィールド上に広げ、成功率の高いショートパスをくり返す、ウエスト・コースト・オフェンスと呼ばれる戦法だ。高校の体育館でひらめいてから15年後、ウォルシュはこの戦法を用いて、もともとバスケットボール選手としてスポーツの才能を開花させたひょろりと背の高いクォーターバックとともに、スーパーボウルに勝利した。そのクォーターバックこそ、かのジョー・モンタナである。そして勝利したチームは、サンフランシスコ・フォーティーナイナーズだ。

ビル・ウォルシュは、プロスポーツ・コーチの歴史の中では、おそらくいちばん偉大な遅咲きの例だろう。彼の大きな長所――とりわけ遅咲きの人間がよく持ち合わせているもの――は、洞察力だった。

## 精神的ライブラリーから洞察力が生まれる

洞察力とは？　通説では、洞察は突如としたひらめきとともにやって来るという。ウォルシュは、高校の体育館でまさにそれを体験したようだ。しかし洞察に必要なのは天才的なひらめきだけではない。じつは洞察とは、経験、パターン、文脈といった精神的ライブラリー全体から引っ張りだされた結果であり、そこから並外れて貴重なアイデアが誕生するものなのだ。

72歳になるエルコノン・ゴールドバーグが、それについてより詳しく説明している。彼はニューヨーク大学の神経科学者であり、神経心理学者だ。

２０１８年に出版した『Creativity』の中でゴールドバーグは、創造力は右脳にある（左脳は論理的思考の収納場所だ）という通説の誤りを暴いた。じっさいはもっと複雑で、絡み合ったものなのだという。右脳は子ども時代に成熟する。左脳の発達は前頭前野皮質の発達と一致し、何人かの科学者の推定によれば20代半ばまで完全に成熟することはない。ゴールドバーグの経験では、「30代半ばに差しかかる」という。

右脳は視覚認識と新しいものを処理する能力の拠点となり、左脳は記憶、パターン、言語を収納する。左脳はまた、「生成的」でもある――現存するパターンから新しいものをイメージすることによって、ゴールドバーグが「未来の記憶」と呼ぶものを生成するのだ。言語そのものが生成的である。たとえば作家は、脳内に物語の記憶がなくとも、文字、言葉、文法を使って物語を生みだすことができる。

しかし生成的な左脳が現存する記憶とパターンから新しいものを生みだせる一方、新しいものを理解できるのは右脳だけだ。では脳はどのようにして新しいことを処理し、優先させるのだろう？　新しい認識は、右脳で理解されたあと、どうなるのか？

ゴールドバーグによれば、間脳のネットワークが右脳と左脳を仲介するのだという。彼はそれを「顕著性ネットワーク」と呼ぶ。その役割は、入ってくる新しい認識に重要性を割り当てる際、左脳を助けることだ（この仕組みを理解するためにも、ゴールドバークの『Creativity』は読む価値がある）。

ゴールドバーグの研究が示すものは明快だ。歳を取るにつれ、人間の脳は、新しい認識のどれがじっさい有用なのか、より鋭く判断できるようになる。右脳と左脳のあいだで交わされるコミュニケーションの中で、顕著性ネットワークが優先順位を定めてくれるおかげだ。

人の脳は、あらゆる知識――記憶とパターンの精神的ライブラリー――を引きだして、認識に優先順位をつける。べつの言い方をすれば、子どもやティーンエイジャーや若者は、年長者よりも多くの新しい認識を得るかもしれないが、その新しい認識のどれが有用で、どれが一時的な楽しみにすぎないのか、といったことを見定める能力がまだ完全には発達していないのだ。

その仕組みを知るには、6歳児を連れた夫婦がディズニーランドに遊びにいったところを想像してみるといい。子どもがはしゃぎまわる一方で、両親はディズニーランドの場内図をながめ、園内をまわるもっとも効率のいいルートを計算し、どの乗り物とテーマエリアがいちばん子どもの興味を惹きそうかを頭の中で考える。

わたしがアグリーの書棚で『スポーツ・イラストレイテッド』誌のバックナンバーを読みふけっているとき、そこになんら得はなく、害があるだけだった。そのせいで勉強に苦しみ、さんざんな成績を取ってしまったのだから。それから12年がたってはじめて、書庫内で「無駄に」時間を費やした大切な思い出から、貴重な洞察を導きだすことができたのだ。

なぜそこまで長く時間がかかったのか？　その期間、わたしはシリコンバレーについて、スタートアップ企業やベンチャー・キャピタルの投資、新規株式公開への道筋という荒くれた世界について、多少学んでいた。ビジネス誌についても多少学んでいた。そしてそのほとんどが退屈な雑誌であるという結論に達していた。

はるか昔の『スポーツ・イラストレイテッド』誌の記憶が、より最近の見識と経験と合体してはじめて、その洞察――スポーツ誌のように見て楽しめるビジネス誌をデザインする――が得られたのだ。そのとき、左脳の生成力を利用して、あたかも物語を語るかのように、『スポーツ・イラストレイテッド』誌のようなビジネス誌という「未来の記憶」をつくりだしたのである。

では洞察力は、遅咲き組の強みだろうか？ モーツァルトからマーク・ザッカーバーグにいたるまでの早咲き組も、貴重な洞察力の持ち主だ。その一方、新たな認識を有効な洞察に変換させる能力は、左脳が成熟するにつれ高まっていく。言い換えれば、有効な洞察を生む力は年齢とともに向上し、それゆえ遅咲き組に際立った優位性を与えることになる。そこからわたしは、洞察力が遅咲き組の根本的な強みだと考えた。

## 6番目の強みは人類が獲得した最高のもの、「知恵」

時と場所を越えて、知恵は人類が獲得した最高のものだとされてきた。その捉えどころのない概念は、古代より哲学書や宗教書で顕著に取り上げられてきた。ギリシャ語の「フィロソフィア（哲学）」は、「知恵の愛」という意味だ。古代ギリシャ文化からさかのぼること数世紀、インドと中国の宗教的伝統——ヒンドゥー教、仏教、道教——は、知恵について熟考し、感情的バランスという考えに注目した。

それでも、問いかけたい。厳密には、知恵とはなんなのか？ さらにこうつけ加えたい。〝知恵は、遅咲き組にはどういうかたちで現れるのか？〟

人を魅了してやまない知恵だが、それが実証的研究の対象とされるようになったのは、ほんの40年ほど前のことである。カリフォルニア州オリンダの老人神経心理学者ヴィヴィアン・クレイトンは、大学院生だった1970年代、古代文学と現代文学を研究し、知恵の定量化と定義を求めようとした。そして知恵とは、たいていは社会的状況に関連する思慮深い行動であるという考えにいたった。のちに彼女はその主張に磨きをかけ、知識によって誕生し、思慮深さと思いやりが吹きこまれた行動を、知恵の定義に含めた。彼女の初期の研究は、知恵を主題とした後続の研究の基盤とされている。

1980年代には、他の心理学者たちも、知恵について研究しはじめた。多くが、人は人生経験から知恵を取得するものであり、それは年齢を重ねることと関連している、と推測した。同じ1980年代、ドイツの心理学者ポール・バルテスは、同じく心理学者のウルスラ・シュタウディンガーとともに「ベルリン知恵プロジェクト」を発進させた。知恵の本質を突き止めるためのパイオニア的試みだ。現在、コロンビア大学にあるロバート・N・バトラー・コロンビア・エイジングセンターの所長であるシュタウディンガーは、このプロジェクトは、「人間の発達における理想的な終点としての知恵への興味」から発展したものだと語る。最終的に、知恵を「人生の基本的語用論にかんする熟達した知識システム」と定義している。

知恵にかんする最近の学術的発見は、〈アクセンチュア・ノース・アメリカ〉のCEO、ジュリー・スイートが2018年にわたしに語ってくれたことと合致する。「優秀な幹部は、曖昧な物事の管理を心得ている」

それはわたしにとって、知恵の定義にぴったりとはまる。

## 人生の苦境を乗り越え、発生するのが知恵

広範囲におよぶ研究が証明しているように、知恵とは人が生まれ持ったものでもなければ、ほんの数年で発達させられるものでもない。ＳＡＴで満点を取って得られるものでもなければ、名門大学の学位から得られるものでもない。そして現代社会では大いにいらだたしいことだろうが、８桁の銀行預金からも、インスタグラムの１００万人のフォロワーからも、得られるものではない。

人生の苦境を乗り越えていくうちに、個人の特質と経験が融合して複雑なパターンを形成するようになり、そこから知恵が発生する。山あり谷ありの年月、そしてくり返し苦境に遭遇する一生を通じて、生じるものなのだ。知識、経験、直観を総じたものが知恵となる。作家のダニエル・Ｊ・ブラウンがわたしに語ったように、知恵とは、若いときは見えづらい人生の層に目を向ける能力だ。

年齢と経験を重ねるにつれ、知恵は減るのではなく増えていく。純粋な認知スピードは低下するかもしれないが、「知識と経験にもとづいた論理的思考と認知力は劣化しない」

とシュタウディンガーは断言する。そしておそらくそれこそが、知恵の完璧な定義なのだ――知識と経験にもとづいた論理的思考と認知力。

ここ数年に行われた知恵の研究により、若者より中高年の方が数々の社会的相互作用に長けていることがあきらかにされている――たとえば他者の真の意思を判断するとか、感情的反応を抑制するとか。この能力は40歳から50歳のあいだがピークで、その後は晩年まで高い水準を保つ。経験に導かれた専門知識には、数々の利点があることが証明されている。たとえば決断力、前向きな姿勢、対処技能、冷静さ、パターンを迅速に正しく解釈する等の能力が、高められるのだ。

脳内に蓄えられた情報が多ければそれだけ、似たパターンを見つけるのが容易になるのは当然のこと。加齢とクリエイティビティについての通説とは対照的に、年齢を重ねた人の多くがパターンをより速く識別し、重要なことと些細なことを見定め、いっきに論理的解決に突き進むことができるようになる。

ニューヨーク大学の神経科学者エルコノン・ゴールドバーグは、「認知力のテンプレート」は年齢を重ねた人の脳内でパターン認識をもとに発展し、賢い行動やよりよい決断の基板を形成すると述べている。

著書『老いて賢くなる脳』の中で述べているように、ゴールドバーグは、歳を重ねるにつれ、自分が「精神的魔法」のようなものにますます熟達していくことに気づいた。「昔にはなかった、なにやらおもしろいことが頭の中で起きつつある」と彼は書いている。「他者からすれば難問に見えることに直面したときによくあるのだが、まるで魔法かなにかのように、頭を振りしぼる必要がなくなってしまう。解決法が、難なく、すんなりと、まるでみずからやって来たかのように現れるのだ。どうやらわたしは、不当とも言えるほど簡単に、瞬時に、ものを見抜く力を手に入れたようだ。ひょっとすると、これがあのだれもが切望するもの……つまり知恵なのだろうか？」

ノースカロライナ州立大学の心理学者トーマス・ヘスは、「社会的専門知識」の研究を数多く行ってきた。社会で起きた出来事の解釈をもとに調べたところ、社会的専門知識がピークに達するのは中年期のようだという。他者の性格を判断したり、社会的経験を読み解いたりするのが、若者よりはるかにうまくなる年代である。何年もかけてネットワークを築き上げてきた人の脳は、漠然と似通っている程度のパターンですら識別し、適切な結論を引きだすことにかけて非常に優秀なのだ。

「パターンを識別する脳の能力は、卓越している」と、MITの神経科学者ジョン・ガブリエーリはコメントする。関係性を見きわめる能力については、「とりわけ中年期において、多少の低下はあるものの、得るものの方が大きい」という。

年齢とともに人は情報を集め、蓄えていく。なにかを思いだすのに若いときよりも時間がかかってしまうのはそのためであって、「記憶力が低下した」わけではない。覚えることが多すぎるというだけのことだ。中高年は若者と比べて脳内にはるかに多くの情報を蓄えているので、当然ながらそれを引きだすのには時間がかかる。それに加え、中高年の脳内にある情報の質には、より微妙なあやがある。ある調査でわかったのだが、若者が認知スピードのテストで秀でているのにたいし、中高年は「きめ細かな差異についてはるかに繊細」なのである。

## 知恵の神経回路は年月を通して発達する

こうした遅咲き組の利点は、具体的にはどこで生まれているのか？　研究者たちの発見が示す通り、知恵の特定の神経回路は、経験を積む年月を通して発達すると考えられる。カリフォルニア大学サンディエゴ校にあるサム・アンド・ローズ・スタイン・インスティテュート・フォー・リサーチ・オン・エイジングの所長ディリップ・ジェステは、数十年を費やして認知的加齢と知恵の発達についての研究を行ってきた。彼の推測によれば、脳の前頭前野皮質が、知恵を司るネットワークの一部かもしれないという。

知恵とその神経学的な土台とおぼしきものを理解するために、ジェステとその同僚は、まず知恵について書かれた現存する文章とそこでの定義について広範囲におよぶ調査を行った。つぎに彼らは、知恵の特徴としてリストアップできるものについて、専門家の意見を集めた。その調査を通じて、彼らは知恵の要素を6つあきらかにしている。たとえば、人生の実用的な知識、感情の抑制能力、思いやりと利他主義と共感を必然的に伴う社会性のある態度、そして自身の強みと限界を知ること等だ。

つぎにジェステのチームは、脳の画像化、遺伝学、神経化学、そして知恵の個々の構成要素を対象にした神経病理学における研究に目を向けた。

そこで決定的な証拠が得られた。「(脳の画像化研究)すべてを考え合わせると、知恵の神経回路は存在すると考えられる」とジェステは述べている。その回路は前頭前野皮質(人間のより高度な機能を司る)、前帯状領域(前頭前野皮質の部位間の衝突を仲裁する)、扁桃体を持つ線条体(報酬回路の一部)において、それぞれ異なる部位にかかわっているという。知恵はその各部位における活動のバランスから発生しているのだ。

「ある意味、知恵はバランスだ。社会性が高すぎると、他者にすべてを与えてしまうので、生き残れない。だが当然ながら、他者になにも与えなかったら、種として生き残れない。だからバランスが必要なのだ」

知恵はなぜ歳とともに成長するのだろう?

加齢とともに脳内の活動はシフトする。若いころはさほど活動していなかった前頭前野皮質の半分が、歳を取るにしたがってより活性化していく。それにより、前頭前野皮質全体の活動が高まる。そして中高年は、若いときには片方の半球しか活性化させないタスクでも、両方の半球を使う傾向にある。最高のパフォーマンスを見せる中高年は、その傾向がより強い可能性がある。

それに加えて中年期には、感覚を処理する後頭葉から、可能性を計算したり感情を抑制したり目標を設定したりといった、より高度な脳機能を制御する前頭前野皮質へと活動が移っていく。研究者は、この変化とバランスの発達を「脳の統合」と名づけている。

## 年齢と脳の神経学的発達と知恵の関連性

もっとも情熱的な知恵研究者のひとり、UCLAの神経科学者ジョージ・バーゾキスは、脳の統合——そしてその結果として高まる判断力、見解、知恵——は、人が中年期に入るにつれて自然発生的に起きると考えている。人の脳は歳を取ると灰白質を失い、白質が増える。灰白質——基本的な認知ネットワークをつくる——も非常に重要ではあるものの、白質——ネットワークをまとめる——こそが、真の利点を与えてくれるものなのかもしれない。

バーゾキスをはじめとする研究者の多くは、白質の量こそが、言語のような複雑な技能を発達させる要因だと考えている。白質は、膨大な数の神経線維の外側をコーティングする脂肪質のミエリンでできている。白質がケーブルを覆う絶縁体のような役割をしているおかげで、神経間の伝達がより効率的になるのだ。

バーゾキスは、中年期にはそのミエリンが増加すると考える。19歳から76歳までの70名の脳をスキャンしたところ、前頭葉と側頭葉において、中年期が進んでもミエリンが増加しつづけていることがわかった。バーゾキスによれば、この絶縁体が脳に「より大きな処理能力」を与えているのだという。

彼はこうつけ加える。「いまわたし自身、50歳になるが、いつの間にか物事をより広い視野で見るようになった。より大きな絵で物事を捉えやすくなってきたのだ。それこそが中年期の脳の恐るべき——そしてすばらしい——成熟ぶりである。それが知恵というものだ」

人は昔から、年齢と脳の神経学的発達と知恵は関連していると推測してきたが、いまそれが科学的に証明されつつあるのだ。レンタカー会社が25歳以下の成人に車を貸したがらないのには理由がある。アメリカで大統領になるには少なくとも35歳に達していなければならないと憲法で定められていることにも理由がある。2世紀も前から、建国の父たちは、より年長の、賢い脳の価値を理解していたのだ。

遅咲き組にとって、最後のうれしい研究結果を紹介しよう——知恵の発達は、社会がひどく切望する早咲きとはなんら関係がないことが判明している。フロリダ大学の知恵研究者モニカ・アルデルトは、成人初期に成熟している人は、年老いたときの知恵にポジティブな影響を与えるという仮説を立てていた。しかし彼女が行った縦断研究で、それがまちがいであることが示された。早期の成熟——すなわち早咲き——は、歳を取ったときの成熟度と知恵とはなんら関係がなかったのだ。知恵は遺伝しない。みずから獲得するものなのだ。


今日の究極の神童文化は、早咲きをひいきし、遅咲きの人にたいして不必要な障壁を築き上げている。しかしわたしたち遅咲き組は、成功と充足感へとつながるすばらしい強みを持っている。そしてそれらの資質——好奇心、思いやり、復活力、冷静さ、洞察力、そして知恵——は、時間をかけることでしか授かることができないのだ。

わたしたち遅咲き組は、当然ながら早咲きの人とはちがって、より困難な道を歩んでいる。人生の旅路では、周囲に合わせることを強要され、集団心理の圧力にさらされ、自信喪失の痛み等の障害に遭遇してばかりだ。

しかし本書でこれからさらに学ぶように、そうした困難の中には宝物が隠れている。個性を発掘するのだ。卓越への道、真の潜在能力へと達する道は、だれもが手に入れられる。逆境の中には、わたしたちの真のパワー、才能、そして遅咲き組ならではの秘められた利点が存在するのである。

そのすべてが見つかるはずだ——ほんの少しの辛抱で。

# 第5章
# 自分自身の健全な文化をつくる

## 子どもをゲイツのような大成功に導くという強迫観念

成功の定義をどこまでも狭めようとする早咲きへの熱狂は、20世紀初頭のＩＱテストと科学的管理法の時代に端を発している（第２章参照）。しかし現代の早咲きへの強迫観念は、パソコン・ブームと20代の若きヒーローの到来とともに、１９８０年代に誕生した。たとえばビル・ゲイツやスティーヴ・ジョブズのように、頭の古い連中を屈服させ、瞬く間に富豪になったヒーローたちだ。

ジョブズが魅惑的な救世主として人々を感動させた一方、ゲイツはオタクの役回りに見えた。〈マイクロソフト〉の若き共同創業者ゲイツは、シアトル郊外の上流社会に生まれ育ち、社会的なコネに恵まれ、私立のレイクサイド中等学校に通っているときにＳＡＴの数学で満点の８００点を取り、トップの成績を誇った。

夜と週末になると、ゲイツは自宅から湖の対岸にあるワシントン大学のコンピュータ研究室に通い、何千時間も楽しく過ごしていた。交通量データを集めるソフトウェアを書いたり、レイクサイド中等学校の成績記録にハッキングしたりしていたという。

彼はハーバード大学への進学が運命づけられていたようなもので、じっさいそうなった。若者としての唯一の反抗は、ハーバードを中退し、１９７５年に〈マイクロソフト〉を共同創業したことだ。その20年後、ゲイツは世界の富豪の仲間入りを果たした。

スティーヴ・ジョブズは世の中に魔法のような製品を提供したが、ゲイツがわたしたちに残したのは、ひとつの道しるべだった。そこには、〝早々に大成功するためにすべきこと。それはSATをモノにし、抜群の成績を上げ、カリキュラム外のプロジェクトで抜きんでることだ〟と記されている。

アルゴリズムを重視し、異常なまでに実力主義の現代文化は、まさしくビル・ゲイツの文化である。スティーヴ・ジョブズが世界に足跡を残そうと大志を抱いたとするなら、ビル・ゲイツは成功にたいする社会の認識と若者のための道しるべをみごとに歪めてみせたと言える。あなたが大成功を収めたいなら、子どもたちに大成功を収めさせたいなら、ゲイツが教えてくれた通りにすればいい。

ゲイツは、ジョブズよりも――どんな政治家もしくはポップスターよりも――文字通り今日の時代精神をかたちづくってきた人物だ。若くして大きな業績を上げることへの強迫観念は、わたしたちの文化の大きな部分を占めている。ではここで、なぜいまの文化はわたしたちに同調するよう迫るのか、そしてそれが遅咲き組の認識にどう影響してきたのかについて、検証してみよう。

## 文化的な刷りこみを検証する

文化――家族や仲間や社会からの影響――は、人をおだて上げることもできれば、打ちのめすこともできる。努力を祝福することも、人を立ち往生させることもできる。

また、文化は人に期待を伝える。本人はそうと気づいていないかもしれないが、その期待が長年にわたる思考や姿勢をかたちづくることもある。言葉にされる期待もあれば、無言の期待もあり、微妙な方法で伝えられることが多い。自分自身を見つめるとき、なにが可能かを想像するとき、その期待が否定しがたい影響をおよぼすのだ。

遅咲きの人にとって、文化の存在は大きい。もし自分がまだ完全に花開いて――自身の運命を見つけ、潜在能力を生かして――いないと思ったら、文化の影響を検証し、その中に自分を食い止めている原因がないかをたしかめる必要がある。

若くして業績を上げろ、と社会が攻め立ててくること以外に、現在と未来の自分をかたちづくるうえで、わたしたちがどんな文化的影響を受けているのかについて考えてみよう。

最初に文化的な刷りこみを行うのは、家族だ。たとえ最高の家族でも、いいものも悪いものも同じくらいひっくるめた社会基準を教えこもうとする。世界的に著名なパフォーマンス・アーティスト、エリック・ウォールがいい例だ。彼の話によれば、若くして成功しろとプレッシャーをかけてきた家族と文化の価値観が、最終的に裏目に出たという。そのせいで彼はあやうく大きな悲劇に見舞われるところだった。

わたしは実力主義、業績、成功を重んじるシステムの中で育てられました。成長するごとに、メッセージはどんどん強まっていきました――いい成績を取れ、完璧な成績を取れ、超一流の大学に入れ、すばらしい仕事を手にしろ、たっぷり稼げ、大物になれ、と。

大学卒業と同時に、芸能人や基調講演者を派遣する芸能事務所ではたらきはじめました。どこかの展示会にマライア・キャリーやザ・ビーチ・ボーイズを呼びたいと依頼されたら、仲介手数料を取って調整する仕事です。わたしは1年もしないうちに事務所のパートナーに昇格しました。当時は若く、やる気満々で、勢いに乗っていました。

そのあと、壁にぶち当たったんです。企業が展示会に芸能人を呼ばなくなったためです。ほんの数週間のあいだに、わたしはすべてを失いました……身を粉にしてはたらいて得たものと、心血注いだものを、なにもかも。当時わたしは30歳。なのに、その年齢に見合うだけのものは、なにひとつ残っていませんでした。

屈辱的だったし、恥ずかしかった。自分が価値のない人間に思えてなりませんでした。外に出るのがいやになりました。残りの人生でなにがしたいのか、自分でもわかりませんでした。バスルームの隅にしゃがみこみ、ひたすら泣いていました。

でも、現実に目を向けなければなりません。それまでの信念ではやっていけないことはわかりきっていましたので、べつのルートを見つける必要がありました。両親や文化からは、厳しい現実に行き当たったときは以前にも増して頑張れと教わってきました……でも、そんなのは自分のためにならないと思いました。ビジネスの世界には、もう、うんざりでした。この事態を予測してくれなかった証券アナリストにも、うんざりでした。金にまつわるものすべてに、うんざりしていたんです。金と富という概念に全幅の信頼を置いていたのに、みごとなまでに裏切られてしまったのですから。

以来、挫折を経験した人とたくさん話をするようになりました。わたしの挫折は経済的なことでしたけれど、人間関係で挫折した人もいます。健康面で苦境に陥る人もいます。過酷な現実に衝撃を受けて、その痛みを麻痺させるものを探す人もいます。心痛を断ち切るために手を伸ばしかねない不健全な手段は、いくらでもありました。

どうして苦悩がここまで圧倒的なのか、人はそれを麻痺させる気晴らしにどうして目を向けてしまうのか、理解できるようになりました。わたしは幸運でした。わたしの解決法は、芸術だったのですから。わたしはアーティストたちとつるむようになりました。

わたしが芸術に目を向けたのは、おそらくビジネスと正反対のものだったからだと思います。アーティスト、哲学者、気楽な人たちは、この世の物質的な所有にこだわりません。彼らと、ただ時間を過ごしたかった。そうするうちに、彼らのものの見方に魅了されていきました。彼らの才能にも。そして自分もこれをしたい、と気づいたのです。

当初は、ベテランのアーティストたちと比べると、わたしの絵はひどいものでした。それでも、陰影、バランス、色合いと、あっという間に作画の要素を学んでいきました。まるで、まったく新しい世界が目の前に開けたような気分でした。あらゆるものを、もう一度最初から目にしたように。

とにかく金を稼ぐために人生でなおざりにしていたものすべてが、いきなり目に飛びこんでくるようになりました。新しい世界には、美が、夕暮れが、花が、色彩が、光がありました。そうしたものすべてが、生まれてはじめてほんとうの意味で見えるようになったのです。

エリックが生まれ育ったのは、若くして成功し、富を得ることに向かわせる文化だった。それに同調させようとするプレッシャーのために、彼はより貴重な才能から遠ざけられ、最終的には悲嘆に暮れることになった。打ちのめされたあと、彼は自身の文化的価値観を再評価するに当たり、感情の地雷原に足を踏み入れることになったが、それは避けては通れない道だった。彼はそこを無事わたり切り、その先に到達したのだ。すばらしいことに、エリックはパフォーマンス・アーティストとして、ビジネスマンだったときより多くの金を稼ぐようになった。

自分はまだ潜在能力をフルに開花させていない、あるいは自分はまちがった道を歩んでいると感じたとき、その原因を問いたくなるのは自然なことだ。自然なことではあるが、簡単なことではない。才能の開花を妨げている原因を探して、社会的な基準に疑いの目を向ける人がいるだろうか？　自分の親や友人、そして教師たちが、開花を妨げる箱の中に自分を押しこめたのかもしれないなどと、だれが疑うだろう？

しかし文化というのは、人の信念、本質、そして運命をかたちづくるもっとも強い力だ。そんな文化についての議論を避けて通るわけにはいかない。だから文化がわたしたちになにを期待しているのかを突き止め、どのようにして個人の進路を形成しているのかに注目してみよう。

## 遅咲きの花を咲かせるために家族という文化から独立する

前述したように、人が最初に出会う文化は家族だ。貧しかったり、ネグレクトされたり、虐待されたりする不幸な家庭生活を送る人もいるが、たいていの人は、完璧ではないものの悲惨とも言えない家庭で育つ。きちんと機能し、支援してくれる家庭だ。非合理的な考えや若干の偏見、害のある思いこみ、そして親の過失等、あまり役に立たない資質を育むこともないわけではないが。

わたし自身の両親は大卒だったものの、大きな欠点があった。母の長所は共感だが、論理が欠けていた。微積分学の教師を父に持ち、高校では卒業生総代に選ばれた母だが、物事や出来事にたいしてきわめて不可解な解釈をしがちな人だった。蹄の音を耳にすれば、馬ではなくシマウマだと思うような人なのだ。

父は高校時代、優秀なアスリートで、体育教師、コーチ、高校の体育局長として活躍した。町でも州でも、高校スポーツの花形だった父だが、ビジネスには疎く、町で経済的に成功した人間を前にするとおじけづく人だった。医者、弁護士、自動車ディーラー、石油業者、そしてカントリークラブに所属するような人たちといると、じつに居心地が悪そうなのだ。いまなら、母の不合理な神秘主義と父の地位にたいする神経質さは無知ゆえだったのだ、と理解できる。子どもには愛情をたっぷり注ぐ両親ではあったが。

わたしが遅咲きだった理由のひとつは、当時、自分にはなにがわかっていないのかがわかっていなかったことだ——ものを知らない両親のもとでは、知りようがなかったのだ。同じような知識のギャップの中で成長する人は多い。

そういう意味で、花を満開に咲かせるには、家族からの独立を宣言する必要がある。家族の愛を拒絶したり、彼らの影響に背を向けたり、彼らの期待に反抗したりするという意味ではない。花を開かせるのに役立つことと役立たないことについて、自分なりに考えて決める必要があるという意味だ。家族にたいして忠実であることと、なにも考えずに家族の期待に沿おうとするのとはちがう。そんなことをすれば、自身の潜在能力を存分に生かすことができなくなってしまう。とはいえ、ほんとうの意味で家族からの独立を宣言するのは、簡単なことではない。

親は、より広い世界とそのかかわり方を教えてくれる大切な存在だ。わたしたちが、個人として、そして集団の一員として、自身のアイデンティティを築き上げるのを助けてくれる。世界にたいするわたしたちの予想をかたちづくり、どう行動したらいいのかを身をもって示してくれる。わたしたちの優先順位と、大学での専攻、キャリア、友人、結婚相手の選択にいたるまでに影響をおよぼす。将来のさまざまな可能性を教えてくれる家族もあれば、そうでない家族もある。

『バック・トゥ・ザ・フューチャー』、『フォレスト・ガンプ／一期一会』等の作品で知られる映画監督ロバート・ゼメキスは、シカゴのサウスサイドで労働者階級の家庭に生まれ育った。12歳のとき、彼はいつか映画界に入りたいと両親に語った。夢を熱心に語る少年の姿が目に浮かぶようだ。

しかし両親の反応には、あまり熱がこもっていなかった。「ぼくの家族も友人も、ぼくが育った世界も、そんなのは見果てぬ夢でしかないと思っていた。両親はすわったままこう言ったよ。『自分がどこの出の人間かわかっていないのか？　おまえに映画監督なんて無理だ』」と彼は過去を振り返った。

子どもは、家族の価値観と期待を観察し、吸収する。これは心理学者、社会学者、社会科学研究者が「社会化」と呼ぶもので、人のアイデンティティ形成——自我の発達——に重要な役割を演じている。社会化により、周囲の人間の価値観と信念がわたしたちの中に吸収されていくのだ。子どもからおとなへと成長しながら、人は自分の社会化された行動を何度も検証する。そして家族と同じような行動を取りがちである——たいていは、無意識のうちに。

好むと好まざるとにかかわらず、家族はポジティブにもネガティブにもわたしたちに影響を与えている。家族が設定する最初の境界線の多くは、子どもにとっていいことだ――「たばこを吸ったりお酒を飲んだりする子たちとつき合ってはいけない」。

しかし彼らが定める境界線が、わたしたちを制限することもある。「事業をはじめたらぜったいに幸せになれないし、成功もしない」。あるいは、「あなたのお父さんはずっと医学校に行きたかったのにお金がなくて行けなかった。あなたを行かせるために、わたしたちは犠牲を払ったのよ」等々。

## より幅広いコミュニティに受け入れられ、道を模索する段階へ

人は成長するにつれ、家族による社会化から、より幅広いコミュニティに受け入れられ、独自性を認められる道を模索する段階へと移行する。アリストテレスが、「コミュニティ（古代ギリシャ語では「ポリス」）」という言葉は、同じ価値観を持つ人々によって確立された集団のことである、とはじめて定義している。

コミュニティには、社会的サークル、仲間、小集団、民族、種族等が含まれる。ニューイングランド人、南部人というように、地域と密着している場合もある。特定の都市、町、地域に住む、同じような考えを持つ人たちのコミュニティもある。際立ったサブカルチャ

ーを持つ民族集団のこともある。学校の仲間から職場の同僚、毎週活動する編み物サークルまで、ありとあらゆる集団がコミュニティに含まれる。

特定の製品、たとえばオートバイ（ハーレーダビッドソン等）、漫画（コミコン）を囲んで形成されるコミュニティもある。スポーツや音楽、特定のテレビ番組、さらには支持する政党のケーブルテレビ・ネットワークをもとに形成されるコミュニティもある。たとえば保守派は〈フォックス・ニュース〉で、リベラルは〈MSNBC〉、といったぐあいに。

人がコミュニティによってかたちづくられるのはまちがいない。コミュニティは人の業績、健康、収入、行動、そして幸福に影響を与える存在だ。だれもが、どこかに属したいと思っている。人はみな、友人や仕事の同僚、そして教会でも読書会でも、ソフトボールのチームでも銃クラブでも、所属する組織のメンバーから影響を受けている。

どこかに属したいという切望、家族を超えた大きな存在の一部になりたいと思う気持ちは、思春期に芽生えるものだ。どこで、いつ育ったかに関係なく、たいていの人が10代のころに感じた仲間からのプレッシャーを覚えているだろう——特定のブランドの靴を履く、特定の種類の音楽を聴く等、さまざまな方法で仲間に同調しなければ、と思ってしまう。この時期は、仲間の存在と、彼らにどう思われているかが、人の態度や行動に親以上の影響力をおよぼす。親ならだれもが知っているし、恐れていることだ。青少年は、仲間を感心させたいがために、飲み騒いだり、違法ドラッグを使用したり、無謀な運転をしたりと、危険な行動に出ることが多い。

しかし仲間のプレッシャーは10代で終わらない。おとなになっても仲間の影響はあいかわらずで、自分と似たような人たちで周囲を固めようとする。もし友人の大半がより高位の学位を取得したら、そのグループの一員に残るために自分も同じことをしようと考えるだろう。知り合いの大半が家を購入したり、子どもをもうけたり、キャリアの階段を上る努力をしたりしていたら、自分も同じような生き方をしてみようと思う。そうすることで人間関係を継続させ、互いに理解し合い、話を合わせることができるからだ。

事実、おとなも子どもやティーンエイジャーと同じくらい、仲間のプレッシャーに弱いものだ。行動や服装を合わせるようグループからさりげなく促されるとき、仲間のプレッシャーを実感する。残念なファッションの流行を追ったり、理解できない（あるいはおもしろくもない）ジョークに笑ったりするのは、そのグループの一員でありたいと合図しているのだ。

もちろん、健全でポジティブな影響もある。たとえばハイキング・クラブに所属したり、禁煙するためのプログラムに登録したり。しかし仲間のプレッシャーすべてが、人間的な向上につながるわけではない。コミュニティすべてが、成長とポジティブな変化をサポートしてくれるわけではないのだ。

## 苦悩する機能不全なコミュニティ

J・D・ヴァンスが『ヒルビリー・エレジー』で書いているように、寂れた工業地域（ラストベルト地域）とアパラチア地方のコミュニティは、ひどい機能不全に陥り、個人の成功を育む能力を失ってしまった。「ミドルトンでは勤勉さがいつも話題に上る」とヴァンスは書いている。「（しかし）町を歩いても、若い男性の30パーセントが週に20時間以下しかはたらかず、自分の怠慢さに気づいている者はひとりとして見当たらない」

苦悩するコミュニティ——田舎だろうが、都心部だろうが、荒廃した郊外だろうが——にいる者は、そんな状況でも花を咲かせるためには、なんとか難所を切り抜けなければならない。そうした影響から解放されるには、そのコミュニティからの独立を宣言する意志が必要だ。簡単なことではないが。

子ども時代の貧困生活が身体的健康、業績、行動といったさまざまな評価基準と関連していることは、数え切れないほどの研究、書籍、報告書からあきらかだ。その一貫性は注目に値する。身体的健康面で言えば、貧しい家庭に育った子どもは恵まれた家庭に育った子どもと比べて、出生時体重が低い割合が1・7倍で、鉛中毒の割合が3・5倍、乳幼児死亡率が1・7倍、短期入院の必要性が2・0倍も高い。

学業との関連性にも、同じくらい寒気をおぼえる。貧しい家庭に育った子どもは、より裕福なクラスメイトと比べて、高校を留年もしくは退学する率が2倍、学習障害に苦しむ割合が1・4倍も高いのだ。経済的に不安定な背景を持つ若者は、経済的に安定した家庭に育った若者と比べて、より感情的で行動的な問題を起こしやすく、虐待やネグレクトの被害に遭いやすく、暴力的な犯罪を経験することが多い。

そんなことから、貧しい人は金銭的資源が欠如しているために足止めを食っているだけだ、と考えたくもなる。1920年代以降で貧富の差がもっとも広がった昨今とあっては、なおのこと。

しかしことはもっと複雑だ。ヴァンスが指摘しているように、貧しいコミュニティの問題は、同時に文化的なものでもある。そうしたコミュニティに生まれた将来有望な人材は町を離れてしまうことが多いので、成功への手本となるような人物がコミュニティから奪われてしまうのだ。取り残された者の多くはあきらめの境地に陥り、ドラッグとアルコールに走る。質の高い従業員がいないと言って雇用主が去ってしまうと、コミュニティの信頼が失われ、それとともに未来への希望も消え失せる。この文化的な重力に反してまではたらく意欲を奮い起こしたり長期的な視野で投資したりするのは、だれにとってもむずかしい。怒りと反逆心が優勢となり、単純労働の場に顔を出すだけでも、そんなコミュニティでは「裏切り」行為と取られかねない。

## 繁栄する社会の特殊な落とし穴

しかし繁栄するコミュニティ――期待を抱けるような高い成長率を誇る都市や郊外――ですら、消すことのできない跡を人に刻みつける。そしてそのすべてがいいものとはかぎらない。ある意味、繁栄する社会は特殊な落とし穴となることがあり、それが子どもたちを限界まで追い詰めてしまうのだ。

そういう社会にいる子どもたちは、野心を抱き、意欲を持つよう育てられる。言葉も計算もすばやく習得し、名門校に入り、高給取りのキャリアを築き上げろ、と。しかしそうした子どもたちには自己分析のための時間も余裕もないことが多い。ベルトコンベアにのせられて一方向に運ばれ、他の興味やキャリアの選択肢を与えられることもない。成功という名の狭き門に運ばれていくだけで、自己発見の機会は奪われてしまうのだ。

健康心理学者のシラー・マーゲインは、「仲間からのプレッシャーを感じて、世間に遅れを取ってはならない、と思うことがある。そのため、本来の自分とは異なるライフスタイルを強要されたり、他のだれかが定義した『成功』を目指して四苦八苦させられたりすることにつながりかねない」という。

この手のプレッシャーを受け取る側は、この章の最初に紹介したエリック・ウォールのように、「フライング・スタート」を切って花を咲かせてしまうことが多い。成功の印をすべて身につけながらも、心を刺激しないもの、真の才能、情熱、使命とは関係のないものに自分を無理やり当てはめようとして、心が折れてしまう人たちだ。

物質的な環境——貧困もしくは強いプレッシャーだらけの豊かさ——以上に、コミュニティの文化的基準が障害となることもある。ほとんどがポジティブな文化ですら、思いがけないねじれを生じさせることがあるのだ。

わたし自身の文化を例に挙げよう。わたしが属するのは、ミネソタとノースダコタに暮らすスカンジナビア系ルター派信者のコミュニティだ。そこでは感情を表に出したり、人にものをたずねたりするのはよしとされない。大学進学のためにカリフォルニアに行ったとき、だれもが騒々しく、自信過剰で、恥知らずなほど要求が高いように感じられた。しかし客観的に考えれば、サンフランシスコのベイエリアは異なる表現方法を持つ異なる文化だ。いま思い返してはじめて、わたし自身が育った文化のもの静かな禁欲主義の程度を認識することができる。

勤勉と忍耐を評価する等、数多くのすばらしい価値観を叩きこまれたとはいえ、その文化はわたしには合わなかった。中西部式の謙虚な生き方をしているうちは、カリフォルニアという土地でも自分の可能性を制限し、行く手を阻んでしまっていた。しかしノースダコタでの経験に反して、カリフォルニアではものをたずねるのはごくふつうどころか、非常に便利であることを学んだ。けっして図々しいことではないのだ。むしろ、学習を加速させることになる。方法さえ適切なら、自分を売りこんでも自慢しているとは言えないことも学んだ。

カリフォルニアの文化ではなにがふつうで、なにがよしとされているかを知らなければ、あの土地で才能を開花させるのはむずかしいだろう。

これだけははっきりしている――どのコミュニティでも、才能の開花を阻止しかねない信念が受け継がれているものだ。名門私立中学に通っていようが、貧困と犯罪が蔓延するスラム街で成長しようが、ど田舎の沈滞する町に暮らしていようが、それぞれのコミュニティが自分たちの期待に沿うよう、住民にプレッシャーをかけている。

### 社会が人々のアイデンティティを決定する

文化の3番目の層は、社会だ。社会とは、地理的もしくは社会的領土をシェアする大きな社会的グループであり、共通する政治的伝統と支配的な文化的期待の影響下にある。社会は、「人々のもっとも高位の文化的集団であり、もっとも広範囲な文化的アイデンティティである」と定義されてきた。社会は、文化的基準、道徳観念、期待、そして行動という、もっとも持続性のある要素を住民に提供する。社会はそこに住む人々のアイデンティティを決定する。生活のほぼすべての側面に関連する暗黙の偏見と潜在的な期待をつくり上げる。たとえば政治、ジェンダー、人種、宗教、セクシュアリティ、そして健康。成功と金にかんする考えもしかり。そうした信念を、人々は吸収していくのだ。

アメリカ社会を例に挙げると、ポジティブな理想(チャンス、法の規範、公平性への信頼)と、あまりポジティブとは言えない理想(非現実的な体型のイメージ、早期成功への執着、ステイタスを重んじる物欲主義)の両方を促す社会だ。人々が気づいているかどうかはともかく、そうした基準と期待は人の選択や態度に途方もなく大きな影響をおよぼしている。たいていの人がある程度はそれを察しているものの、その影響がどれほど蔓延しているかについては、気づいていない場合が多い。

視聴率調査会社〈ニールセン〉によれば、アメリカ人は毎日11時間近くを、テレビ鑑賞、ネットサーフィン、携帯電話のアプリ利用、ラジオ視聴、さまざまなデバイスでの読書に費やしているという。そう、つまり毎日の半分近くだ。そうしたものすべてが、なにを信じ、どう行動し、どう見るべきかについての社会的メッセージを伝えるパイプとなる。

もちろん、それを意識的に拒否し、自分なりの道を歩んで自分なりの関心を追おうとする人もいる。だがたいていの人にとって、この遍在する社会的プレッシャーは、驚くほど強力だ。それがわたしたちの期待、希望、夢、そして自己イメージに影響を与えている。わたしたちの自我そのものを、かたちづくってしまうのだ。

## マスメディアからの油断ならない社会的プレッシャー

もっとも蔓延している油断ならない社会的プレッシャーは、おそらくマスメディアからのものだろう──新聞、雑誌、書籍、ラジオ、ビデオゲーム、映画、そしてテレビ。影響力を増大しつづけるソーシャルメディアへの批判がようやく集まるようになったとは言え、メディアの中ではやはりテレビがいまでも幼い子どもと彼らの社会的発達により大きな影響を与えている。

テレビは双方向のやりとりをしないので──言われるものをそのまま受け入れ、それに反論したり議論したりすることはできない（画面に向かってわめくのはべつとして）──認知力の発達に非常に大きな影響をおよぼすのだ。平均的なアメリカの高校生は、学校の授業を受けていたり友人と交流したりする時間より、ただ受け身となってテレビをながめている時間の方が多い[12]。0歳から2歳までの幼児ですら、一日平均1時間半ほどテレビを見ている。アメリカでは平均してテレビが一家に2台あり、40パーセント近くの家庭が3台以上所有している。

マスメディアは――流れてくる内容をこちらが選択し、受け入れるので――比較的無害なものに思えるかもしれないが、世界で起きていることについて、どう知るべきかを指示する力を持っている。人との適切なかかわり方や、なるべき人間の姿を示しているのだ。人の意見やあこがれの対象に強烈なインパクトを与える可能性があり、人に社会的リアリティの構築を促すのである。

さらに言えば、マスメディアは「既存の価値観と考え方を強め、基準と価値観の源となることで」、彼らなりの社会化を提供する。ケーブルテレビのニュースや深夜のコメディ番組を観れば、どの価値観が善とされ、どれが悪とされているのか、だれでも即座に見てとることができる。人が取り入れる情報の大半は、いまや個人的な経験ではなく、メディアで見たり読んだりしたものにもとづくようになった。

今日メディアは、どこかのグループの規範に合わせるよう、わたしたちの背中を強く押してくる。たとえば〈フォックス・ニュース〉を好む保守派は、自分たちの社会的アイデンティティを〈MSNBC〉のリベラルな規範や姿勢と照らし合わせることで自尊心を高めようとする。

メディアは視聴者に自身の社会的アイデンティティを発達、維持させるための機会を数多く提供する存在だ。わたしたちはメディアを利用して、内集団と外集団を学ぶ。たとえば青少年はドラマを観ることで、だれかにモーションをかけたり、恋愛関係をはじめたり終わらせたりする方法、あるいは適切なユーモア等の社会レッスンを学ぶことが多い。メディアはユーザーに、心理学者が「社会的アイデンティティの充足感」と呼ぶものを提供する。

しかしメディアは、異性にアプローチするコツや無難なジョークの範囲だけを伝えているわけではない。典型的な役割や行動を通じて、またはマイノリティを過小に、もしくは過剰に表現することを通じて、文化的、人種的、ジェンダー的偏見も差しだしている。メディアが差しだす内容にくり返しさらされていると、視聴者はメディアが描写するものを現実として受け入れるようになってしまう。テレビを見てばかりいる人は、そのうち現実社会はテレビの世界と似たようなものだと信じてしまうことがある。メディアにどっぷり浸かっていると、そんな信念が構築されていくのだ。

たとえばテレビを見てばかりいると、10人にひとりの男性が法執行機関ではたらいていると信じる人が出てくる。じっさいは100人にひとりだというのに。メディアがほっそり体型の女性を映しだすために、女性たちはそういう体型が理想的であり、それがふつうで、人からそうなるよう期待され、それこそが魅力の基準だと思いこまされてしまう。研究者たちは、とりわけ人種、民族、そしてジェンダーのステレオタイプが構築されることを心配している。暴力にたいする姿勢もしかりだ。

一方で、メディアは自分とは異なる集団に親しませることで、ステレオタイプや先入観を克服するポジティブな学習機会を提供する、という研究結果もある。たとえば公民権運動が盛んだった時代、『アイ・スパイ』や『ジュリア』といった人気テレビドラマに黒人俳優が主演したことにより、人種的偏見が大きく改善された。2000年代はじめ、ゲイの人たちを受け入れる動きは、ゲイやレズビアンのスターが主演した『エレン』や『ふたりは友達？ ウィル＆グレイス』といったドラマで大きく前進している。

過去4分の3世紀にわたって影響をおよぼしてきたマスメディアに、いまはソーシャルメディアが加わり、遍在するようになった。ソーシャルメディアは、新たな比較文化を急速に発展させてきた——一種のマス・セルフメディアだ。そこでは世界各地の人々が、できうるかぎり最高の自分を演出し、提示しようとする。そうやって理想化した自身の姿は現実からかけ離れていることが多いのだが、それが狭くなる一方の価値観を満たし、メディアがこれでもかとばかりに放ってくる社会規範と姿勢と信念に追加されてしまう。しかもわたしたちがそれらを消費する頻度と量は増加する一方だ。

## マスメディアとソーシャルメディアが押しつける規範と期待

そうしたことすべてが、遅咲きの人とどう関係するのか？

遅咲き組にとって、マスメディアとソーシャルメディアが押しつけてくる基準と期待の大半が有害だ。たとえメディアの影響は受けない人がいるにしても――たとえばテレビを持っていないとか――人に直接影響を与える規範がメディアによって変更されてきた社会に暮らしている点は変わらない。そのため、成功をどう定義するか、どのタイプのキャリアもしくは人間関係が望ましいか、さらには受け入れられるか、そしていつ人生の節目を迎えるべきかといったことが、メディアに影響されてしまうのだ。

それに歩調を合わせずにいると、支配的な社会文化の中で自信を喪失したり、自己嫌悪を覚えたりしかねない。そうなれば、自分は社会になじめない人間なのだと感じてしまう。たとえば20歳で性体験がない人は、友人や仲間に後ろ暗さを感じるはめになる。自分のキャリアを見きわめるまで片手間仕事をしている25歳の遅咲きの人は、負け犬の気分を味わわされる。人よりのんびりしていたり、人とはちがう道を歩もうとしたりすると、人間としての価値が疑問視されてしまうのだ。

今日のメディアは、若くして成功した者を過剰なまでにもてはやし、人々に絶大な影響をおよぼしている。このような社会の暗黒面について、フランスの心理学者アドルフ・ケトレーがこう述べたことは有名だ。「社会が犯罪を用意し、犯罪者はそれを実行するための道具にすぎない」

マスメディアはわたしたちに、体型を、性生活を、結婚を、家を、車を、家族を、そしてコミュニティを、テレビが提供する獲得不可能な完璧版と比較させようとする。ソーシャルメディアは、自身の平凡さ、もしくは退屈な現実を、すばらしく完璧に演出された他人——ただし知っている人！——と比較させようとする。回復中の依存症患者にはこんな便利な言いまわしがある——自分の中身と他人の外見を比較するべからず。

いいアドバイスだ。しかしソーシャルメディアにおいてそれにしたがうのは、ほぼ不可能だろう。

なぜか？　わたしたちには自由な意志があるはずでは？

人は、同調しろというプレッシャーに抗いきれず、自分の意見を持ちづらくなるものなのだ。その理由を理解するために、社会学者が社会規範と呼ぶものについて考えてみよう。

## 社会規範の暗黙の影響力

社会規範とは、社会において法的権限を持たない暗黙のルールだ。どの社会でも、規範が大きな社会的統制力を発揮し、人の振る舞いを規制する助けとなる。言語から社会的交流、料理法、愛、セックス、結婚、先入観、そして物質的な期待までと、ありとあらゆるものの基盤となる。

たとえば高齢者のためにドアを開けるとか、障害者に席を譲るとか、ごく自然に見える行動の根底に、社会規範がある。音楽、本、支持する政党等、個人的な好みに影響を与えることもある。じっさい社会規範なしに人間社会が機能するとは思えない。行動の指針として、あるいは社会的人間関係に秩序と予測可能性を与えるため、他者の行動を理解するため、社会規範は必要だ。

研究者が「社会規範的影響」と呼ぶ力がある。これは、人はなにかに同調しがちだという、ほぼ普遍的な人類の特徴を説明するものだ。

社会規範的影響の途方もない力は、まさしく、受け入れられたいという人間の欲求に端を発する。人類はけっきょくのところ、集団に属したい、受け入れられたい、強力な社会的絆を持ちたい、という強い欲求を持つ社会的な生き物なのだ。だから家族、属するコミュニティ、そしてより広い社会にいる人たちと同じように行動し、考えがちになる。

社会規範的影響がどれほど強力なものなのか、少し考えてみよう。

ある心理学研究への参加を要請されたと想像してみてほしい。指定された日、あなたと

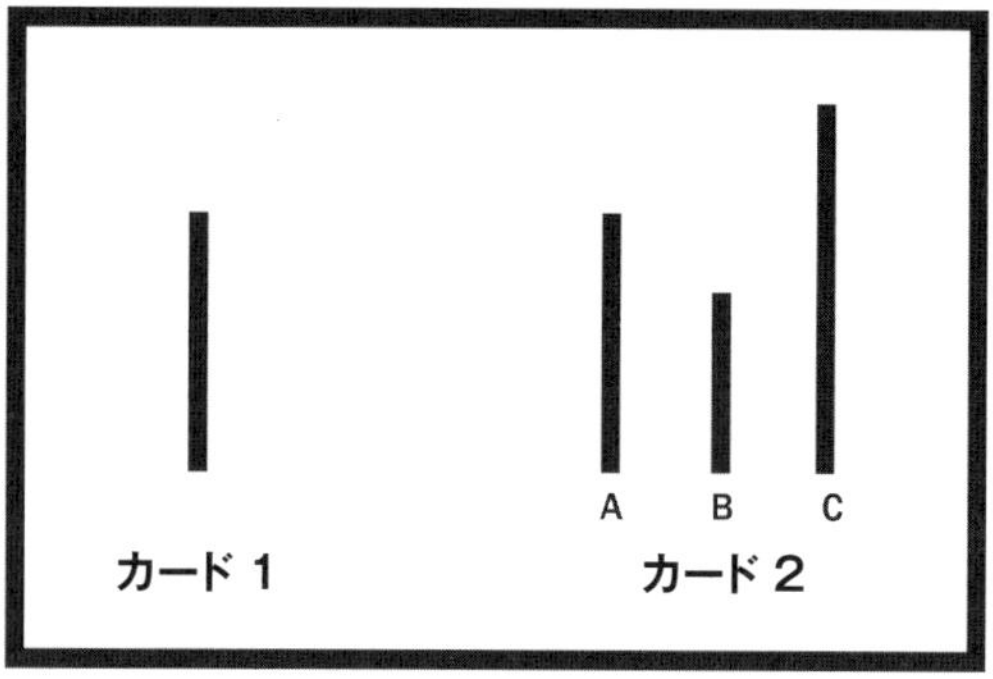


他の7名の被験者が会場に到着する。小さな部屋で、全員がテーブル席に着く。

研究員がやって来て、今日の調査は人間の視覚的判断を調べるためのものだと告げる。研究員があなた方の前に2枚のカードを置く。左側のカードには垂直線が1本引かれている。右側のカードには、長さがまちまちの線が3本引かれている。合わせると、つぎの絵のようになる。

つぎに研究員が、あなたたち一人ひとりに、右側のカードの中から左側のカードの線の長さと一致するものを選ぶよう指示する。あなたは知らないことだが、じつは他の被験者は研究員と口裏を合わせている。つまり、サクラだ。彼らの行動はあらかじめ決められていて、ほんとうの研究対象はあなただけなのである。

このタスクが、さまざまなカードを使って何度かくり返される。うち何度か、あなたが答える前に、他の被験者全員があきらかにまちがった線を選ぶ。さて、あなたは大多数の意見に合わせるだろうか？　それとも、自分自身の判断を信用する？

その答えには驚くかもしれない。

社会心理学者ソロモン・アッシュが、いまや古典的となったこの実験を考案したのは、1951年のことだった。被験者がまちがった回答に合わせたら、それは集団的なプレッシャーのせいであることはあきらかだ。アッシュはスワースモア大学の学生50名にこの実験を行い、1室につき5人から7人の偽の「被験者」の中に彼らを入れてみた。全体で18回の実験が行われ、偽の被験者は、そのうち12回まちがった回答を行った。

その結果には、アッシュですら驚いたという。「まちがった回答」が行われた12回について、75パーセントの被験者がやはりまちがった回答をして、少なくとも一度は多数派に同調したのである。

あきらかにまちがった回答にもかかわらず、なぜ彼らはすんなり同調したのだろうか？被験者にインタビューしてみたところ、数人は、グループの回答がじっさい正しいと思ったからだと答えた。しかし大半は、まちがった回答だと思いながらも、「変人」と思われるのが怖くて他のみんなに合わせたことを認めた。彼らは受け入れられることを求め、否認されることを避けたのだ。その後の実験でも、アッシュの実験以上に高い同調率——80パーセント——が出ている。

これこそが、社会規範的影響の力だ。

## 自覚できない強力な影響力

研究者たちはつぎに、社会規範が自身の行動に影響をおよぼしていることをどれくらい本人が自覚しているかを調べることにした。おもしろくもないジョークに笑うとき、グループへの連帯を示すためにあきらかにまちがった回答をするとき、ハンバーガーが大好きなのに完全菜食主義こそが正しい食習慣だと決めつけるとき、人はその行動のどの程度が社会的な影響によるもので、どの程度が自分自身の選択——自分の自由意志——によるものだと認識しているのだろうか?

何度調査がくり返されても、なぜ自分がこうもすんなり同調してしまうのか、大半の人が自覚していないという結果が出るばかりだった。人がエコロジー——エネルギーを保存し、リサイクルを増やす——に熱心になるのは、なにより社会規範の影響によるものだ。瓶をリサイクルに出すのは、隣人がそうしているから。

しかし同じ実験で、被験者自身は、自分が行動を変えた大きな理由は社会規範の影響ではないと回答している。規範的なメッセージにより、ホテルでのタオル再利用率は30パーセント近く上がり、大学生の深酒が減っているにもかかわらず。

何十という数の研究から、社会規範的影響の力があきらかになっている。社会規範的影響は、説得力という強力なてこなのだ。それでも人は、一貫してそれを認めようとしない、もしくはそれに気づかない。たいていの人にとって、自分の行動のほんとうの理由は、自覚できないものなのだ。

心理学教授のロバート・チャルディーニは、「社会規範的影響がこれほど普遍的で強力なものであるにもかかわらず、自分がなにかの行動を起こした理由を客観的に解釈する際に、その強い影響力にほぼ気づかないことには驚くばかりだ」と述べている。

それこそが、社会規範的影響をここまで強力にしている原因だ――そしておそらくは、人生の遅い時期に花を咲かせようとするわたしたちの試みに、対抗する力でもある。それは、目にすることも感じることもできない力であり、わたしたちが信じたいとも思わない力だ。それでも、その力は人の行動、選択、そして意見のほぼすべてに影響を与えている。

社会規範は、自分自身にたいする期待に大きな影響をおよぼし、学び、成長し、達成し、業績を上げるための道はひとつしかない、と多くの者に思いこませてしまう。そして今日、それは若くして成功することを意味する。心理学者はこれを、「規範的思考」と呼ぶ。

## 他の人たちの行動を観察して見本にする、規範的思考の難点

規範的思考は、同じ社会グループの標準的なメンバーとされる人が選ぶ進路が正しい、という信念を生む。もちろん、それにはいい面もある。人生は複雑だ。人生を通じて遭遇する複雑な状況の舵取りをするためにも、他の人たちの行動を観察し、それを見本にする方が簡単なことは多い。

しかし規範的思考が困難を生むこともある。多くの人が、自分の人生には決まった道順があると思いたがるが、人の成長――肉体的、認知的、倫理的、そして職業的――に、唯一の「正しい」道順などないというのが現実だ。そこから、規範的思考のあきらかな難点が浮き彫りになる。

まずは、規範的思考が人を収入、階級、人種、宗教、ジェンダー、そして教育をもとに分け隔てる非公式の社会的障壁をつくる点だ。この障壁は、仲間外れにされたくない、という人間としての当たり前の恐怖に訴えかける。

「正しい」社会グループ内で心穏やかにいるためには、正しい合図やシグナルを理解し、適切な人と知り合いになり、同じ信念を持つ必要がある。さもないと、こんなメッセージを受け取ってしまう――〝あなたはわたしたちの仲間ではない、あなたはここにはふさわ

しくない〟

ふたつ目は、規範的思考が、永遠に――そして破壊的に――比較をくり返す点だ。人は人生の展開を、標準とおぼしきものに照らし合わせ、比較する。それが自分自身のためであれ、子どもたちのためであれ、人は成長と成功を標準的な道しるべをもとに測定しようとする。たとえば歩きはじめる年齢、字が読めるようになる年齢、成績、テスト、卒業、大学合格、はじめての給料、正しいキャリア、結婚、はじめて購入する家、という道しるべだ。人は自分と親を比較する――40歳のとき、親はなにをしていた？　50歳のときは？　友人やきょうだいとも比較する。自分の子どもを友人の子どもと比較する。道しるべに合っていないと、不安になる。うちの子どもは発達が遅い？　わたしは落伍者？　標準から逸脱していると、人はなにか深刻な問題があるのではないかと恐れおののくのだ。

これは自滅的なプロセスである。人生のあらゆる面において、ポジティブな結果に到達するためには、同じくらい有効な道筋が数多くあるものだ。音楽の世界では、ハードロック歌手であれ、カントリー歌手であれ、ラッパーであれ、オペラの歌姫であれ、成功例はさまざまある。スポーツの世界でも、小柄なサッカー選手も、ＮＢＡの大男も変わらない。

しかしたいていの場合、成功へとつづくさまざまな進路を見つけるのは、それほど容易なことではない。

〈グーグル〉に新卒入社するにはどうしたらいいのだろう？　雇用主に、いったん退職して子育てに専念した経験がマネージャーとして活かせることを、どうやって説明したらいいの？　アパートメントに投資する最良の方法は？

人はそんなふうに頭を混乱させた結果、しかたなく標準にしたがい、他のみんなと同じ道を歩もうとする。しかし遅咲き組の問題はここだ——その道は、先に出発した早咲き組ですでに渋滞している！　わたしたち遅咲き組が到達するころには、機会へと通じる進路は閉ざされている。いつものことながら、また遅れてしまった！　そうなると、社会から疎外されているように——恥ずかしさすら——感じてしまう。

## 規範から外れると生理的にネガティブな影響が出る

人は社会的な動物だ。それが、人類という種の唯一かつもっとも重要な文化的側面である。人のアイデンティティは、社会の中でつながり、どこかに所属することが基盤となってかたちづくられる。進化的な意味で、わたしたちは「人々」というひとつの種なのである。マーガレット・ミードの伝記作家ジェーン・ハワードが書いているように、「氏族であれ、ネットワークであれ、部族であれ、家族であれ——あなたがそれをどう呼ぼうが、あなたがだれだろうが、どれかひとつが必要なのだ」。

科学者グレゴリー・バーンズとエモリー大学の彼の研究チームは、集団同調を神経科学的に解明するために、もっとも影響力の大きな研究を行っている。規範から外れると生理的にどう影響するのかを、被験者の脳をｆＭＲＩでスキャンすることで調べたのだ。研究者たちは、グループの大多数に同調するよう圧力をかけられたときの脳の活動に注目した。

その結果、被験者が大多数の影響を断ち切ろうとしたとき、ネガティブな感情にかかわる扁桃体が活性化することがわかった。言い換えれば、社会規範的影響に抵抗すると——大多数の意見があきらかにまちがっているときですら——生理的にネガティブな結果に導かれる可能性があるということだ。べつの見方をすれば、人はグループの意見に同調するよう、認知的に固定されていることになる。その意見がどんなにまちがっていようとも。

所属するグループに背を向けた人にたいする強烈な嫌悪感に匹敵するものなど、ほとんどないも同然だ。そういう人は、裏切り者、反逆者、脱党者、などと呼ばれる。今日のアメリカ政治において、ほんとうの意味で悪意に満ちた闘いがくり広げられているのは、共和党と民主党のあいだではない。党内における標準的で正しい思考を巡って、共和党と民主党、それぞれの党内でくり広げられていることの方が多いのだ。

なにが標準かという考えは、暴君や独裁者を焚きつけることがある。これまであらゆる文化と社会グループが、反対者にたいする罰を考えてきた。肩をすくめたり、あきれたように目玉をぐるりとまわして天を仰いだりといったしぐさですむこともあれば、軽蔑的な言葉を口にしたり、肉体的に痛めつけたり、さらには投獄したり死にいたらしめたりすることすらある。いちばんよくある罰は、村八分だろう――同調しないことを倒錯と呼び、個性を奇異と呼び、独自性を逸脱した態度と呼ぶことで。

これが、文化の秘めた強い支配力だ。社会規範的影響、規範的思考、文化的認識を通じて要求されたことに同調せよ、という圧力なのである。

では、人とは異なる才能を与えられた者や、自分なりの発達スケジュールで機能している人たち――つまりわたしたち遅咲き組――は、どうしたらいいのだろう? 好奇心と独創力、探究心にあふれる者は、どうしたら支配的な文化のベルトコンベアから飛び降りて、自分たちの宿命づくりに着手することができるのか?

その答えを見つけるためにも、この先を読み進めてほしい。

# 第6章
# 遅咲き組は「やめること」を選べ！

## 後悔するような人生に別れを告げて「やめること」

やめよう。

そう、やめてしまえばいい。

前章の最後にこう書いた。「好奇心と独創力、探究心にあふれる者は、どうしたら支配的な文化のベルトコンベアから飛び降りて、自分たちの宿命づくりに着手することができるのか?」

その答えは、やめることだ。いまいる進路から降りる。うんざりするような仕事を辞める。いやでたまらないクラスを辞める。助けになるどころかこちらを傷つけるような友人や知り合いとの関係を絶つ。後悔するような人生に別れを告げる。

前章で見たように、わたしたちの文化と社会規範は、正しい思考とはなにか、容認される姿勢とはどういうものかについて、強力な暗黙のルールをつくり上げている。そして自身が所属する社会の文化や規範に異を唱えるのは、簡単なことではない。

それでもわたしたち遅咲き組は、一歩進んでそうするしかない。なぜか? 遅咲きの人は、いまの文化と社会規範にあまりもてなされてこなかったからである。いまの時代の暗黙のルールは、早咲き組をえこひいきしている。

なにかから手を引くこと、つまり退却することを、わたしたちの文化はどう捉えているか。それについてはつぎのような不文律がある。〝やめるのは、批判に耐えられず、ストレスに耐えられないからだ。あなたには不屈の精神が欠けている。意欲が欠けている。やめる者が勝つことはないし、勝つ者はぜったいに退却しない、ここでやめるなら一生成功しない〟

わたしたちの文化は、なにかを堅持する、あらゆる困難を乗り越えてやり抜く、ハンディキャップを克服する、そしてなによりぜったいやめずにいることが成功の秘訣だ、という考えを、これでもかとばかりに叩きこもうとする。もちろん、根気は疑いの余地なく美徳だ。粘りに粘って最後に成功を勝ち取った人の話は、数え切れないほど聞かされてきた。成功と幸福を手にしたいなら粘り強くあれという考えは、大衆本だけでなく科学的な文章の中にも深く浸透している。成功したいなら、身を粉にしてはたらかなければならない。犠牲も、苦悩ですら、いとわない。揺るぎない決意がなければならないのだ。

意欲を褒めそやし、粘り強さを美化する書籍は多い。例を挙げれば、ジャーナリストのチャールズ・デュヒッグによる『習慣の力』、元海軍特殊部隊員ジョッコ・ウィリンク著の『*Discipline Equals Freedom*（鍛錬すなわち自由）』、ケリー・マクゴニガル著の『スタンフォードの自分を変える教室』、ウィリアム・H・マクレイヴン著の『*Make Your*

*Bed*（自分のベッドを整える）』、そして広く人気を博したジョーダン・ピーターソン著の『*12Rules for Life*（12の人生ルール）』等々。こうした作品がそれぞれの文章で、規律、不屈の精神、決意のすばらしさを称賛している。

彼らの理論の多くは、たしかにある種の状況では有効だ。しかし頑張りや決意にたいする今日の褒めちぎり方は、成功するための例の方法そのものである。

粘り強さがすこぶる有効であることは言うまでもない。サミュエル・ジョンソンの明言にあるように、「大偉業を成し遂げさせるもの、それは体力ではなく耐久力である」。そして本書の後半で説明するように、粘り強さは遅咲き組の武器でもある。忍耐と目的意識とともに適切に応用すれば、宝となる資質だ。しかし不屈の決意にたいする現代の強迫観念は、度を超している。

## 粘り強さが成功につながるとはかぎらない

粘り強さが成功につながることが多いのはたしかだが、そうとはかぎらない場合もある。やめる方が正しいこともあるのだ。じっさい、理由さえ正しければ、あきらめたからこそ大きく成功する例もある。ダニエル・J・ブラウンが国際的なベストセラーとなった『ヒトラーのオリンピックに挑め』でブレイクしたのは、60代に入ってからだった。若いころの彼は、どの進路を取るのかについて、むずかしい決断をいくつか下さなければならなかった——彼にとって、いちばん身近でいちばん大切に思う人たちを動揺させるような決断だ。

ブラウンにとって最初の大きな退却は、高校だった。本人がこんなふうに説明している。

17歳になる前から、わたしは不安神経症を抱えていた。学校でよくパニック発作を起こしたので、学校に行くのが不安でたまらなかった。当時は、不安神経症についてあまり理解が進んでいなかった。頑張って克服するものとされていた。だから何年も苦しむはめになった。じつに惨めだった。そして、あの日がめぐって来たのだ。当時のわたしは高校2年生で、生物実験室にいた。なにが原因でそうなったのかは覚えていないが、とにかく不安に飲みこまれてしまったのだ。

問題は学業ではなかった。学校での人間関係や、周囲になじめるかどうかの問題だった。わたしは席を立って学校の前の道を横切り、愛車の1963年型シボレー・インパラに乗りこむと、そのまま家まで運転して帰った。そして母に、もう学校へは二度と戻らない、と告げたのだ。大騒ぎになった。母はひどく動揺した。怒っていたわけではなく、とにかく動揺していた。帰宅した父にそのことを告げると、父はあ然としていた。しかしわたしは、自分の人生は自分で決めると決意していた。

なにをすべきかはわからなかった。とにかく、このままがまんしつづけるのは無理だということだけはわかっていた。ありがたいことに母も同じ気持ちで、学校に事情を説明してくれた。学校側は、わたしのために通信教育課程を組んでくれた。1日8時間、カリフォルニア大学バークレー校の図書館で過ごせば、その課程を履修できるという。そこで習得した単位は高校の履修単位として認められたので、最終的には高校の卒業証書を手にすることができた。それはわたしの人生にとってとてつもなく大きな変化だった。毎日のようにカリフォルニア大学のキャンパスに通い、図書館に通うことになったのだから。通信教育の講座はさほどむずかしいものではなかった。たいてい2時間もあれば終えることができた。しかし大学のキャンパスで世界じゅうから集められた蔵書に囲まれていたことが、わたしの人生を変えるきっかけとなった。

ダニエル・J・ブラウンは意気地なしだったのだろうか？　彼にはガッツが足りなかったのか？　野心が欠けていたのか？　高校で粘り通すべきだったのか？　仲間外れにされ、惨めさに浸り、おそらくは精神的に破綻をきたす運命にあったというのに？

わたしは、若きブラウンにとって、学校を辞めるのが考えうる最良の選択だったと思う。

親を含めた他人からの期待を拒絶することで、彼ははるかに健全な人生に軌道修正することができたのだ。

そのあとブラウンは、またべつのものから退却することになり、その際、父親の期待を大きく裏切らなければならなかった。

わたしの兄は空軍大尉だった。そのあと法科大学院に進み、法学教授になった。一方、わたしはサンノゼ州立大学で作文を教えるパートタイム講師をしていた――かろうじて家賃を払えるくらいの収入だ。そのとき、父が亡くなった。死に際に、こんなふうに思っていたことだろう。〝はたしてダニエルはいっぱしの人物になれるのだろうか?〟 父が人をそんなふうに評価する人物だったというわけではない。そういう人ではなかった。それでもわたしは父に、結婚して孫の顔を見せることもできなかったし、そこそこ成功した姿を見せることもできず、情けなかった。

父は世界大恐慌のために法科大学院を中退せざるをえなかった人だ。兄のリックがそのことにプレッシャーを感じていたかどうかはわからないが、同じ道を歩むことで父に認めてもらえることはわかっていたと思う。わたしも同じ道に進もうとした――法科大学院に進み、父に認められたいと思ったのだ。その出発点も、まちがいだった。

法科大学院への入学を申請し、計3日ほどは通ったが、そのとたんに、高校を退学する原因となった不安神経症が舞い戻ってしまった。3日通っただけで、ここは自分の居場所ではないと悟ったのだ。

両親に電話をかけ、そのことを告げた。当時わたしは26歳になっていた。ふたりをがっかりさせる知らせがあるんだ、と切りだした。法科大学院に通うために引っ越しまでしていたというのに。わたしはこう言った。「もう辞める。これは自分のしたいことじゃない」

いやな気分だった。それでもあとになって、自分は正しいことをしたと気づいた。ひとつの道を歩みはじめてすぐに、ちがう、これは正しい道ではない、と（気づいたのだ）。他の道を見つけよう、と。

正直に言うが、解放感はなかった。心のどこかで罪悪感を覚えていた。「ワオ、おまえ、また途中でやめるのか……」こんなふうに思った。「なんてことだ。ぼくはまたやめようとしている。こんなことをして、父さんにどう思われるだろう？」

逆境の予兆がするたびに投げだすような連続退却魔になりたがる人などいない。しかしなにかをやめても人にほとんど気づかれずにすむこともあるし、遅咲き組にはとりわけ退却が有効なこともある。大成功をおさめたティーンエイジャー、すなわち究極の神童がもてはやされる昨今、途中であきらめるという考えは、無視されるか文化的に御法度だとされてきた。しかしやめるという選択は、わたしたち遅咲き組にとって、ビジネスに、革新に、人生のほぼすべてに、賢く適用できる戦略なのだ。それによって、解放感を味わえるだけではない。目的ある退却は、ひとっ飛びに目標に到達する方法にもなりえるのである。

## 強い決意についての、3つの不都合な真実

いまの文化は強い決意というものを熱烈に支持しているとはいえ、辛抱強さがじっさい裏目に出る状況もある。あきらめようとしない強い決意について、研究により3つの不都合な真実が指摘されているのだ。（1）頑張り、もしくは意欲には限界がある。（2）退却が健全な場合もある。（3）しぶとく粘るより退却する方がいい結果を生むことが多い。

まず第1の問題は、本心から信じていないものにひたむきな決意を向けてしまうと、効率が悪くなることだ。頑張りどころをまちがえると、意欲や粘り強さがほんとうに必要とされたときに充分な頑張りを発揮できなくなってしまう。これは、自我消耗という心理学的概念にもとづいた考えだ。

自我消耗という専門用語が世に広まったのは、１９９０年代、社会心理学のパイオニア、

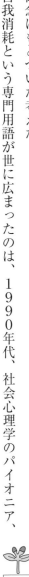

ロイ・F・バウマイスターが一連の実験を行ったときで、その結果は甚大な影響をおよぼした。1996年、ケース・ウエスタン・リザーブ大学での元同僚、エレン・ブラーツラフスキー、マーク・ムラヴェン、ダイアン・タイスとともに、バウマイスターはおいしい食べ物をがまんさせることが被験者の意志の力にどう影響するのかを調べるべく実験を行った。

実験をはじめるに当たり、バウマイスターは被験者を焼きたてのチョコレートクッキーが香る部屋に集めた。そのあと被験者にほんもののクッキーやチョコレート菓子を見せた。被験者の一部は、その甘いスナック菓子を食べることが許された。しかし残りの被験者は、菓子ではなく生のラディッシュを食べさせられた。後者の被験者が、意志力と決意を試される対象だ。

クッキーかと思いきやラディッシュを食べさせられた被験者は、あまりうれしくなかったことだろう。バウマイスターが書いているように、ラディッシュを食べた被験者は「チョコレート菓子にあきらかな関心を見せた。並べられたチョコレートを物欲しそうにながめ、クッキーを手にとって香りをかぐ者もいたくらいだ」という。

全員が割り当てられた軽食を食べ終えたあと、バウマイスターはすべての被験者の忍耐力を測るためにパズル問題を出した。クッキーをお預けにされたことで意志力をさんざん試された被験者は、パズルを解くための忍耐力をどれくらい発揮できるのだろう?

注目の結果が出た。ラディッシュだけを食べさせられた被験者は、チョコレート菓子を食べることを許された被験者と(そしてパズルを解く段階だけに参加した対照グループと)比べて、半分以下の時間しかパズル解きに専念できなかった。どうやら甘い菓子をがまんせざるをえなかった被験者は、忍耐力を必要とする2番目のタスクにたいする意志力をもはや奮い起こせなかったようだ。

彼らの意志力は切れてしまった。決意を使い果たしてしまったのだ。

バウマイスターの研究により、自制心——それと似た意志力、決意、忍耐力など——は消耗する可能性があることがわかった。決意は、習得すべき技能、もしくは発達すべき習慣というだけのものではない。筋肉を使いすぎると怪我にいたるのと同じように、不屈の精神は人を疲労させ、頓挫させせかねないのだ。人の決意には「驚くほど限界があるようだ」とバウマイスターは書いている。彼はこの有名な実験結果を、意志力は「希有で貴重な資源」だとしてまとめている。自我消耗は、「人の自制能力を潜在的にかなり制約する」ものだという。

かぎりある資源の消耗の度合いで自制心が効くかどうかが決まるという考えは、1920年代というはるか昔から、ジークムント・フロイトが予測していた。フロイトは、エゴ（制御された自身）は、イド（本能的な自身）とスーパーエゴ（文化的規則の内面化）の衝動に抵抗するため、精神的もしくは心理的エネルギーをなんらかのかたちで必要とすると考えた。フロイトはこの関係を描写するために、馬と騎手をたとえにした。騎手（エゴ）がたいてい舵取り役だが、騎手もときおり馬（イドとスーパーエゴ）が自分の行きたい方向に行こうとするのを止められなくなる。この認識が、バウマイスターの発見の土台となっていた。騎手が疲れれば、馬が主導権を握るのだ。

## 度を超えた粘りで疲労困憊し、病気になることも

コーチとしてすばらしいキャリアを築いたビル・バウワーマンの物語から、人の決意の限界にかんする重要点が見えてくる。人は度を超えて粘ると、疲労困憊し、病気になることすらあるのだ。バウワーマンは１９５０年代から１９７０年代にかけて、オレゴン大学の陸上コーチを務めた人物だ。シューズとアパレルの巨大メーカー〈ナイキ〉の共同創業者でもある。バウワーマンの伝記にはこう書かれている。「キャリアを通じて、彼は31名のオリンピック選手、51名の全米代表選手、12名の全米記録保持者、22名のＮＣＡＡチャンピオン、そして１マイルを４分以内で走る選手16名を育て上げた」。伝説のランナー、スティーブ・プリフォンテーンもそのうちのひとりだった。

彼が中距離、長距離走選手をみごとに育て上げたこと自体、驚異的だ。と言うのも、ビル・バウワーマン自身は、中長距離走の知識を直接的な体験から得ていたわけではなかったからだ。彼は大学時代、アメフトと短距離走の選手だった。スポーツの世界では、肉体的にも精神的にも、筋肉質で攻撃的なアメフトのスプリンター・タイプ（筋肉を速収縮させるアスリート）と、がりがりに痩せた無表情の中長距離走の選手（筋肉を緩徐収縮させるアスリート）以上に異なるものはないだろう。つまりバウワーマンは、自分とは肉体的にも精神的にも正反対の、やせ細った禁欲主義的な選手の指導で足跡を残したのである。

1962年にニュージーランドに旅したとき、彼は独学の遅咲きコーチ、アーサー・リディアードと出会った。リディアードは、中距離走のかなり型破りなトレーニング法を開発した人物である。厳しいインターバルトレーニングを毎日行ってこそ成功への足がかりができる、という当時一般的だった考え方に、まっ向から挑戦状を叩きつけたのだ。

インターバルトレーニングでは、トラックで400メートルを全力疾走したあと2分間の休憩を取り、そのあとふたたび400メートルを全力疾走していた――これを10回から12回くり返すのだ。即効性のあるトレーニング法ではあるものの、リディアードは、それだと数か月後には選手の成長が頭打ちになることに気づいた。選手をそのスランプから抜けださせるためには、インターバルトレーニングの強度をさらに上げるのが一般的だったが、それが効果的な選手も何人かいる一方、ほとんどは怪我をするか病気になって終わりだった。

リディアードは、その原因は低い血中pH値ではないかと考えた。厳しいインターバルトレーニングを毎日つづけると、選手の体内に乳酸が溜まる。そのために選手の血中pH値と免疫力が下がってしまうのだ。インターバルトレーニングに没頭していた選手は、日々のトレーニングで疲労困憊しながらも、夜ぐっすり眠れなくなっていた。リディアードはそこに気づいたのである。

驚くべきは、リディアードがコーチとしても科学者としても、正式な訓練を受けていなかった点だ。彼は実験し、観察し、メモを取り、脈を取り、傾向を確認し、調整しただけだった。どこかの組織からそのために報酬を得ていたわけではない。当初、素人コーチとして活動するため、彼は牛乳配達の仕事をしていた。

しかしその牛乳配達員が型破りな手法から得た結果は、途方もないものだった。彼はピーター・スネルのような半マイルレースの選手から、バリー・マッギーのようなマラソン選手にいたるまで、あらゆるランナーに数か月にわたり長距離の有酸素トレーニングを行った。目標は、日曜日に20マイル以上走ることも含め、1週間に100マイル走ること。ただし会話が交わせるくらいの、のんびりペースで走ることだった。

有酸素運動という基本を確立したリディアードは、筋力をつけるためのヒルトレーニングと、ヒルトレーニングで溜まった乳酸を流しだして健康的な血中pH値に戻すための軽い長距離走を、日によって交互に行わせた。そして競技シーズンの直前、もしくは最中になると、「仕上げ」として、短距離の全力疾走と強度のインターバルトレーニングを採り入れた。ただしつねに、スピードを求めるトレーニングとゆったりとした軽いランニングとを日替わりで行い、バランスを取った。

その手法がみごとに成果を上げたのである。1960年に開催されたローマオリンピックで、彼の選手が800メートル走と5000メートル走で優勝し、マラソンでは2位に食いこんだのだ。1960年には人口240万人だったニュージーランドが、その後20年間にわたって陸上界の男子中長距離走を支配することになった。いや、支配したのは、元牛乳配達員のアーサー・リディアードだったと言うべきか。

アメリカのビル・バウワーマンは、リディアードの成功に愕然とし、メモをいっぱいに取ったノートを手にアメリカに帰国した。

バウワーマンの伝記作家ケニー・ムーアはこう指摘する。「バウワーマンは、指導しているオレゴンのランナーたちに、練習を終えるときには『へとへとに疲れているのではなく、生き生きしている』ことを目指すよう、熱心に勧めはじめた……ランナーのフォームを注意深く観察し、彼らののどに手を当てて脈を取ったりしていた。彼らの目をのぞきこんでは、そこがこわばっていたり、曇っていたりすればシャワー室に連れていった。脈が1分間に120まですぐに戻らないランナーがいれば、必ずそうした。やり過ぎるよりは足りないくらいのほうがいい、というのが彼の信条だった」

ムーアによれば、苦痛の信奉者たちに反逆したバウワーマンは、コーチ仲間から好意的には受け止められなかったという。「激しい運動と軽い運動を交互に行う『ハード・イージー』メソッドをはじめて口にしたとき、バウワーマンは鼻であしらわれた。当時、たいていのコーチにとって『やればやるほど成果が上がる』が賛歌だった。バウワーマンが彼らのそんなところをたしなめると——『いいか、いちばん賢く取り組んだ者こそがいちばん進歩するんだぞ』——みんなそれを侮辱と取った。彼のイージー・トレーニングはばかにされ、個人のストレスを調整するなんて甘やかしだと言われた」

## 意志の「筋力」は強化できるという有害な考え方

バウワーマンの話を持ちだしたのは、こう言いたかったからだ——不屈の精神の恩恵に敬意を表するのは、ある程度までにしておくべきである。なぜなら、人はだれでも、精神的にも肉体的にも頑張りが効くのはある程度までとかぎられているからだ。社会規範のせいで、過度に、あるいはまちがった取り組みにその頑張りを発揮すれば、それを使い果たしてしまうだけだ。他人——家族でもコミュニティでも社会でも——の期待に応えるために根気を使えば、意志力の蓄えが消耗してしまう。そうなれば日々疲労困憊しているのに、眠れなくなる。そして強い意志と頑張りがほんとうに必要になったとき、充分な量が残されていないため、新たな進路もしくは真の情熱を追求することができなくなってしまうのだ。

意志の「筋力」は強化できるという昔からよく耳にする考えは、よく言っても誤解を招き、悪く言えば有害だ。それに科学と研究では否定されている。なんにでもジャムを塗りたくるかのように、人生ですることなすことすべてをぽんぽん決意するようなまねはできないのだ。そんなことをしたら、燃え尽きてしまう。もともとしたくなかったことや、自分の情熱や人生の目的に合わないことを無理やりしようとしても、モチベーションとやる気が萎えるだけだ。

ビル・バーネットとデイヴ・エヴァンスは著書『LIFE DESIGN（ライフデザイン）——スタンフォード式 最高の人生設計』の中で、大手法律事務所でパートナーに昇格したばかりのある女性について書いている。それについて、少し考えてみよう。

その女性は大学を抜群の成績——オールAの最優秀学生だった——で卒業し、名門法科大学院に進学した。彼女を雇った大手法律事務所も新人弁護士の採用に当たって考慮に入れる学校だ。ただし彼女が採用されるには、その法科大学院もほぼトップの成績で卒業しなければならなかった。そのあとアソシエイト弁護士として週に80時間以上の労働を少なくとも5年つづけなければ、事務所のパートナーになる資格を手にできなかった。仕事、ストレス、最小限の睡眠時間という日々が何年もつづいた。彼女が好きでしていたことだ、と思いたいところだが、そうではなかった。パートナーに昇格したあと――そこに到達するまでに数々の困難を乗り越えたあと――彼女は疲れ果ててしまった。パートナーという新たな地位と7桁の収入を満喫することもなく、彼女は毎晩、疲労と絶望のうちに泣き疲れて眠るようになった。彼女のガッツの蓄えは空っぽになっていたのだ。

意志力の「貯金」はある程度は引きだすことはできるが、無制限に引きだすことはできない。だから、賢い選択が必要だ。

## 退却が健全で効果的なこともある

不屈の精神を狂信する第2の問題は、退却することでじっさい健全になりえる点だ。人が切望することはたいてい――おもに文化のせいで――達成不可能である。達成できない目標の追求をやめれば、人はより幸せになり、ストレスも減り、病気にかかる割合が低くなることが研究であきらかにされている。そう、退却は、じつはあなたの健康にとっていいことなのだ。

青少年から若者、そして高齢者になるまでを追跡調査する数々の研究で、目標を途中で解消する――退却する――ことが、健康面にポジティブで強力な影響を与えるという結果が出ている。ホルモンのバランスが健全になり、睡眠の質が高まるという結果が出た研究も3つある。逆に退却せずにいると、深い鬱状態、ストレス、感情的な乱れが高まるとされている。そうした症状が、体内の内分泌と免疫システムに作用し、ぜん息のような健康問題を引き起こしたり、病気にかかりやすくしたりする。つまり頑張りも適用場所をまちがえると、病気につながりかねないのだ。

しぶとく粘ることとの第3の問題は、退却がじっさい効果的である場合が多い点だ。わたしのお気に入りの事例は、20世紀末の偉大なCEO、アンディ・グローヴと彼の会社〈インテル〉である。

グローヴは個人的な知り合いだ。彼はこのうえなく気骨のある人だった。ハンガリーでアンドラーシュ・グローフとして生まれた彼は、1956年にソビエトの戦車が民主的抵抗勢力を押しつぶしたあと、有刺鉄線の下をくぐって共産党の支配から脱出した。金もコネもないまま20歳でニューヨークに到着し、ニューヨーク市立大学シティカレッジ（CC

NY、当時授業料が無料だった）のクラスで好成績を残し、奨学金を得てカリフォルニア大学バークレー校で化学工学を学んだ。そしてすぐさま頭角を現し、バークレー校の卒業生で、シリコンバレーの著名な科学技術者ゴードン・ムーアの目に留まり、〈フェアチャイルドセミコンダクター〉社の仕事をオファーされた。

1968年、ムーアと同僚のロバート・ノイスは〈フェアチャイルドセミコンダクター〉を退社し、〈インテル〉を設立した。そのとき3番目の社員として、若きアンディ・グローヴを引き入れたのだ。1970年代を通じて、〈インテル〉はメモリチップの販売で収益の大半と利益のほぼすべてを上げていた。1971年、同社は将来性あふれる新製品マイクロプロセッサを発売した。しかし革新的な商品だったとは言え、1970年代を通じて〈インテル〉の純利益への経済的な貢献は小さかった。メモリチップが〈インテル〉の飯の種だったのである。

ところが1970年代末、日本と韓国の企業がメモリチップ市場に参入し、〈インテル〉の価格を下まわる商品を売りだした。1980年代のはじめには、〈インテル〉は財政危機に陥っていた。そこでグローヴが急進的な解決法を提案した――メモリチップ・ビジネスから撤退し、マイクロプロセッサに未来を賭けるべきだ、と。

熱い議論が交わされた。ロバート・ノイスは、メモリチップ市場からの撤退は負けも同然だと考えた。しかしグローヴは食い下がった。数年後にこう語っている。「ゴードン（・ムーア）にこうたずねたんだ。なあ、だれかがわが社を乗っ取ったら、どうなると思う？新しいオーナーはなにをするだろう？　それにたいしてゴードンはこう答えた。『われわれを追いだして（笑）メモリチップ・ビジネスから撤退するだろうな』」〈インテル〉はまさにその通りのことをした。衰退しつつある無益なビジネスから撤退し、未来に焦点を定めたのだ。

テクノロジー企業を新規に立ち上げたことのある経験豊かな起業家ならだれでも、撤退すべき時を心得るのがいかに重要かを教えてくれるだろう。〈インテル〉のような大成した企業は、年中、プロジェクトや商談から手を引いている。億万長者の起業家リチャード・ブランソンは、連続退却魔だ。期待通りに機能しなかったとして彼が撤退したビジネスを思いだしてみてほしい。〈ヴァージン・コーラ〉、〈ヴァージン・デジタル〉、〈ヴァージン・カーズ〉、〈ヴァージン・ブライズ〉。

シリコンバレーにはひとつのマントラがある――「失敗が多いと成功が早い」。失敗するためには、まずは挑戦しなければならない。そして、さらに頑張らなければならない。しかしある時点で、状況が絶望的だと悟ったら、あるいは時間を、才能を、財産を、もっと有効活用する方法が他に見つかったら、つぎの機会へ移行する。絶望的なタスクから撤退する人間を意気地なし呼ばわりするのは非生産的だ。起業家たちは、それとまったく同じことをして成功しているのだから。同じことを軍の将軍がしたら、戦略的退却もしくは柔軟な戦法として称賛されるだろう。

## 退却に罪悪感を覚え、やめることができない

もちろん、退却するのは簡単なことではない。なかなかむずかしいものだ。途中でなにかをやめるとき、人は罪悪感を覚える。恥ずかしくなる。退却は、文化的期待を乗り越え、社会的プレッシャーを無視することに等しい。根気よく粘ったおかげで成功した話は砲弾のごとく浴びせられる一方、なにかのプロジェクトや、もはや意味のない進路から退却したことにたいするポジティブな話は、ほとんど耳にしない。

若くして成功することに執着する文化の中で、退却は悪者扱いされ、軽蔑され、自尊心を鋭く切りつけるものになってしまった。しかしそんなのはフェアではないどころか、破滅的だ。個性を抑えつけ、文化的規範を強化しようとする社会が、自己発見のもっとも効果的なツールを悪態に変えてしまったようなものだ。最悪の場合、テイラー主義と同じで、こんなメッセージを突きつけてくる——いかなる犠牲を払おうとも、成功へとつづく文化公認のベルトコンベアから降りるな。

文化が退却を阻んでいるというのはかなり現実的な問題だが、その偏見のもとは文化だけではない。惨めな仕事や無益な活動から身を引くことを妨げる認知的な偏見は、じつは万人が持ち合わせているものなのだ。それらの偏見は、ふたつの経済的概念を通じて定義するのがいちばんわかりやすい。「埋没費用の誤謬《ごびゅう》」と「機会費用」である。

「埋没費用」は過去に関連する概念で、生活の中でなにかのプロジェクトもしくは目標にすでに注ぎこんだ金銭、時間、努力のことだ。なにかにたいして、より長く、より多く投資すればするほど、それを手放すのがむずかしくなる。埋没費用の誤謬は、すでに費やした時間もしくは金銭を考えるといまさらやめられない、と思うことである。

「機会費用」は、逆に未来と関連する。こちらは、なにかのタスクや目標に時間もしくは金銭を費やすために、その時間と金銭を他のよりよいタスクや目標に費やす機会をあきらめてしまうことだ。言い換えれば、自分にとって機能しなかったり幸せが感じられなかったりするものにエネルギーを向ける代わりに、もっと幸せにしてくれるもの、自分のライフスタイルにより合ったもの、あるいはより利益を生んでくれそうな物事にエネルギーを注ぐことができるはずだということである――埋没費用のことさえ心配しなければ。

そこが難点だ。わたしたちおとなは、埋没費用の誤謬《ごびゅう》からなかなか解き放たれない。釣られてはいけないと思いつつ、釣られてしまうのだ。オハイオ州立大学の心理学者ハル・

アークスは、同僚のキャサリン・ブラマーとともに、人が埋没費用を比較検討するのがいかに不得手かをあきらかにしている。彼らの発見によると、たいていのおとなは埋没費用の考慮にかけては（恥ずかしいことに）子どもや犬以下だという。そう、犬以下なのだ。

なぜだろう？　アークスとブラマーによると、人は成長期に学んだルール——無駄づかいは禁止——を身につけ、過度に適応してしまうのだという。ピアノを習ったり、医学校を目指して勉強したり、両親をよろこばせるような夢を追いかけたりするのを中断すると、それに注ぎこんだ時間と努力すべてを無駄にしたような気がしてしまう。この原理をより理解するために、アークスとブラマーの研究からひとつのシナリオを紹介するので、考えてみてほしい。

週末にミシガンへスキー旅行に出かけるため、１００ドルのチケットを購入したと仮定してほしい。数週間後、今度はウィスコンシンへの週末スキー旅行のチケットを50ドルで購入する。あなたは、ミシガンへの旅行よりもウィスコンシンへの旅行の方を楽しみにしている。購入したばかりのウィスコンシンへのチケットを財布に入れようとしたとき、ウィスコンシンとミシガンの旅行日程が同じ週末であることに気づく。どちらのチケットも売るには遅すぎるし、どちらも払い戻しはしてもらえない。どちらか片方のチケットを使い、もう片方はあきらめるしかない。さて、どちらのスキー旅行を選ぶべきか？

あなたならどちらを選ぶだろう？　料金が高い旅か、より楽しみにしている旅の方か。

被験者の半数以上が、楽しめそうにないスキー旅行――ミシガンへの旅行――の方を選ぶと答えた。なぜだろう？　なぜなら、投資がより大きいので（埋没費用）、そちらをキャンセルすれば無駄づかいしたように感じるからだ。他にも数々の実験が行われた結果、人は無駄づかいを避けたいがために、たとえ欠点のある行動でも捨てずに埋没費用を尊重しようとすることがあきらかになった。

博士号取得、法律事務所のパートナー、ファッション業界のキャリア等々の追求をいまやめてしまえば、これまで何年もかけて費やした時間、金銭、汗と涙が無駄になってしまう、と遅咲きの人が感じる原因はここにある。

## 戦略的な退却のパワーで人生の方向転換をする

埋没費用の誤謬は、人生に前向きな変化をもたらそうとする際に大きな障害となる。しかし、退却をためらわせる心理学的要因は他にもある。

2008年のベストセラー『予想どおりに不合理：行動経済学が明かす「あなたがそれを選ぶわけ」』の著者ダン・アリエリーによれば、人は「認知的不協和」と呼ばれる精神状態のために退却を妨げられることがあるという。アリエリーは、人は時間とともに、自分の行動を過度に正当化するようになるのだと述べる。なにかの仕事を開始して10年たったとすると――こんな仕事は大きらいだと日々思っていたとしても――自分はこの仕事が大好きなのだと思いこむようになる。さらにアリエリーは、人は愛するもののために苦しむのが好きなのだとも示唆している。じっさい、好きなあまり、なにかのせいで苦悩するはめになっても、自分はそれを好きになるべきだ！　と思いこもうとするのだという。アリエリーは、学生の社交クラブ、軍隊、スポーツ・チームでは、しごいたりいびったりすることでメンバーを苦しめるとき、この心理学的傾向を利用しているのだと指摘する。屈辱を献身に変えるプロセスにより、人の強い所属願望が、自分たちの行動を正当化したいという強い願望に結びつくのだという。

しかし、自分には合っていない専攻、仕事、進路への投資をやめずにいると、大きな犠牲につながりかねない。うまくいかないものをさらに追求しようとするたび、貴重な他の機会をあきらめることになるのだから。行動経済学と心理学が示しているように、ほんとうの無駄づかいとは、欠陥のある努力を中断して過去を犠牲にすることではない。よりよいものを追求せずにいることで、未来を犠牲にすることに他ならないのだ。

それを戦略的退却と呼ぼう。方向転換、あるいは再生と考えてほしい。カード遊びをする人なら、「勝負を降りる時を心得る」と考えればいい。じっさい、なにかをやめて方向転換すべき時を悟るのは、粘りつづけるべき時を悟るのと同じくらい重要だ。人はみな、行き詰まった仕事を辞めなかったこと、もしくは害があったり不幸せだったりした人間関係をもっと早くに解消しなかったことを、後悔してきた。うまくいかないことから手を引けば、意志力と忍耐力を解き放ち、ほんとうに大切なことに使えるようになる。だれにとっても時間と集中力にはかぎりがあるのだから。

退却したからといって、弱虫とか怠慢だとはかぎらない。むしろ、自分自身に正直になることなのだ。退却は、「ノー」と言う過程であり、人生を向上させるに当たり、ノーと言うのが最良の選択である場合は多い。夜遅くのEメール、仕事、どこかの都市、あるいは達成不可能な目標等、なににたいするノーであれ。よく考えてみれば、成功した人物や並外れた人物というのは、退却経験のある人たちだ。

『ダメなら、さっさとやめなさい！――No.1になるための成功法則』の著者セス・ゴディンは、真の成功者は、現在の進路では最終目標に近づけないと悟ったときに方向転換する「賢い退却者」だと主張する。ロスを断ち切れば、時間とエネルギーを前進するための物事に再度割り当てることができる。うまくいかない行動から手を引くべき時を心得れば、「自分に権限が与えられたように感じられる」とゴディンは言う。

ただし、真の自分自身と才能を肯定するための退却には、本質的に自己責任が伴う。自身の潜在能力と同様に、限界にも気づいたことになるのだから。大半の人にとって、それはかなり深いレベルの自覚となる。コースを変更するだけの気力を必要としたとき——自分がまちがった道を進んでいることに気づいたとき——退却する能力が人生の方向転換を実現させるパワーとなる。

そして、それこそが鍵だ。退却はパワーなのだ。

正しい理由で行われた退却は、あきらめとはちがう。屈服するのとも、タオルを投げ入れるのともちがう。これは自分に合っていない、と気づくことだ。挑戦したけれど、好きになれなかった、と。つまり退却は、じつのところ発見の一プロセスなのである。退却することで、自分という人間を定義づける。辞めるのがクラブであれ、学校であれ、仕事であれ、趣味であれ。無理やり固執したり、疑いもせずに専念したりすれば、人は退化してしまう——ゆっくりと死に向かう。しかし退却は成長のプロセスであり、生きることのプロセスなのだ。

スティーヴン・レヴィットが共著書『ヤバい経済学』の中でつぎのように説明している。

わたしがみなの予想を裏切って経済学分野で成功した理由をひとつ挙げるとするなら、手を引くことのできる人間だったからだ。当初からわたしのマントラは、「さっさと失敗する」だった。100のアイデアとともにスタートを切ったとしても、そのうちのふたつか3つを論文として出せたらいい方だ。経済学者としてのわたしのもっとも優れた技能は、さっさと失敗する必要性を認識し、失敗しそうだと気づいたそばから進んでプロジェクトを捨てることだった。

## からだや心の声が告げる、退却すべきとき

肝に銘じてほしいのだが、遅咲き組の大半にとって、手を引いたからと言ってその状態が永遠につづくとはかぎらない。学校をいったん退学しても、戻る人も大勢いる。だからこそ、ギャップ・イヤー（第3章を参照）がここまで広まったのだ。こう考えると、退却は忍耐の一形態とも言える。からだもしくは心の声が、まだチャレンジや人生のその段階への準備が整っていない、と告げているのだ。つまり退却は最終結果ではなく、前進もしくはひとつの段階ということになる。退却を通じて、かすかな炎が真の熱情へと姿を変える――写真から映画に、詩からコピーライティングに、法科大学院から法執行機関に、医

学校での惨めな時間から看護師としての長いキャリアに、変容するのである。試しも――そして退却も――しないで、どうして自分の真の情熱がわかると言うのか？わかるはずもない。

しかしここで、ある重要な疑問が頭をもたげてくる。なにかをやめるべきときは、どうしたら見きわめられるのか？

これは簡単には答えられない疑問だ。退却は個人的な決断だが、研究分野から価値あるヒントがいくつか浮かんでくる。

『ヤバい経済学』で有名なスティーヴン・レヴィットは、かつてこう語った。「不得意なことは片っ端から辞めていく」。埋没費用理論の専門家ハル・アークスは、「まずは一時しのぎのバンドエイドを剥がすこと、しかも、さっさと」と言う。アークスは、仕事を辞めたり大きな方向転換を決めたりするのが上手な人は、さっさと決断を下し、すぐさま行動に移す人だと考えている。「過去を振り返るなというのが使い古された表現なのはわかっているが、進むことができるのなら、とにかく前進あるのみだ」と彼は言う。

わたし個人は、やめるのは明確なプランBを手にしてからにすべきだと考えている。再生の構図が頭にきちんと入ったとき、という意味だ。悪習を絶つのと同じように、成功につながらない進路から退却するには、その代わりになるものを手にしている方が簡単だ。

しかし退却するに当たって唯一もっとも重要な教訓は——必ず念頭に置いておいてほしい——退却は力であって失敗ではないということだ。埋没費用の誤謬にどうしても傾きがちになる気持ちを、克服しなければならない。退却の真の姿を見つめてほしい。それは美徳だ——「さっさと失敗」して、すばやく方向転換する能力である。

だれでも退却する。それが事実だ。遅咲きながら成功している者は、それが人よりうまいというだけの話である。

# 第7章

# 自信喪失から生まれるスーパーパワー

## 自信を失いすぎている人たち

たいていの人が、日々、自信を失いすぎている。それは遅咲き組にも、早咲き組にも言えることだ。しかし未来に期待したい遅咲き組にとって、自信喪失はより大きな心の重荷となる。今日の社会では、成功へとつづくベルトコンベアが人を早咲き組と落伍者により分けてしまうため、自信はますます失われていく。データや分析があふれるいまの時代において、成績も、給料も、フェイスブックの「いいね」の数も、だれもが知るところとなる。透明性にはそれなりに利点もあるが、遅咲き組の自信をさらに奪う風にもなりかねない。

それに加え、文化（第5章で検証）が、人が収まるべき箱というものをつくり上げてきた。そして、そこに収まらずにいるならその代償を支払うことになるぞと警告する。規範に背くようなまねをすれば、審判の場に引きずりだされてしまう。早期成功へとつづくベルトコンベアから転げ落ちれば、まっ先に痣を目にすることになる。

そして気がつけば人生のうれしくない展開を迎える人も多いだろう。離婚、病気、配偶者の死。どれも、心が揺らぐ出来事だ。子育ての責任も、高齢者介護の問題も、思いがけない健康問題も持ち上がるかもしれない。あるいは人生に打ちのめされ、キャリアから夕イムアウトを取らざるをえないこともあるだろう。その影響で心が麻痺してしまうかもしれない。

女性は、研究者が「競合する緊急事態」——妊娠、子育て、その他、家族としての責任——と呼ぶもののために、自信を失って苦しむ人が多い。そうした事態が発生したために、キャリアへの準備や出世が遅れたり、教育への通常外のアプローチが必要となったり、仕事での成功が思っていたよりも遅い年齢になったりしがちだ。学生時代の友人やかつての同僚がキャリアの階段を上っていく一方で、自分は立ち往生しているように感じられ、自信がどんどん失われていく。

ここでちょっと考えてみよう。遅咲きの人が成功するには、どうしても型破りの進路を取らざるをえない。この事実を受け入れられずにいると、自身の能力や貢献度を低く見積もることになり、出だしから穴にはまってしまう。そのうえ自信を失うと、パニック、そして無気力にいたるまでの、さまざまな苦悩が引き起こされる。

しかしそうした初っぱなの痛みより、自信喪失からくる長期のダメージはさらにたちが悪い。ひとりで思い悩むうち、生涯を通じて消極的になり、自己破壊的になってしまうのだ。自信喪失をきちんと管理しないと、自身の潜在能力をフルに認識することができなくなる。

ここまでが悪い知らせだ。

では、よい知らせは？

奇妙に聞こえるかもしれないが、じつは自信喪失は才能を開花させるための秘密兵器でもあるのだ。きちんと管理すれば、情報とモチベーションの源になる。結果、自己満足に陥ることなく、心の準備とパフォーマンスに磨きをかけられるようになる。成果に疑問を抱き、新たな戦略を試し、問題解決のためのさまざまな選択肢を考えられるようになる——どれも、好奇心や復活力といった遅咲き組の強みに関連する戦法だ。

自信喪失は、パフォーマンスを高めてくれるだけではない。より賢いリーダー、教師、親、そして友人になるための処方箋でもあるのだ。自信喪失を甘受すれば、より思いやりが深まり、自分自身、そして他者への洞察力もより高まるのである。

ここでは、自信喪失を情報とモチベーションに変えるのが鍵だ。それは偶然手に入る魔法のたぐいではない。遅咲き組は、この弱点を強さの水源に変えるために、いくつか異なるテクニックを学ぶ必要がある。どうしても自分の能力を疑ってしまう気持ちを、管理できるようにならなければならない。

自信喪失を管理するいちばんの方法は、自信喪失を受け入れ、それをより健全な、より建設的なかたちに再構築する方法を学ぶことだ。自信喪失の本質を見きわめることだ。それはすなわち情報である――それ以上でも、それ以下でもない。
純粋に、シンプルに、情報として見れば、自信喪失は生涯の敵ではなく、目標達成、さらには最終的に花を開かせるための信頼できる助言役となる。

## 「心が揺れる、ためらう、いぶかしむ」ことで自信を失う

自信喪失《セルフ・ダウト》とは、厳密にはどういうことなのか？

「ダウト（疑う）」という言葉はラテン語で「心が揺れる、ためらう、いぶかしむ」を意味する「dubitare」から来ている。進化論的見地から言えば、疑念を抱くのはいいことだ。生き残るための特質として、全人類の中に植えつけられている。

わたしたちの祖先は、荒れ狂う川をわたる前に、「心が揺れ、ためらった」。疑いを抱いたからこそ、彼らは生き残ることができたのだ。現代人も、芸術家を騙《かた》る怪しげな人物に金を支払うのを「ためらう」ことがあるだろう。それはいいことだ。危険な状況や腑に落ちない提案に疑念を抱くのは、生き残るための特質なのだから。疑念は、人類という種としての進化に欠かせないものなのだ。

自分を疑うというのは、自身の能力にたいして心が揺れ、ためらい、いぶかしむことである。自分自身に、能力に、決断に、自信が持てなくなることだ。これにもいい面がある

――自身の能力について自問できるのだから。

しかし極端に自信を失ってしまうと、機会を逃したり、潜在能力を無駄にしたりしかねない。人との比較とランクづけに躍起になる異常な文化的強迫観念は、希望を抱く数多くの遅咲き組を自信喪失で苦しめている。自分には合わない――あるいはあえて合わせようとしない――基準に囚われていると、自身のユニークな能力を軽視しがちになる。

## 物事を先送りするのは、遅咲きの「セルフハンディキャップ」だ

世の人は、自信喪失にどう対処しているのだろうか？　必ずしもうまくやっているとはかぎらない。自分で自分にハンディキャップを課したり、みずから成功のチャンスを妨害してしまったりする人は意外と多い。いざ本気で能力が試されそうになると、みずから障壁を築き上げてしまうのだ。そうすれば、もし失敗しても弁解できるし、自身の才能と能力にたいする内なる信念を守ることができるからだ。たとえば、テストの前夜に飲みすぎてしまったから、持てる力を存分に発揮できなくて当然だ、というぐあいに。

物事の先送りは、遅咲きの人がもっとも頻繁に使うセルフハンディキャップのかたちだ。〝ぎりぎりまで履歴書を書く暇がなかった――だから採用されなかったのだ。上司のせいで忙殺されていたから、あの大切なプレゼンテーションに着手できなかった。だから失敗

に終わったのだ。あともう1日か2日あれば〟

はっきりさせておくが、セルフハンディキャップはたんなる言い訳ではすまない。自分にわざとハンディキャップを課す人は、自身の弱点に直面すべき状況から身を守ろうとして、みずから災いを招いている。セルフハンディキャップ的行動には、ちょっとした悪習が多い。たとえば遅刻する、陰口を言う、細かいことにこだわりすぎる、受動攻撃的になる、完璧主義であろうとする。そうした自滅的――セルフハンディキャップ的――特徴について、きちんと自覚していない人もいるだろう。あるいは、それを強みだとかんちがいしているのかもしれない。しかしじっさいは、そうした行動のために才能を開花させられずにいるパターンが多いのだ。

それに加え、セルフハンディキャップをつける人は、心理学者が言うところの「明日《あす》の幻想」に頼っている。これは、あしたになれば、いつかそのうち、都合のいいときが来たら頑張ることができる、という幻想だ。それなりの時がきたら、本気を出す――そうすれば成功するはずだ、と。

〝このプロジェクトには関心をそそられないから、どうでもいい。でも本気で情熱を注ぎたいと思うようなものが現れれば、全力で取り組む。そうすればみんな、わたしのほんとうの能力を知ることになる〟

この手の幻想を抱いていると、いつまでたっても自身の能力の真価を試すことができなくなる。セルフハンディキャップは脆弱な自我を守る安心毛布として機能するが、ほんものの成功をぜったいに経験できないという犠牲を伴うのだ。

戦略研究家が「他者の引き立て」と呼ぶもので自信喪失に対処しようとする人がいる。これもまた、自滅的な正当化行為だ。早咲きの人はどうせ才能に恵まれているしルックスもいいし、冷静沈着だ。あんな紛れもない才能を持っているのだから、生まれながらに成功が約束されているようなものだ、という思考回路のことである。

〝彼女はSATで満点を取って、自信にあふれている。一方のわたしにどんなチャンスがある？　わたしはぜったいあんなふうにはなれない〟とか。〝彼があの職を手にできたのは、若くてハンサムだから。彼らは見た目のいい営業しか昇進させない〟とか。

そんなぐあいに、他の人たちは生まれつき優位だ、だからよりよい人生を歩めるのだ、と他者を引き立てる一方、自分自身の才能と能力を過小評価するのだ。社会が若くして成功をものにすることにこだわるため、そうした信念がいっそう強められてしまう。社会が早咲き組をここまで持ち上げるとなれば、そうでない者にとって自分が価値ある人間だと思うのはたしかにむずかしい。

## 自己破滅に向かうステレオタイプな脅迫

そして最後に、遅咲き組が自信喪失に対処する際によく用いるのが――そしておそらくもっともたちの悪いものが――「ステレオタイプ的脅迫」だ。人は自身の能力にたいするネガティブなステレオタイプを内在化させがちである。自分はこの活動が得意ではない、だからどんなに頑張ったところでぜったいにうまくならない、と自分で納得してしまうのだ。それでなくとも遅咲き組の多くは決められた教育目標に達していないため、自身の学習能力にネガティブなメッセージを受け取っている。〝あなたが学校で抜きんでることはぜったいに無理〟とか。〝あなたは野心家とは言えない〟とか。

こうしたネガティブなステレオタイプにさらされていると、人はそれを信じるようになり、なにかの話題、チャレンジ、さらにはキャリアを避けるための口実として使うようになる。たとえば、自分は数学的な人間ではない、リーダーの器ではない、と思ったりする。そしてそれを反証することなく、数字を扱ったり人を管理したりする状況を避けるようになる。なにかの技能を伸ばすため、あるいは自分の真の能力を試すためのチャンスを、手にする前からあきらめてしまうのだ。このように、ステレオタイプ的脅迫は、自己防衛と戦略の制限の両方を引き起こしてしまう。

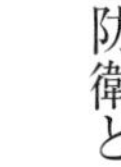

いま挙げた助けにもならない自己破滅的な対処戦略のどれかに、心当たりはあるだろうか？　わたしにはある。そのために進歩を妨げられている遅咲きの人たちは、一定数いるはずだ。人が自信喪失に対処する際に使う心理学的アプローチはいま挙げたものだけではないが、早咲きをこよなく愛する社会で疎外感を覚えているわたしたちのような者は、そうしたアプローチで落胆や失敗から身を守ろうとすることが多い。それでも、気を取り直してほしい。それらは、自信喪失の真の価値を解き明かすための道にできた、でこぼこにすぎないのだから。

## どんな人でも自信を失うという事実

世界的に有名な物理学者になった自分を想像してみてほしい。人気シットコム『ビッグバン★セオリー　ギークなボクらの恋愛法則』に登場するシェルドンやレナードの現実版だ。原子の粒子を丹念に調べ、ひも理論を解明し、宇宙の謎を探求する。査読済みの論文を何百と発表してきた。一流大学の終身在職権つきの教授となり、学生、同僚、家族、そして友人たちから、じつに聡明な人物だと思われている。世界でももっとも敬意を集める知識人のひとりなのはまちがいない。

そんなあなたなのだから、自信を失うことなどないのでは？

ところが、そうではないのだ。

2005年、社会学者のジョセフ・ヘルマノウィッツが、事実はその逆であることをあきらかにした。偉業を達成したもっとも賢い物理学者も、自信を失ってばかりいるのだ。じっさい、偉業を達成すればするほど、自信を失っていくという。

ヘルマノウィッツは、一流の物理学者と彼らが評価する自身の成功について調査した。査読済みの論文を一流誌で100以上発表し、何千回と引用され、名門大学で終身在職権つきの教授職に就いている物理学者たちだ。ヘルマノウィッツも最初は、そこまでの成功を収めた科学者なら自信喪失の機会も少ないだろうと考えていた。なんといっても、世界でも屈指の物理学者たちなのだ。ところが出てきた結果は、予想とはちがっていた。

「提案を2度か3度立てつづけに拒絶されると、自分はもはや要求される基準に達せないのではないか、自分の考えはけっきょくのところまちがっているのではないか、と心配になる」とある物理学者は認めている。「昔から自信なんてない」とべつの物理学者は打ち明ける。「自分はまるで力不足だ、準備がまったくできていない、なんとか難局を打破しなければ、という状況にいつもはまってしまう」と彼女はつけ加えた。「不安感……それに駆り立てられる同業者は多い」べつの物理学者もそう認めた。「自分の能力がどれほどのものなのか、自分はどれくらい成果を上げているのか、自分にはそれだけの力があるのかどうか、と（不安を覚える）」

ここで少し考えてみてほしい。世界でもトップクラスの物理学者ですら、しょっちゅう自問しているのだ。〝自分には充分な能力があるのか？　うまくいくのか？　成功するだけのものを、自分は持っているのか？〟

偉業を達成し、高く評価されている人物と言えども、自信たっぷりというわけにはいかないようだ。

これは、最初に理解しておくべき重要ポイントである——どんな人も自信喪失を経験する。

どんなに大成しようと、これは真実だ。まだ才能を開花させていない人の方が自信喪失の度合いは深いかもしれないが、だからと言ってその人に欠点があるとか、機能不全に陥っているとか、ふつうとはちがうということにはならない。自信を失うのはごくふつうのことなのだ。あなたや、わたしや、ほかのだれにしても、自信喪失に直面しているのは自分だけだと思ったら、大まちがいだ。

## 健全な人間ならだれもが自信を失うもの

たとえば何度もアカデミー賞を受賞しているメリル・ストリープなら、自信喪失とは無縁だと思うかもしれない。ところが彼女も、不安感との闘いを即座に認めている。「こんなふうに独りごちるの。『どう演じたらいいのかわからない――それにどうしてみんな、これ以上わたしをスクリーンで見たいと思うのかわからないわ』」と、彼女はかつて『O：ジ・オプラ・マガジン』誌上で嘆いている。

ピューリッツァー賞を受賞した作家マヤ・アンジェロウから、人気ミュージシャンや世界的な脳外科医にいたるまで、もっとも聡明でもっともクリエイティブな人たちまでが、自信喪失につきまとわれている――そのうちだれかにカーテンを引き開けられ、自分がほんとうはじつに無能で無価値な人間であることを暴かれてしまうのではないか、と。マヤ・アンジェロウはかつてこう告白した。「いままで11作品を書いてきたけれど、そのたびにこう思う。『ああ、ついにばれてしまう。わたしがみんなをだましてきたことが、みんなにばれてしまう』」

健全な人間ならだれしも自信を失うものだ。わたしたち遅咲き組だけの重荷だと思うかもしれないが、これは世界のありとあらゆる人たちに共通する特徴なのである。そして進化論的見地から言えば、自信の喪失は役に立つ。自信喪失が人の注意を喚起し、やる気を起こさせることがあるのだ。それが有害となるのは、自信のなさに振りまわされたり、セルフハンディキャップや他者の引き立てといった対処戦略に頼ったりしたときだけだ。

それに数多くの調査であきらかにされているように、多少の自信喪失なら、パフォーマンスを改善し、目標を達成する機会を増やすこともある。そう、自信喪失がパフォーマンスのプラスになるのだ。ゴルフ、縄跳び、射撃から、学術テストの受験、課題分析にいたるまでのタスクと挑戦に関連する研究により、健全なレベルの自信喪失がパフォーマンスの向上につながることがはっきりしている。なぜなら、自信を失った者は活動の準備段階とその最中にさらに努力を重ねるからだ。スポーツにしても学業にしても、自信のない者は練習内容により意識を注いだり、さらに勉学に励んだりする。適切に抑制すれば、自信喪失は自己満足に陥るのも防いでくれる。

これはわたしたち遅咲き組にしてみれば、非常に心強い事実である。人生を通じて、社会はわたしたちよりも早咲き組をひいきしてきた。そのためにこちらはますます自信をなくし、いまや自信をすっかり失ってしまった人がそこらじゅうにごろごろしている。すでに才能を開花させた人と、いまだ開花させられずにいる人との大きなちがいはこれだ――花を咲かせられる人は、自信を失ったからといって引き下がったりしない。むしろ彼らは自信のなさを利用して、向上するのだ。

たしかに直観に反したことだとは思う。それでも、可能なことなのだ。

## 開いた傷口のように、自信のなさをまとう著名人

第4章で、著名な遅咲きのアメフト・コーチ、ビル・ウォルシュの洞察力に触れた。わたしは『フォーブス』誌でキャリアを築きはじめたころ、『フォーブスASAP』のコラムを書いてもらえないかとウォルシュに依頼したことがある。彼がスタンフォード大学のアメフト・チームの指揮に戻ったばかりのころだった。その前、彼はたったの3年でサンフランシスコ・フォーティーナイナーズを、NFLの最下位記録チームからスーパーボウルの勝利チームへと導いていた。彼はさらに2回スーパーボウルで勝利したあと、フォーティーナイナーズを去った。ほぼまちがいなく、当時もっとも聡明なアメフトのコーチだったと言える。彼を中傷する人ですら、ウエスト・コースト・オフェンスを考案したウォルシュはアメフト界一の革新家だ、と認めないわけにはいかなかった。

わたしはスタンフォードにある彼のオフィスを訪ね、メモを取りながら一度に1時間ほど話しこんだ。

本人に会うまでは、軍士官の雰囲気をかもす自信たっぷりの人物を想像していた——いかにもコーチとして大成功を収めた人物のイメージだ。ところが表面的には、彼はその正反対だった。まるで開いた傷口のように、自信のなさをまとっていたのだ。椅子の中で絶

えずそわそわとからだを動かし、自分の言葉を訂正し、そそくさと整理の行き届いた書棚に向かっては事実を確認してばかりいた。偉大なアメフト・コーチながら、神経質な教授のような印象だった。

会話そのものも、この偉大な男の驚くべき印象を補強した。ウォルシュはコーチとしての成長について、じつに謙虚に語ったのだ。つねに学び、つねに実験し、つねに自信のなさと闘ってきたという。

ある日わたしは、キャリアを成功させる中での自信の役割についてたずねてみた。すると彼は鼻を鳴らした。「自信ねえ」と彼は言った。「いままでずっと、虚勢を張ったり自信満々だったりする人を見てきた。自信があれば早くスタートを切れる。自信があれば最初の仕事を手にして、そのあと2回くらいは昇進できるかもしれない。でも自信たっぷりだと、学ばなくなってしまう。しばらくすれば、自信なんてお笑いぐさになる。コーチとして見てきた自信たっぷりのほら吹きが、40歳を過ぎてもちっとも進歩しなかったという例は、いくら挙げても切りがないくらいだ」

ウォルシュ自身は、46歳になるまで本格的なヘッドコーチの職を得られなかった。プロとしての仕事は48歳になってはじめてだった。そんな遅いスタートにもかかわらず、彼は史上もっとも偉大なコーチのひとりとなった。彼は、ドラフトで指名する選手の選択や、接戦でリスキーなプレーを指示するかどうかについて、自信のなさを隠そうとはしなかった。自信のなさを利用して、試行錯誤をくり返したのだ。

自信喪失への対処法として、ウォルシュはいい例だと思う。彼はパフォーマンスをつねに向上させるため、自信のなさを利用してきた。それこそが、わたしの言いたいことだ。人生で開花するためには、自信のなさを恐れずに、むしろそれをパフォーマンス向上のための機会として受け入れなければならない。

しかし、どうやって?

自信喪失を利用する鍵は、自分にたいする信念の核、すなわち心理学者が「自己効力感」と呼ぶものにある。自己効力感を理解するには、アルバート・バンデューラの話からはじめるのがいいだろう。

## 「自己効力感」によって目標達成の自信を得る

心理学の分野において、アルバート・バンデューラは偉人だ。しかし心理学に詳しくなければ、彼の名前は聞いたことがないかもしれない。2002年、バンデューラは『レビュー・オブ・ジェネラル・サイコロジー』誌上で、史上4番目に重要な心理学者にランキングされている。バンデューラより高いランクにいるのは、B・F・スキナー、ジャン・

ピアジェ、ジークムント・フロイトといった巨匠だけだ。バンデューラをその高い地位に据えたのは、彼の自己効力感理論だった。自己効力感とは、目標を達成する自身の能力に自信を抱くことである。

バンデューラは、1925年、カナダのアルバータ州北西部に位置する吹きさらしの平原で、6人きょうだいの末っ子として誕生した。彼が最初に教育を受けたのは、教師が2名しかいない小さな学校だった。教育的資源に限界があったため、「生徒が自分で自分を教育しなければならなかった」と彼は語る。

そんな自給自足のバンデューラ少年は、「ほとんどの教科書の内容は長持ちしない……でも独学のツールは時がたっても役に立つ」ことに気づいた。カナダの片田舎で粗雑で基本的な教育以上のことをみずからやりくりした経験から、彼がのちに自己主導性と主体性を重視するようになったと考えてまちがいないだろう。

ブリティッシュコロンビア大学に進んだバンデューラは、生物科学を専攻しようと考えた。夜ははたらき、早朝に他の学生の一団と一緒に通学する毎日だった。ところがある学期、みんなと一緒に登校するために彼の授業がはじまるまで間が空いてしまうことになり、バンデューラは時間をつぶさなければならなかった。「ある朝、図書館で暇つぶしをしていた」と彼は説明する。「そこにだれかが忘れていった授業概要があったので、朝の時間帯を埋めるコースがないかとぱらぱらとめくってみた。すると、打ってつけの心理学コースが見つかった。その授業で興味に火がつき、自分が進むべき道を見つけたのだ」

バンデューラはたったの3年で学位を取得したあと、アイオワ大学の大学院に進学した。そこで博士号を取得したあとはスタンフォード大学の教職をオファーされ、1953年から勤めはじめた。現在もスタンフォードに在籍している。

彼が1977年に発表した「自己効力感——行動変化の統合理論に向けて」という論文が世界中の注目を集め、心理学に大きな変革をもたらした。以来、自己効力感は心理学分野でもっとも頻繁に研究されるテーマのひとつとなった。

## 自分ならできる！　と信じる力

自己効力感とは、厳密にはどういうものなのだろう？

バンデューラは自己効力感の定義を、さまざまな努力を成功させるための戦略を開発し、タスクを完了させる自身の能力に自信を抱くことだとしている。より簡潔に言えば、自分の能力にたいする個人的な信念だ。テストを受ける、ビジネスを興す、取引を成立させる、スピーチを行う、マラソンを完走する等、特定のタスクをこなすに当たり、自分ならできる、と思う気持ちである。自己効力感を強く持つことが肝心だ。と言うのも、望む結果を生みだせると心から信じないかぎり、そもそもなにかをしてみようという気にも、困難にぶち当たったときにやり抜こうという気にもならないものなのだから。

過去数十年にわたり、学業において、職業的成長において、そしてキャリアの成功において、自己効力感の重要性が多くの研究で検証されてきた。複数の横断研究と縦断研究により、自己効力感が強いと、給料、仕事への満足度、そしてキャリアの成功にポジティブな影響が出ることが証明されている。自己効力感はさらに、恐怖症、鬱、社会的技能、自己主張、喫煙依存症、ペインコントロール、健康、運動能力等、さまざまな場面で研究、検証されてきた。

自己効力感は、なぜそこまで注目されるのだろう？

達成したい目標や、変えたいと思う習慣などは、だれもが自覚しているものだ。しかし大半の人は、それを実現するむずかしさに気づく。バンデューラをはじめとする研究者たちは、人が目標や困難な物事にアプローチする際、自己効力感が大きな役割を演じることを発見した。遅咲き組にとって、自己効力感の役割はとりわけ重要だ。若くして成功することに社会が執着するがゆえに、遅咲き組は強い自己効力感のおもな源となるべきふたつのものを否定されがちである――達成経験と、社会的な見本だ。

達成経験とは、タスクを習得したり、目標に到達したりする実例のこと。授業やテストで優秀な成績を収めたり、スポーツで抜きんでたり、仕事の面接で成功したり――これらはみな達成経験であり、自己効力感を増す要因となる。

しかし遅咲き組の多くは、こうしたことをあまり経験しない。遅咲き組は社会がつくった枠組みにはまらないし、典型的な道しるべに行き着かないことが多いからだ。テストでいい成績を取ることも、楽しみにしていた昇進をものにすることも、文化的期待に応えることも、あまりない。そのため、自己効力感の増強につながる社会的評価の高い結果を、早咲き組のように頻繁に経験することがない。

自己効力感のもうひとつの源は、社会的な見本である。自分と似た立場の人が成功するのを見れば、自分も人生で秀でることができるかもしれない、と信じられるようになるものだ。しかし残念ながら、遅咲き組のサクセス・ストーリーには世間の注目がほとんど集まらない。世間は、貴重な才能に恵まれ、若い野望に満ちあふれた早咲き組の達成ばかりに目を向ける。遅咲き組は、社会の見本からほとんど除外されているのだ。遅咲き組の多くにしてみれば、ロールモデルがいないというのも、自己効力感を高められない理由のひとつとなる。

ここではっきり区別しておく必要がある。前述した自信喪失と自己効力感の有無はちがう。強い自己効力感の持ち主は、困難な問題を、克服すべきタスクとしてしか見ない。前述したメリル・ストリープのように、自信が揺らぐことはあるだろう。それでも彼らは前進する。自身の活動にたいする興味を深め、それをさらに深めることに没頭するのだ。彼らは挫折や落胆からすばやく回復する。

逆に自己効力感が弱い人は、自分にはそんな能力はないと考えて困難なタスクをはなから避けてしまう。彼らは自分の弱点とネガティブな結果にばかり目を向ける。だから自分の能力に自信を失ってしまうのだ。

べつの言い方をすれば、自信は失ってもかまわないが、自己効力感を失ってはいけない。自己効力感が低くなると、害をおよぼすどころの騒ぎではないのだ。自己効力感は、学習、仕事、恋愛、生活等、人生のほぼあらゆる側面に作用する。遅咲き組にとって、強い――少なくとも強めの――自己効力感は、社会規範に刃向かい、成功への異なる進路を維持し、周囲の人たちの成功を応援するのに必要な自信を与えてくれる。

だから、もし人生で花を開かせたいのなら、強い自己効力感を得て、発達させる必要がある。強い自己効力感があっても、人は（ときには大幅に）自信を失うものだが、それでも主体性を維持することはできる。主体性とは、自信を喪失しても、みずから意義深い行動を起こすことができるという信念だ。この信念こそが、自信喪失をモチベーションと情報に転換するための基盤となる。

幸いわたしたち人間は、自己効力感を向上させるすべを、すでに手にしている――話をすることだ。

## ポジティブな独り言の効力

言語は人類の特質である。言葉があるおかげで、人は深い人間関係や複雑な社会を形成することができる。言葉があるから、他者から教わり、学ぶことができる。

しかし人は、ひとりでいるときも言葉を使う。いいときも悪いときも、つねに自分に語りかけているものだ。言わば、頭の中の小さな声である。内なるチアリーダー――あるいは内なる批判者だ。

心理学者と研究者たちは、これをみずからとの対話、すなわち独り言と呼ぶ。独り言は、自分自身との関係をかたちづくる。自身の経験から距離を置くための――人生を熟考するための――ツールとして利用することができる。ある意味、自分自身に語りかけているときは、物事をより客観的に見ようとしているときなのだ。早咲きを過剰に好む世界において、こうした高い客観性は、遅咲き組にとってこのうえなく都合がいい。家族、友人、そして社会から受け取るネガティブな文化的メッセージを克服するのに役立つのだ。

独り言はたんなる奇癖に見られることが多いが、研究により、独り言が認知力、行動、パフォーマンスに影響を与えることがわかっている。ポジティブな独り言は、感情、思考、エネルギーを制御する助けとなるので、パフォーマンスの向上につながるのだ。自信が高まり、調整能力が改善され、焦点が絞れるようになる。

子どもの絵本『ちびっこきかんしゃだいじょうぶ』の「きっとだいじょうぶ、だいじょうぶ、だいじょうぶ」というフレーズは、じっさい効果的だ。陳腐な方法に聞こえるかもしれないが、ポジティブな独り言はモチベーションを高めるのに有効なのである。

ポジティブな独り言と自己効力感の関係は、スポーツ心理学の研究者が盛んにテーマにしてきた題材だ。ギリシャのテッサリア大学のアントニス・ハージゲオルギアディスと彼の研究チームは、水球選手の独り言がボールを投げる正確性と距離にどの程度影響するかを調べている。ポジティブな独り言を利用した選手は、他の選手と比べてその両方において大幅に向上した。つぎの表が、彼らの研究結果だ。

全体として、ポジティブな独り言は、自己効力感とパフォーマンスの両方を劇的に向上させることが研究からあきらかになった。自己効力感の増加はパフォーマンスの向上と関係する、というバンデューラの前提が正しいことが確認されたのだ。

各技能レベルの程度にかかわらず、だれもが独り言によって自己効力感とパフォーマンスを高めることができる。独り言の力は、スポーツ以外の数多くの分野でも発揮されるこ

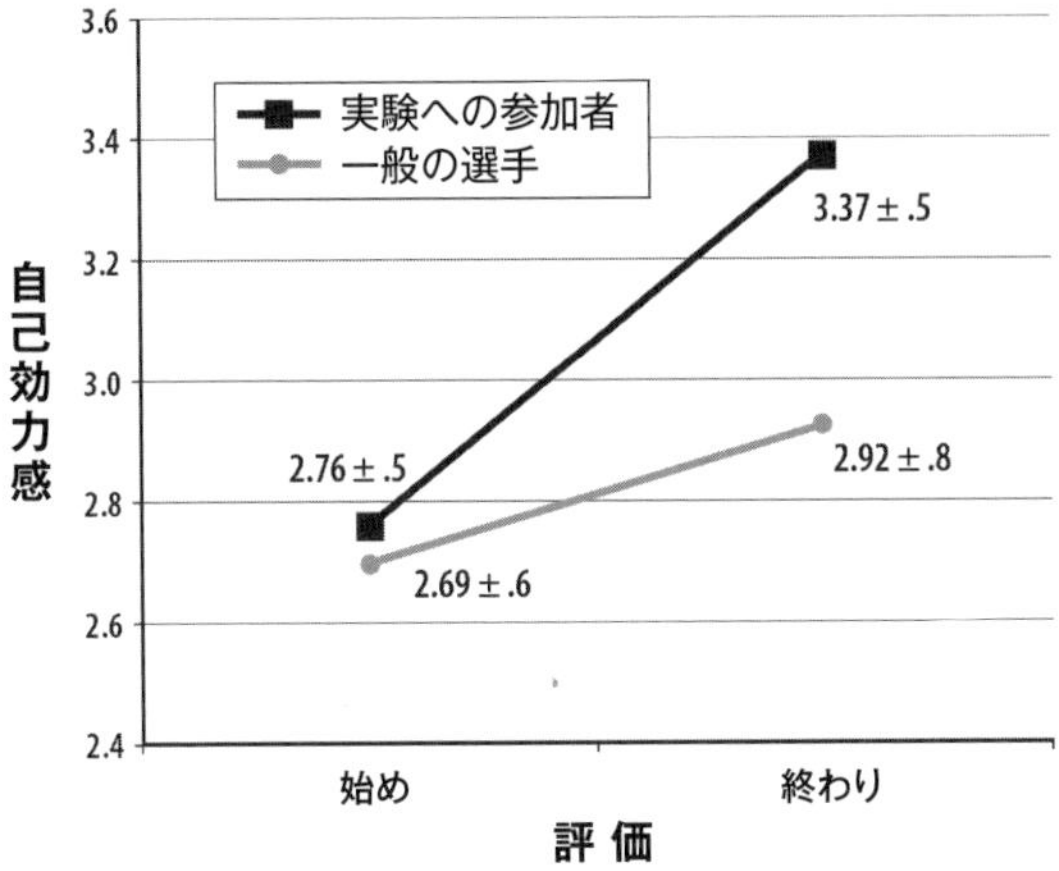

実験への参加者
一般の選手
自己効力感
3.6
3.4
3.2
3.0
2.8
2.6
2.4
3.37 ± .5
2.76 ± .5
2.92 ± .8
2.69 ± .6
始め
終わり
評 価


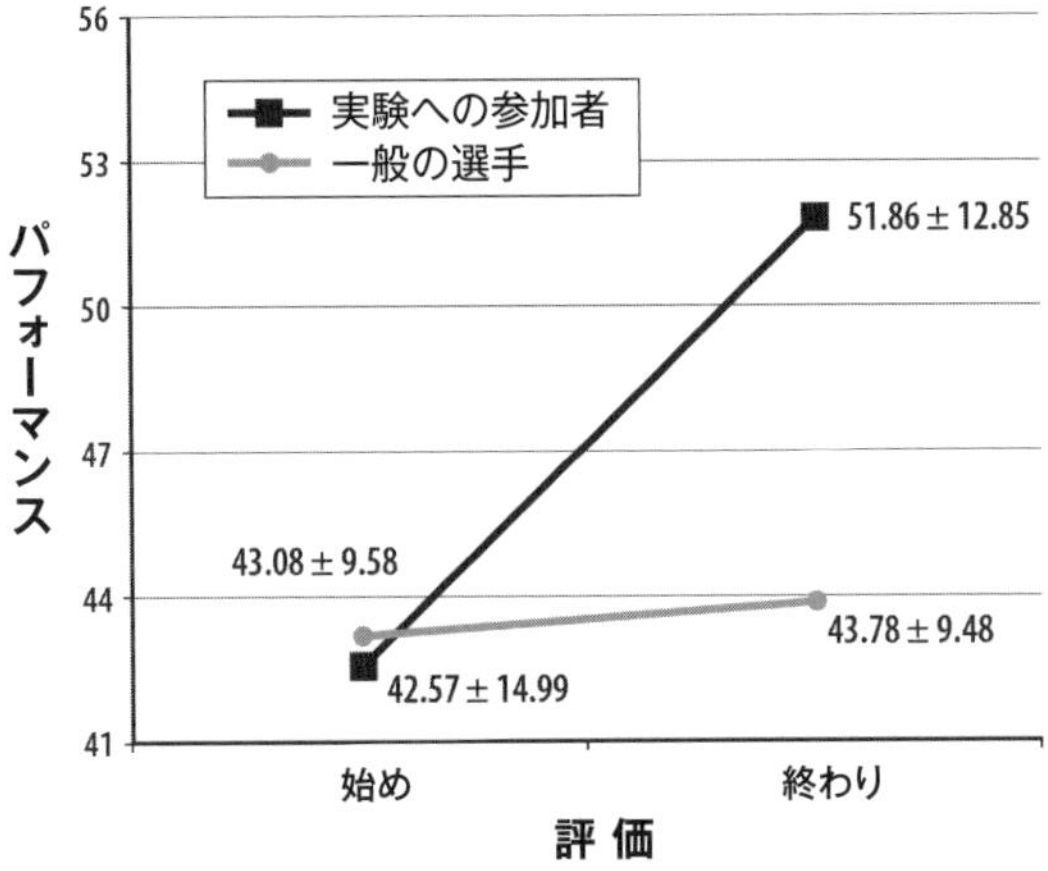

実験への参加者
一般の選手
パフォーマンス
56
53
50
47
44
41
51.86 ± 12.85
43.08 ± 9.58
43.78 ± 9.48
42.57 ± 14.99
始め
終わり
評 価

とがわかっている。たとえば管理能力、カウンセリング、心理学、教育、そしてコミュニケーションだ。独り言は、ダーツやソフトボールを投げることから、ハンドボールや垂直跳躍にいたるまで、さまざまなタスクにおけるパフォーマンスと自己効力感を向上させる。苦悩する若い作家や新進の起業家も、独り言によって自信をつければ、困難に耐えられるようになる。

わたし自身、独り言のすごさを個人的に証明することができる。飛行機の操縦を習っていたとき、高等テクニック、たとえば高度を保ちながら45度旋回したり横風を受けながら着陸したりといったテクニックを練習する際には、独り言を言った方がうまくやってのけることができた。自家用機パイロットの飛行試験を受けたときも、試験官に独り言を勧められた。そうすることで、「状況認識」がはっきりするのだという。たしかに集中力を維持することができた。

## 第三者になって自分自身に語りかける

自分にどう語りかけるかでも、効果がちがってくる。ミシガン大学セルフコントロール・アンド・エモーション・ラボラトリーの所長イーサン・クロスは、第三者になって自分自身に語りかける――自分のことを名前で呼んだり、「あなた」という代名詞で呼びかけたりする――方が、「わたし」という一人称を使う人よりも、ストレス下でより高いパフォーマンスが実現できることを発見した。

クロスはある実験で、たった5分の準備時間ののちに審査員団を前にスピーチをするよう告げることで、被験者にストレスを与えてみた。被験者の半分には、不安を和らげるために一人称を使うよう要請した――〝わたしったら、そんなにびくびくすることないでしょ？〟　残りの半分には、自分のことを名前もしくは「あなた」として語りかけるよう要請した――〝キャシーったら、そんなにびくびくすることないでしょ？〟　あるいは、〝あなたったら、そんなにびくびくすることないでしょ？〟

それぞれがスピーチを終えたあと、自分がどれくらい恥をかいたと思うか、判断するよう被験者に求めた。自分に名前もしくは「あなた」で語りかけた被験者は、一人称を使った被験者よりも恥をかいたと思う程度がかなり低かっただけでなく、彼らのスピーチ自体も一貫してより自信に満ちて説得力があったと判断された。

クロスによれば、人は第三者の目で自身を見つめると、「客観的で有用な反応ができる」のだという。第三者として距離を置いた視点から、自身に焦点を定められるからだ。「トラブルを抱えた人にアドバイスできるのは、そのトラブルに自分自身が巻きこまれていないからだ」とクロスは説明する。「その経験から距離を置くことで、よりクリアな頭で考えられるようになる」つまり切り離された人物として自分を見つめることになり、より客観的な助言を自身に与えることができるようになるのだ。

教訓――精神的に疲労困憊し、モチベーションを高めるような激励が必要なら、二人称もしくは三人称で自分に語りかけること。そうすれば、感情的で偏見のある視点ではなく、論理的で客観的な視点から状況を見つめられるようになる。

## 肝心なのはポジティブで現実的な語りかけ

遅咲き組の自己効力感を高めるために言葉でモチベーションを向上させる方法は、独り言だけではない。他者にどう語りかけるかでもちがってくる。とりわけ、親として、パートナーとして、あるいは自己効力感の低いだれかの同僚として。言葉による提言により、過去にはくじけたタスクもしくは困難でも、うまく切り抜けられると信じられるようになる。あなたには困難な状況を克服する能力がある、と説得されると、人はより努力しようとするものだ。「自己効力感に説得という後押しがつくと、人は成功に向けて頑張ろうとする。その後押しが、技能の上達と個人的な効力感を高めるのだ」とバンデューラは語る。

その反対に、ネガティブな評価は、それでなくとももろい自己効力感を悪化させかねない。自己効力感の低い人は、バンデューラ曰く「悪化サイクル」に巻きこまれており、それを断ち切らせるためにも、技能の欠如を指摘したり、このタスクは簡単なはずだと否定的な言葉をかけたりするのは避けた方がいいという。

これは、すでにだれもが知っていることだ。すなわち、言葉は重要なのである。遅咲きの人に「こんなのはむずかしくない」と話しかけるより、「むずかしいとは思うが、あなたなら理解できるはずだ」と言ってほしい。あるいは自分自身に、「いまはすっかり打ちのめされた気分だ」と言うより、「アレックス、おまえにはこれを乗り越えるだけの能力がある、どうすればいいのか教えよう」と言ってみよう。そんなふうに言葉を微妙に変化させるだけで、遅咲きの人は――他のみんなも――より強い自己効力感に向かって大きく前進できるのだ。

ここで警告をひとつ――いま挙げた言葉による励ましは、徹底的に楽観的なチアリーダーになれということではない。ある状況にポジティブな、もしくは建設的なはずみをつけることと、非現実的な信念や期待を抱かせることは、ちがう。挫折やまちがいは、軽薄な常套句で払いのけていいものではない。むしろ、熟考し、学ぶための機会だ。

独り言――あるいはあらゆる種類の言葉による励まし――から最大限の恩恵を得るには、現実的な自己イメージを支える言葉にする必要がある。滑稽なほどポジティブな言葉は失望につながりかねず、じっさい自己効力感を減少させる。では、インスピレーションと現実の正しいバランスは、どうやって見つけたらよいのだろう？
自分自身――もしくは大切に思う遅咲きの人――に、自信のなさをうまく活用させたい、挫折を克服させたい、と思ったときにかけるべき言葉と口調を探すには、心理学者が「フレーミング」と呼ぶプロセスからはじめるといい。

## 認知的なフレームを使って行動の方向を決める

絵画を取り囲む額《フレーム》は、その作品の特徴にさりげなく視線を向けさせる役割がある。見る者の目を色彩とラインに差し向けるのだ。同じように、人も認知的なフレームを使って、行動をどこかに差し向けることができる。たとえば、批判に対処するためのフレームは？　挫折に対処する際のフレームは？　新たな困難に直面したときのフレームは？

人はたいていの時間、状況を無意識にフレーミングしている。知らず知らずのうちに、いいものも悪いものも、過去の経験をもとに枠組みをつけているのだ。遅咲き組の多くは、習慣的に、困難な状況にたいしてネガティブな、もしくは自滅的な思いこみをしてしまいがちだ。自己効力感が低い場合は、とりわけ。まだ取りかかってもいないうちから、頭の中でそのタスクに失敗してしまっている。そんなネガティブなフレーミングをしていたら、花を咲かせるチャンスを損なってしまう。だからここで、こう問いかけてほしい――ネガティブなフレーミング習慣を変えて、もっとポジティブな観点から困難をフレーミングできるようになれないか？　答えはイエスだ。

ハーバード大学経営大学院のアリソン・ウッド・ブルックスは最近、感情をフレーミングする影響について研究している。カラオケで歌うとき、人前でスピーチするとき、そして数学の問題を解くときの不安に目を向けたのだ。パフォーマンスの際に不安を感じると、たいていの人は感情を抑えこもうとする。そこでブルックスは、べつの戦略について調べてみた。不安に興奮の枠組みをあてがうのだ。冷静になろうと努める人と比べて、不安のエネルギーを興奮にフレーミングした人は、じっさい、より熱中し、非常にすばらしい成果を見せたという。

ブルックスによれば、人は独り言（たとえば「あなたはワクワクしている！」と声に出して言う）やシンプルなメッセージ（「ワクワクしよう！」）といった単純な戦略で、不安を興奮にフレーミングできることがわかったという。そうすることで、不安のエネルギーを、恐怖ではなくチャンス到来という気持ちに差し向けることができるのだ。ブルックスの研究により、人はだれでも自身の認知力とそこから生まれる感情をみごとにコントロールできることが判明した。気持ちをフレーミングする――そして言葉で表現する――ことで、自分がじっさいに感じるものを構築できるようになるのである。

これは遅咲き組にはありがたい情報だ。遅咲き組の場合、長年にわたるネガティブな評価やインプットのせいで、有害なフレームが認知的フレームの規定値に据えられていることが多い。しかしそれを変えることができるのだ。

心理学研究におけるフレーミング・モデルの大半は、ふたつの対照的な選択肢から成っている。促進と抑止、健全と不健全、あるいは前述した興奮と不安だ。ポジティブなフレーム——促進、健全、興奮——は粘り強さと革新性を強化し、さらなる学習へと導く。対照的にネガティブなフレーム——抑止、不健全、不安——は、悪い結果につながり、新たな状況を失敗の機会にフレーミングするような偏見とリスクの回避を促してしまう。

フレームを選ぶ権限は自分にあるのに、なぜ人は自分の努力を密かに傷つけるようなフレームを当ててしまうのだろう?

研究者たちは概して、遅咲き組が使うような無意識のフレーミングの多くは、自己防衛のなせる業だと考えている。しかし自己防衛的なフレーミングは、学び、向上し、花開かせるための機会を劇的に損なってしまう。すなわち、「わたしには無理だ」とか、「きっと台無しにしてしまう」というフレーミングのことだ。遅咲きの人がフレーミングの限界に挑戦することなく甘んじてしまうと、深刻な結果が待ち受けている。目標に到達することも、みずからの情熱を発見することも、運命を生きることも、できずに終わってしまうのだ。

## 自由に枠組《リフレーミング》み し直すことを学ぶ

遅咲きながら成功する人は、自己防衛のフレーミングを規定値に据えたままにはしておかない。彼らは枠組《リフレーミング》み し直すことを学ぶ。文字通りどんな思考であれ、だれでも自由に、よりポジティブにリフレーミングすることができる。パフォーマンスの際に神経質になっている人が、不安を興奮にリフレーミングするのと同じだ。リフレーミングするからといって、事実を無視するわけではない。自分にとってより利益になるよう、事実にたいする見方を変えるのだ。

ごく簡潔に言うならば、リフレーミングにはふたつのステップがある。ひとつ目は、ネガティブなフレームを認め、それをポジティブなフレームと交換することだ。たとえば仕事の面接で失敗し、落ちこんでいるところだと思ってほしい（落ちこまない人などいないだろう）。いまあなたが自分自身に問いかけるべきはこうだ。〝あなたはいったいいつまで落ちこんでいるつもり？〟

リフレーミングする際、もっともむずかしいのは、どうリフレーミングするにせよ、選択権は自分にあると認識することだ。仕事の面接での失敗をリフレーミングする際の健全な選択肢はこうだ。〝うわ、まいったな。でも、ここからなにを学んだ？　たぶん、準備が足りなかったか、あの仕事はちょっと自分には合わないと感じていて、それを面接官に見破られたのだろう〟

挫折をリフレーミングするときは、大切な友人を助けようとするときの要領ですればいい。自分の規定値のフレーム――〝悲しい、わたしは一生花開かせることのない遅咲き組だ〟――の存在に気づくだけで、気持ちが解放されることもある。状況が悪いときでもポジティブなフレームの選択肢が存在するとわかっていれば、自己防衛の連鎖を断ち切り、花開くために心を鍛えることができる。

リフレーミングする際のふたつ目のステップは、チャレンジをより大きな目標とリンクさせることだ。〝この重要なプレゼンテーションにはワクワクさせられるだけでなく、これで一目置かれるようになるだろうし、さらなる機会につながるはずだ〟

より大きな目標は、あなたの中で明確かつ説得力のあるものでなければならない。新しいことに取り組む興奮を実感してほしい。それが人生を大きく向上させるかもしれないのだから。

フレーミングは事後も重要だ。たとえひとつの機会を台無しにしてしまっても、自分を責めたり言い訳をしたりしないこと。まちがいを学ぶ機会と捉えてほしい。〝プレゼンテーションをしくじった、あんな時間枠にさせるから悪いのよ〟と言うのではなく、〝あなたはどの時点でみんなの関心を失ったの？〟と自問し、〝精いっぱい頑張ったとは言えないわね、リサ。次回はもっときちんと準備した方がいい〟と認めよう。事後のフレーミングはだれにとっても有効だが、遅咲き組には信じがたいほどパワフルなツールとなる。

賢いフレーミングは、あなたにも、あなたの組織にも役に立つ。認知心理学者たちは、困難を効果的にリフレーミングすることこそ、組織が成功する鍵であることをあきらかにしている。それがトヨタ生産方式（ＴＰＳ）による自動車製造であれ、ロサンゼルスのシェルターで行われるペットの譲渡であれ、全米各地の病院の手術室の中であれ。

リフレーミングを学ぶ者は、問題を解決し、困難に立ち向かい、大きな変化をもたらし、チームメンバーの質を高めることができる。さらに、リフレーミングに熟達した人は、優秀なリーダーになる。リーダーはスポークスパーソンだ。共有意識を生みだし、総意を構築し、焦点を定め、やる気を起こさせる。困難を学ぶ機会に、そして方針の転換を他者を助けるチャンスにリフレーミングできるリーダーは、一貫して成功する率が高い。つまり自信喪失の管理法を習得し、困難と障壁を好機にフレーミングできる遅咲きの人は、チームメンバーとして優れているだけでなく、チームリーダーとしても優秀だということになる。

リフレーミングとは、なにかの出来事をポジティブに転換させる魔法のようなものなのだろうか？　それもちがう。なにもかもが完璧ですばらしい、というふりをすることではない。リフレーミングとは、直面した困難をポジティブに解釈することだ。自身の可能性を広げ、前進するために、よりよい、より実りある進路を見つけることである。リフレーミングは、ネガティブな思考を消すことではない。不安や恐怖を抑えこむことでも、偽りのネガティブ思考を偽りのポジティブ思考に変えることでもない。むしろ一歩下がって、現実的でよりポジティブなフレーミングによって、地に足の着いた考え方をすることだ――自分自身のためにも、周囲の人たちのためにも。

独り言とリフレーミングは一緒に機能する。そして自身と困難とのあいだに若干の距離を置くことで、どちらもよりうまく機能する。これまで見てきたように、第三者となって自分自身に語りかけることは、そのために実証されたテクニックだ。それでも――もっとも成功した遅咲きの人でも――ついつい、自身の欠点にがんじがらめになったり、失敗したことで自分を責めたりしてしまうものだ。周囲の人から、愚鈍な変わり者とか集中力の欠けた人間と決めつけられれば、なおさらである。それに現実的には、いくらそうする必要があると言われても、ひと晩で性格やものの見方を変えることなどできはしない。

そこで、遅咲き組がより健全な客観性を得るのに利用できる自信喪失の管理ツールを、もうひとつ紹介しよう。これは要注目だ。ひょっとしたら、これがあなたの道具箱の中でもっとも重要なツールかもしれない。それは、自己慈悲心である。

## 自分を認めることで、自信や確信を得る

自信喪失について論じるとき、それとは反対のもの――自信、確信、図太さ――があればいいだけの話じゃないか、という助言がたびたび口にされる。しかし問題は、それを得るための方法である。人は安っぽい方法で高い利己心を得ようとしがちだ。他者を見下したり、周囲にいるもっとも弱い者と自分の業績を比較したり。文化的規範にしたがって、社会が価値ありとするものは自分にとっても価値があり、社会が成功と定義するものを自分も成功と定義しなければならないと信じてしまう。そうした安っぽい自信の錯覚は長持ちしないし、よくてナルシシズムに、悪くすると憂鬱につながりかねない。

遅咲き組が自信をうまく活用し、自己効力感を高めるためには、はるかに優れた方法がある。発達のために心やさしい時計が必要なように、自分自身を見つめるために、より心やさしい視線が必要だ。自己を受け入れ、自身に共感すること、すなわち自己慈悲心を高めればよいのである。自己慈悲心は、自身の欠点や限界を認め、それらをより客観的で現実的な視点から見つめ直すよう促す。だから自己慈悲心は、モチベーションを高める独り

言や、不安を興奮にリフレーミングする際、不可欠のものとなる。

では、自己慈悲心はどのように機能するのだろう？　肝心なのは、社会になんと言われようが、自分は充分に優秀だと認めることだ。わたしたち人間には欠点もあるし完璧ではないが、自身の運命を追求する生まれながらの権利を有している。そしてまちがいを犯したときは、そこから学ぶ責任もある。ひとつの状況から学べるだけ学んだら、前に進んで手放すべきだ。遅咲きの人にとって自己を受け入れることは、自己慈悲心の土台となる。

早咲きの人と同じように行動しなければ、究極の神童文化の期待に沿って生きなければ、と自分にプレッシャーをかけるのをやめると、人の意見や批判をもっとすんなり受け止められるようになる。自分自身にもう少しやさしく接することで、困難や挫折を学ぶ機会にリフレーミングするのが容易になる。

デューク大学の心理学者マーク・リアリーと彼の研究チームは、自己慈悲心のある人たちが人生の不愉快な出来事にどう対処しているのかを調査した。その結果、自己慈悲心がネガティブな自己感情を和らげ、ネガティブな意見を受け取ったときのネガティブな感情を抑え、ネガティブな出来事における自身の役割をネガティブな感情に打ちのめされることなく認識するのに役立つことがわかった。

「概して、自己慈悲心がネガティブな出来事にたいする人々の反応を、自尊心とは異なるかたちで、そしていくつかのケースではより有益なかたちで、弱めることが示された」と研究者たちは結論づけている。

自己慈悲心は、感情的な復活力――遅咲き組の強みのひとつ――と密接に関係している。たとえば自分自身をなだめ、まちがいを認め、そこから学び、成功するよう自身のモチベーションを高める能力だ。自己慈悲心はまた、楽観主義、満足のいく生活、自主性と関連し、そして不安、憂鬱、ストレス、屈辱の減少とも一貫して相互関係がある。

自己慈悲心のある人はより客観的に自分を見つめられるので、まちがい、失敗、欠点をもとに、より容易に向上できる。そして自分にやさしくすることから来る自尊心は、尽きることない自信から来る自尊心と比べて、時間がたってもはるかに安定している。

最後に、自己慈悲心はモチベーションを高める。自己慈悲心の強い人は、失敗をあまり恐れない。ある実験では、テストに失敗したとき、自己慈悲心の強い被験者は、再試に向けてより時間をかけて熱心に勉強したことが判明している。自己慈悲心のおかげで、失敗してもかまわないのだと思えるため、もう一度挑戦しよう、さらに頑張ろう、とモチベーションが高まるのだ。

それでも、自分を思いやるなんて柔《やわ》で弱い証拠だと考える人はいる。しかし事実はその逆だ。自己慈悲心の先導的な研究者、クリスティン・ネフ博士は、つぎのように述べている。「塹壕にいるとき、敵と味方、どちらにいてほしい？」

じっさいはどうあれ、自分には充分に能力があり力があると感じさせるのが自信というものであり、自己慈悲心はより客観的な現実を受け入れるよう促してくれるものだ。だから自己慈悲心があれば、なにかに失敗したとき、〝わたしってなんてかわいそうなの〟とフレーミングするのではなく、〝まあ、だれでもときには失敗する。だれでも苦しむときはある。これこそ人間である証拠だ〟とフレーミングすることができるのだ。

そんなぐあいに心をフレーミングすれば、自信喪失、ひいては失敗にたいする対応を根本的に変えることができる。〝これはごくふつうのこと、人間とはそういうものなのだから〟と言えるようになれば、経験をもとに成長するための扉を開いたことになる。

一方、自信を失ったり失敗したりするのは異常なことだと思っていたら、じっさい失敗したとき——失敗は必ずするものだ、成功と幸福へのユニークな進路を選ぶ遅咲き組の場合はとりわけ——自分や他人を責めるという落とし穴にはまってしまう。

## まちがいを犯しても、自分に思いやりを向けてリフレーミングする

では自己慈悲心は、どうやって育めばいいのだろう？

第1の、そしてもっとも重要なステップは、自身の内なる声に気づくことだ——人生を

みずから導くために利用すべき、独り言である。それが批判的な声であることが多すぎる。なにかに失敗したと思うたびに自分をひどく責める人がたくさんいる。自己慈悲心を高めるには、そうした声に気づき、批判を受け入れ、それを自分に思いやりを向けるかたちにリフレーミングする必要がある。

「自己慈悲心は、あなたが愛する人に見せるのと同じやさしさ、思いやり、気づかいを持って自身を扱うことだ」とネフ博士は説明する。「人間らしい心で、それをフレーミングする必要がある。自己慈悲心が他と大きく異なるのはそこだ。『わたしは、不完全な人生を生きている不完全な人間だ』と考えるのである」

たいていの人は、自分より他人に思いやりを向けることの方がはるかに得意だ。大切な友人が、試練や犯したまちがいについて口にしたら、やさしい言葉をかけて慰める人がほとんどだろう。友人が立ち直った暁には、そのまちがいから学び、つぎのステップを計画し、困難に直面しても耐え抜くよう励ますことだろう。

たとえまちがいを犯した場合でも、親しい友人や愛する人を扱うように自分を扱うのが、自己慈悲心でフレーミングすることに他ならない。ただし、これは自分自身に嘘をつくことではない。自分自身に語りかける方法を変えるということだ。頭の中で聞こえる厳しい批判の声は、敵ではない。自己慈悲心は、そうした批判の声と仲良くなり、それからいくらか客観的な距離を置き、モチベーションを高めるツールにしてしまうことなのである。

人はだれでもまちがいを犯す。完璧な人間などいない。成功した遅咲きの人は、まちがいを犯しても自分を責めることなく、すぐに前進する業をきわめた人たちだ。彼らは、自分は人間だという事実を受け入れ、失敗や不満を認識し、それについてくよくよ考えたりしない。誤解と不安と自信喪失の中にわたしたちを埋めこもうとする社会の力から解放されたいなら、それを見習うべきだ。

## 自信喪失を味方につけ、未来の強みとする

まとめると、こういうことになる。健全な人ならだれでも自信を失うものだが、わたしたち遅咲き組はそれが多すぎる。しかも自己イメージを守ろうとセルフハンディキャップを課す等、役にも立たない対処メカニズムを採用して状況をさらに悪化させてしまう。しかしそうした対処メカニズムは、才能の開花をますます遠ざけるだけだ。

目標に向かう遅咲き組が自信喪失を味方につけるには、自己効力感を探求すべきである。自己効力感とは、合理的でポジティブな姿勢で取り組めば、特定のタスクを達成できる、事実にもとづいて計画を立てられる、という信念であり、独り言やフレーミングとリフレーミング、そして自己慈悲心を育むことで才能を開花させることができる、という信念だ。

そうしたテクニックが遅咲き組の成功に向けての基礎となり、遅咲き組の強みとなる多くの特徴――好奇心、思いやり、復活力、冷静さ――を後押ししてくれる。

こうした遅咲き組の特徴はいまも重要だが、将来的にはさらに重要になってくるだろう。まもなく、ソフトウェアがわたしたちの仕事を肩代わりしはじめる。「規則性のある」数多くの職業が、いまＡＩに取って代わられようとしている（第2章を参照）。より複雑な仕事をする人の数がさらに増える一方、単純な仕事はますます自動化されていく。同時に、わたしたちの技能が意味を成さなくなるまでの時間が、ますます短くなっていく。

わたしが話をどの方向に持って行こうとしているのか、おそらくもうおわかりだろう。あらゆるレベルの仕事がより複雑さと協調性を必要とするようになるにつれ、好奇心、思いやり、洞察力といった遅咲き組の特徴が、より重要性を増していくのだ。自信喪失への対処スキル――まちがいを認め、自己効力感をサポートし、困難をリフレーミングし、思いやりを示す能力――すべてが、革新、継続学習、よりよいチームワークを必要とする未来をサポートすることになる。こうした遅咲き組の才能は、早咲き組の多くとは一線を画する、将来を約束されたスキルとなるのだ。

遅咲きの人は優秀な働き手となるだけでなく、その特徴やスキルの多くを活かして、より効率的なリーダーシップを取ることができる。慈悲深く自己効力感をサポートし、タスクをリフレーミングできるリーダーは、信頼を築いたり革新を促進したりするのがうまい。現実を進んで受け入れ、問題解決に他者の力も借りようとするリーダーは、困難を克服するのが得意だ。無私無欲で、存在感のあるリーダーとなる。チームメンバーや同僚ともうまくやっていける。自信のなさを受け入れる――ビル・ウォルシュのような――リーダーは、難なくパフォーマンスを向上させ、献身的でいられる。

この現実を理解しているのはわたしひとりではない。〈マッキンゼー・アンド・カンパニー〉や〈デロイト〉、〈マーサー〉といった世界規模のコンサルティング会社も、好奇心、思いやり、そして冷静さ――すべて遅咲き組の強み――を明日のリーダーには欠かせない資質だとして後押ししているのだ。

自信喪失も適切に利用すれば、障壁とはならない。遅咲きの人にとって、スーパーパワーとなるのである。

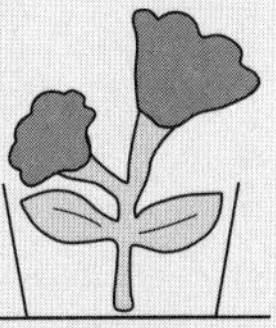

# 第8章

# 成長が遅いのなら、もっといい庭に植え替えよう

## みずから鉢を替え、状況と行動を変える

昔からの友人が、過去の恥ずかしいあだ名で呼ぶのをやめてくれない。何年もいい仕事をしているにもかかわらず、無名の大学出身者がいるのは会社のウェブサイト上で見栄えが悪いからという理由で、上司に昇進を拒まれる。

そんなふうに決めつけられ、身動きが取れずにいる人たちがいる。いまや過去になったはずの自分の殻を破ることができない、と感じている人たちだ。

たいした資格も持ち合わせず、初っぱなからつまずき、若いうちに花開けなかったわたしたち遅咲き組には、そういうことがしょっちゅう起きる。「郵便仕分け係のボブ」は、たとえそのあと専門課程で会計学の学位を取得しても、職場の人間にとってはおそらく「郵便仕分け係のボブ」のままだ。「敬意を集める財務担当者のボブ」になるには、職場を変える必要があるかもしれない。

同じように、高校時代「バンドおたくのケイティ」だった人は、それから20年たっても高校時代の友だちにとっては、あいかわらず「バンドおたくのケイティ」かもしれない。「意欲あふれるプロフェッショナルでふたりの子どもの母親ケイティ」として受け入れられるためには、古い友人のうち何人かと連絡を絶つ必要があるかもしれない――あるいは住所

を変える必要も。

自分が花を咲かせる――もしくは花を咲かせることができない――ことに他人が関係していると言われても、なかなか認められないものだ。しかし鉢におさまりきらないほど成長したバラの花と同じように、潜在能力をあますところなく発揮したいと思ったら、仕事や会社、あるいは住む街すら変えた方がいいこともある。さもないと、能力の劣る過去の姿をもとにあなたという人間を決めつけられ、それなりの扱いを受けかねない。

自分自身を向上させるため、いまの限界を超えて前進するための自己主張が、社会的現状を揺るがす危険がある。あなたの成長が、あなたの社会的もしくは職業的ヒエラルキーを脅かしてしまうのだ。あなたがまわりの人たちより物事をうまくこなすようになると、彼らは自分自身の業績や人生について疑問を抱きはじめる。すると取り残されたように感じ、（意識的、もしくは無意識的に）あなたをもといた場所に押し戻そうとする。

なぜ人は、それがたとえ友人でも、あなたを「もといた場所に」押し戻そうとするのだろう？

動物も人類も、生まれつき集団内の自身の立ち位置を意識するようできている。カニの集団は、罠もしくはバケツから逃げようとする仲間を文字通り引きずり戻し、グループ全体を確実な死に追いやる。人間の場合、集団内のメンバーが、他を上まわる成功を収めたメンバーの足を引っ張ろうとする。

遅咲きの人が成功すると、他の人はそれを刈り取らずにはいられず、突然「思い上がった人」とか、「ねたむべき成功者」に仕立て上げてしまう。そうやって、クラスから、宗教団体から、人種のグループから、裏切り者扱いされる危険がある。あからさまなねたみや悪意、あるいは不健全な競争意識からネガティブな言葉を浴びせられることもある。

ただ、自分が害のある否定の言葉を口にしていることに気づいていない人の方が多い。気づかいをしているつもりで、警告の言葉を口にする人もいる――「どうかな、サラ、きみが傷つくようなことにはなってほしくないんだ」。

作家のトム・ウルフがかつて、『クール・クール LSD交感テスト』と『ザ・ライト・スタッフ』の底辺を流れる哲学を説明する中で、こう述べている。「ステイタスは、多かれ少なかれ、わたしがあらゆる主題にアプローチする際に用いる手順だ。たとえば『ザ・ライト・スタッフ』は宇宙を描いた作品ではない。パイロット間の地位をめぐる争いを描いた作品だ」。人は地位をめぐって競争するという進化的な真実を描いたウルフの作品は、どこまでもおもしろい。しかしじっさいに末端を経験するのは――ヒエラルキーの底辺近くにいる遅咲き組になることは――おもしろくもなんともない。

こうした状況に陥ったときの解決法は、これだ――根っこを引き抜き、べつの鉢にみずからを植え替える。もちろん鉢替えは個人的な改革のための積極的なプロセスであり、ほとんどの場合、簡単なことでも、すんなりできることでもない。本質的に緊張を伴う行為であり、だからこそ、時空を越えて人の成長物語が文学で題材にされてきたのだ。そのジャンルで描かれるのは、独立心に目覚め、自分が家族や文化が望むような人間とはかぎらないことに気づき、成長する人々だ。ただし自分の家族や文化から離れるのは、けっして簡単なことではない。

鉢替えによって、小幅な変化も、大幅な変化も可能だ。同じような考え方をする人たちと新たに交流する、新しい仕事に就く、ちがう街に引っ越す、とパターンはさまざまある。とにかく肝心なのは、変えること、そして開花するためにより肥沃な環境に向かって、どんなに小さくてもいいから一歩を踏みだすことだ。

## 他の世界に出るのが恐ろしくて、異なる進路が進めない

自分自身を向上させ、改革しようとするとき、外部のみならず自身の内部からも抵抗に遭うことが多い。人は、たいてい変わりたがらないものだ。たとえそれが苦悩を引き起こしていたり、行く手を阻んでいたりする物事からの変化だとしても。コミュニティ、あるいは「族」は、安心感を与えてくれるがゆえに魅力的だ（第5章を参照）。

だがその族が、沈滞の原因になっていたら？　所属する族が自分にとってよくないものとわかっていながら、他の世界に出るのが恐ろしくてどうしたらいいのかわからなかったら、どうなってしまうのだろう？

それとはべつに、遅咲き組は、自身に制限を加えるような話にもつきまとわれている。〝わたしは高校時代、恥ずかしがりだったから、これから先もずっと恥ずかしがりのまま〟。そういう話を、あたかも変わることのない事実として頭の中に留めてしまう。しかしそれは、過去の自分、まだ開花していない自分の話だ。人間の行動にはある程度固定された特徴があり、それはいつまでも変わらない、と人は思いこみがちだが、そんな固定観念を抱いていると、鉢替えして異なる進路を進めなくなってしまう。

ハーバード大学のトッド・ローズは、『ハーバードの個性学入門　平均思考は捨てなさい』の中で、特徴的な行動にたいする固定観念の誤りを暴いてみせた。

あなたは外向的な人だろうか、それとも内向的な人だろうか？　この一見シンプルな質問をめぐり、心理学の世界では昔から激しい議論が交わされてきた。すなわち、人格の本質をめぐる議論だ。片や特性心理学者が、人の行動は明確に定義された人格的特性、たとえば内向的か外向的かといった特性によって決定づけられると論じる……片や状況心理学者は、人格的特性よりも環境の方がはるかに人格の形成を駆り立てるものだと主張する。

何十年にもわたって特性心理学者と状況心理学者が学術的バトルをくり広げてきたが、ローズは状況心理学者の方が証拠が揃っているとして彼らに軍配を上げている。これは遅咲き組にしてみればすばらしい知らせだ。過去の自分がどんなに愚かで未熟で機能不全で無能だったとしても、それらは生まれ持った人格に固定されたものではないということなのだから。行動と立場を変えれば、環境を変えることができる——鉢さえ替えれば。やはり遅咲きだったローズは（平均Dの成績で高校を中退している）ユタ州オレムにあるウェーバー州立大学の学生だったとき、鉢替えをしたという。

学校側に「攻撃的な子ども」の烙印を押されたときの経験を思いだした。それを聞かされた祖母は信じようとせず、「この子は家ではとてもいい子じゃないの」と両親に言っていた。孫かわいさのひいき目ではない。祖母の近くにいるときのわたしは、ほんとうにいい子だったのだ。わたしの攻撃性に火がつくのは、非常にかぎられた文脈の中だけだった。たとえばいじめられたときだ。クラスで紙をくしゃくしゃに丸めた玉を投げてトラブルに巻きこまれたのは、わたしを小突きまわしては楽しんでいたからだの大きな同級生3人のせいだった。クラスの外では彼らを避けるようにしていたのだが、クラスにいるときは、道化役になることでやり過ごすことが多かった。彼らを笑わせることができれば、ちょっかいを出されずにすむと思ったからだ。たいていはそれでうまく切り抜けていたのだが、そのためにたびたびカウンセラーに呼びだされるはめになった。

のちにウェーバー州立大学にどうにか入学したとき、頭をひねってクラスへのアプローチ法を変えてみた。まずは同じ高校出身の学生がいるクラスを避けたことが功を奏した。その特定の文脈に置かれれば、自分はまたクラスの道化役になってしまうことはわかっていた。そして大学では道化役が成功しないこともわかりきっていた。

## インターネットと検索ツールが、やり直しの障壁になることも

鉢替えに際しての障壁は、心理学的なことだけではない。

たいていの人が、インターネットや検索ツールをポジティブな革新だと見ている。情報へのアクセスが増えたのだから、そう考えて当然だ。出版や投資など、それまでは敷居の高かったプロセスの多くに広く門戸が開かれた。また、ネットワークを広げるのも容易に

なった。

しかしインターネットと検索ツールは、やり直しの障壁にもなりうる。人生のごく些細な物事が記録保存されてしまうことで、人は過去に犯してきたあらゆるまちがい、つまずき、誤った選択から逃れられなくなった——もうやり直しがきく時代ではない、とでも言うように。ある意味、わたしたちはみな、忘れる能力を失ってしまったようなものだ。と同時に、非常にアメリカ的な理想——新たなスタートを切る権利——を剥奪されたのである。

鉢替えには、もっとありきたりな障壁もつきまとう。アメリカでは、地理的な移動性が著しく減少している。アメリカ国内における人の移住は、１９９０年代はじめと比べると、現在は半分にまで減っているのだ。

その正確な理由はだれにもわからないが、家の所有率が高まったことを指摘する者もいる。べらぼうに高い住宅ローンに身動きが取れなくなっているのだ。それに加え、物理的消費が増加しているため、現実的な意味でも、心理的な意味でも、引っ越し費用がよりかさむようになった。かつてアメリカ人はトレーラー・トラック１台に荷物を積みこめば移動できたものだが、いまはほとんどの人がワゴン車６台を必要としそうな勢いだ。

共働きの夫婦が多くなったことも一因だろう。ひとつの家庭内にはたらく人がふたりいる場合、ふたり同時に仕事を辞めて同じ場所で新しい仕事を見つけるのは、かなりむずかしい。そして最後に、所得の伸び悩みも関係していると思われる。いまは、会社もしくは仕事を変えると収入が減る労働者が多いのだ。

そうした実質的な理由の他に、感情的な理由もある。慣れ親しんだコミュニティを去るのは心が痛むものだ。愛する人たちのもとを去るのも辛い。こちらを愛してくれる人たちにも寂しい思いをさせてしまう。

しかし最終的には、真の友人や家族なら、わたしたちにとっていちばんのことを望んでくれるはずだ。たとえ寂しい思いをすることになっても、わたしたちに才能を開花してもらいたいと願っていることだろう。

## 大都会の広告業界から抜けだした、50歳からの遅咲き作家

キンバリー・ハリントンは、処女作『*Amateur Hour: Motherhood in Essays and Swear Words*（未熟者の時間――エッセイと悪態で語る母性）』を50歳で出版した遅咲きの作家だ。それ以前はロサンゼルスとポートランドで広告代理店のコピーライターとクリエイティブ・ディレクターとしてはたらいていた。しかし彼女はずっとエッセイや本を書きたいと思っていた。そのためには、大都会の広告業界から抜けだす必要があることに気

づいた。彼女は新たな庭として、バーモント州の田舎を選んだ。

ロサンゼルスに住みながら本を書けたか？　わかりきったことです――無理。それまでキャリアを積んでいた広告業界は、大都市の産業です。たとえ大都市に暮らしていなくても、広告業界そのものが激烈な世界です。生活すべてを飲みこまれてしまいます。広告業界ではだれもが顔見知りで、いつも業界の仲間とつるんでいます。わたしもクールな都会のクールな業界人とつるんでいたのですが、つねにクールでいるためにはお金がかかりすぎました。一時解雇されるまでは、それを実感していませんでした。突如として、専門職という名のバブルが弾けてしまったのです。

ここバーモントでは、学者や環境保護主義者、そして概して「広告業界は世界をダメにするクソみたいな産業だ」と考えている人たちに囲まれています。

それまでずっと、心から楽しみながら取り組んできた仕事が、他の人にしてみればたいしたものではないとわかると、謙虚な気持ちになります。そのおかげで、視野が広がったように思います。かつて籍を置いていた広告業界は情熱的な世界でしたが、それがすべてではないことに気がつきました。あれが勝負のすべてではないのだ、と。

クールな都会と広告業界でのフルタイムの仕事をあとにして、小さな街で融通の利

くフリーランサーになったことで、他のことに目を向ける心の余裕ができました。バーモントで自営業になったとたんに、頭の中にスペースが生まれたのです。たとえば『ニューヨーカー』、『マクスウィーニーズ』、『メディアム』といった雑誌に原稿を送るとか、新しいことを試してみました。そうした機会がどんどん広がり、生活に精神的な余裕ができてきて、ロサンゼルスで通常のスケジュールをこなしていたら思いつかなかったようなアイデアを活用できるようになったのです。

キンバリーが「専門職という名のバブル」から、もっと多様な（そしてあまり「クール」でない）環境に移った経験がポジティブな結果につながったことは、広範囲におよぶ研究でも裏づけられている。彼女が選んだ新たな旅路は、本来の彼女により適していた。「高い満足度と精神的・肉体的な幸福は、人と環境がぴったり合ったときに発生する」と、数々の研究であきらかにされている。これは、はたらく環境にも当てはまることだ。

作家のダニエル・ケーブルとティモシー・ジャッジによると、仕事もしくはキャリアの変更に成功した人は、人と仕事の相性よりも人と組織の相性の方を重視するという。言い換えれば、組織の文化と環境の方が、仕事そのものよりも成功と満足を得るために重要だということだ。だから職探し中の人は、特定の仕事内容に加え、その組織の文化にかんする情報も集め、評価する必要がある。

さらには、個人的な価値観が組織の価値観と一致する労働環境を見つけた人は、より優れた「労働態度」で臨み、成功する傾向にあることにもなる。ケーブルとジャッジは、自身の欲求を満たせる環境を選んだ人は、より仕事に専念し、モチベーションを高め、忠誠心が強くなると主張する——そこからより高い業績と満足感へとつながるのだ。

こうした研究結果にも裏づけされたキンバリーの例からもわかるように、自分にぴったりの鉢を見つければ、大きな効果が期待できる。つい二の足を踏みたくなる気持ちはわかるが、会社や住む街を変えることは、花を咲かせるための強力な触媒となるのだ。

## 自分は最高の鉢に植わっているか？　完璧な鉢を見つけているか？

自身に問うべき重要な問いはこれだ——〝いま自分は、花を咲かせるために考えうる最高の鉢に植わっているだろうか？〟

完璧な鉢を見つけるのが現実的にむずかしかったり、時間がかかりすぎたりする場合のために、こうも問いかけよう——〝自分の才能、気質、そして情熱を支持してくれそうな鉢とは、どんなものだろう？〟

内気な人にかんする名著『内向型人間のすごい力　静かな人が世界を変える』の中で、

著者のスーザン・ケインは、生まれつき頑丈でほとんどどんな鉢でも花を開かせることのできる人がいる一方で、特定の鉢でしか花開かせることができない人がいるとする研究を引用している。大半の人がその中間に位置する。繁栄（もしくは開花）のチャンスは、その人の才能と気質をもっとも手厚くもてなしてくれる環境を得たときに高まるのだ。

ハーバード大学子供発達センターの所長ジェローム・ケーガンは、「高反応」の赤ん坊——光と音に敏感で、泣いて反応する赤ん坊——の、感情的敏感性の生涯の傾向をあきらかにした。そのタイプの赤ん坊は内向的な性格に成長し、ひとり静かに時間を過ごすのを好むようになったという。一方「低反応」の赤ん坊——光や音をさほど気にしない赤ん坊——は、正反対だった。彼らは外向的な性格に育ち、人との交流や活動を切望するようになった。

ロンドン大学の育児の専門家ジェイ・ベルスキーは、高反応の子どもは、おとなになってストレスを感じると、憂鬱、不安、恥辱に、より苦しむようになると指摘する。そういう子どもは鉢をまちがえるとダメージを受けやすいが、優れた親と上手な子育てに恵まれた安定した家庭環境ではすくすく育つという。

ライターのデビッド・ドブスは、ストレスにたいしてさまざまな反応をする子どもたちを植物になぞらえた。タンポポはほとんどどんな条件下でも成長する。同じように低反応の子どもとおとな——ほとんどが外向的——は、さまざまな状況でうまくやってのける。蘭——そして高反応の子ども——は、ある種の環境でないとうまく育たない。

　蘭の仮説は、遅咲き組にしてみれば洞察にあふれている。なかなか花を咲かせられない人は、おそらく蘭に近い気質をしているのだ。そしてその気質に合わない鉢の中で生きている。

　わたしはまさにその例に当てはまる。わたしの生まれ故郷ノースダコタ州ビスマークは、わたしにとって理想的な鉢ではなかった。小さな街のご多分に漏れず、スポーツ（アメフト、バスケットボール、そしてホッケー）の元花形選手や、外向型の人、やり手の人、空間能力に長けた人——つまり油井や水路、橋、建物といった物理的なものを開発、建築、修繕、そしてそこに価値を付加するのがうまい人にとっては、申し分のない環境だった。そういうタイプの人、すなわちタンポポのような人は、どこでも成功を収めることができる。しかし書籍や抽象的な考えに関心のある内向型の人——蘭の花——に合う鉢は少ない。そういう鉢は概して大都市や大学街で見つかるものだ。

　あなたはタンポポだろうか、蘭だろうか？　植え替える鉢の選択肢について考える際は、その答えを知っておいた方がいい。

## 「近場」への移動、似たような仕事への転職を考える

新しい仕事に鉢を移し替えて環境を変える場合を考えてみよう。その際、もし収入のすべてをその仕事に頼っているなら、まるっきり新しい仕事やキャリアに移るのには注意が必要だ。大胆な鉢替えは、若者やリタイヤ組ならではの贅沢なのだから。キャリア半ばの遅咲き組にとって――30代～50代の人――そして家族持ちやローン等を抱えている人は、「近場」への移動、つまり似たような仕事への転職を考えるのがいちばんだ。

キンバリー・ハリントンが広告コピーを書くことからエッセイや本を書くことに移行したのがいい例である。彼女はコピーライトの専門技術を足がかりにプロになり、創作するものとそれを読んでもらう相手を変えただけだ。自身の才能と書くことを愛する気持ちを捨てたわけではない。近場に植え替えただけなのだ。

近場への植え替え例として、わたしがよく知るジャーナリズムの世界から、もうひとつ例を挙げよう。

一般的にジャーナリストの給料は高くない。新聞からテレビ、インターネットとあらゆるメディアの中で上流中産階級レベルの収入を得ているのは、全米で数千人くらいのものだろう。そのため、結婚したり、ふたり目もしくは3人目の子どもが生まれたりすると、

それまでの給料にいきなり愛想を尽かすジャーナリストは多い。このキャリアではさらに上を望めそうにないと悟ると、彼らは似たような仕事であるＰＲの世界に鉢替えする。

しかしその時点でジャーナリストは、給料はともかく、ステイタスを失うことになる。ジャーナリストというのはプライドの高い種族で、たとえ給料がよくとも、ＰＲ活動には大半が否定的な目を向けるものだ。「ＰＲの仕事だけはできない」と考えるジャーナリストは多い。「そんなことをしたら自分の主義に反することになる」

それでも経済的に行き詰まったジャーナリストは、ＰＲ業界に鉢替えし、その仕事が思っていた以上に興味深いものだと気づく。クライアントを研究し、難局をフレーミングし、興味深い解決策を考えつき、それを実行する仕事だ。上級職クラスになると、ＰＲというより経営コンサルティング的な仕事内容になってくる。高レベルで戦略を練るようになり、交渉相手となるクライアント側の幹部は、あなたの経験を尊重し、あなたの話に耳を傾けようとする。しかも若手社員ではないので、ありがたいことに真夜中までプレスリリースをコピーしたり、こちらの話を聞こうともしないジャーナリストに売りこみの電話をかけたりする必要もない。

かつてＰＲの仕事をするなど想像できなかったものの、いざやってみると楽しくなり、業績を上げている元ジャーナリストを何人か知っている。しかも、彼らは生まれ変わったように感じている。元同僚のクエンティン・ハーディは、『フォーブス』誌のシリコンバレー局長を務めたあと、『ニューヨーク・タイムズ』紙の記者となった。そこで高い業績を上げ、AIやビッグデータ等の分野では、世界でもっとも影響力の大きなジャーナリストとして高く評価されていた。

現在クエンティンは、《グーグル・クラウド》の全コンテンツを担当するトップ編集者である。つまり彼はクライアント側の人間となり、楽しんでいるのだ。彼は名声と栄光のキャリア、ただし将来的な進歩は望めず、給料も同じか下がるのみというキャリアから、勇敢にも鉢替えを行ったのである。〈グーグル〉で彼は高給取りとなり、現在もっとも重要なデジタル・テクノロジー界で、もっとも優秀な人たちと一緒にはたらいている。〈マイクロソフト〉や〈アマゾン〉との戦いで、彼の強烈な闘争心をめらめらと燃やしているところだ。

これはクエンティンにぴったりの鉢替えだった。彼は近場に移ったのだ。時期的にも、記者としてシニカル——ジャーナリストにとって致命的な特質だ——になる前であり、自身の成功とプロとしてのつてを活用できるときだった。おかげで彼は停滞することなく、花を咲かせつづけることができたのだ。

## やり過ごせる環境にはまりこんでいるなら、リスクの少ない鉢替えをする

鉢替えの種類をもうひとつ紹介しよう。昔からの友人が行き詰まりの原因だと思ったら、新しい友人や同僚に鉢替えすること。これも、仕事の鉢替えと同じだ。現在の環境は害がある、すっぱり絶ち切る必要があると認識できる場合もあるが、もっとありがちなのは、花を咲かせることなく、なんとかやり過ごせる環境にたんにはまりこんでいる場合だ。仕事そのものはまあまあだし、職場の同僚も悪くはない。友人たちは退屈を紛らわせてくれる存在ではある。ただし、花を咲かせたいというあなたの願望を後押しすることもなければ、応援もしてくれない。ではどうするか？　いいことも悪いこともすべて放り投げて、リスクを覚悟で鉢替えをしろと？

そうした環境でよりリスクの少ない鉢替えをしたいと思ったら、なにかの同好会に加わるのも手だ。同好会の先駆けと言えば、１９２４年に設立された〈トーストマスターズ〉だろう。そこの会員はパブリックスピーチの技術を磨くことで、プロとしての自信をつけている（『内向型人間のすごい力』の著者スーザン・ケインは、とりわけ内向的な人や恥ずかしがり屋は〈トーストマスターズ〉が効果的だと推奨している）。

〈禁酒会〉（Alcoholics Anonymous／通称ＡＡの会）も同じくらい重要だ。これは

1930年代に設立された会で、飲酒問題を抱えたふたりの人物によって設立された。彼らはプロとしての訓練を受けていたわけではないが、同じように飲酒問題を抱える他人を助けることで、自分たちも立ち直りたいと考えたのだ。〈禁酒会〉は、依存症患者の会のみならず、数多くの組織においてさまざまなかたちでモデルとされ、成功を収めてきた。

わたしが知る中で、専門職の同好会として非常に魅力的なのが、〈ヴィステージ・インターナショナル〉だ。中小企業のオーナーが有料で登録するグループである。中小企業のオーナーたちは、大きな問題に直面したとき、だれに相談したらいいのか？　アイデアに行き詰まったときは？　幹部がライバル会社に引き抜かれたときは？　給料が支払えなくなったときは？　家庭や健康に問題が生じたときは？

そんなとき、彼らは従業員に不安な胸の内を明かすわけにはいかない。取締役会にアドバイスを求めれば腰抜けと解釈され、それでなくとももろくなっているところを急襲されかねない。

しかし仲間——直接的なライバル会社ではない、同じ中小企業のオーナーたち——になら、安心して打ち明けられることもある。相手が信用できる人物で、頼りになる助言と意見がもらえて、必要とされたとき逆に相談に乗ると約束することで料金はかからないのであれば。人は感情的な絆がない方が、安心して自分の弱さを認め、助けを求め、助言を受け入れられるものなのだ。

教会や、その他の信仰にもとづいた組織もまた、同好の仲間の集まりとしてお勧めだ。

わたしは一度、巨大教会を創設したリック・ウォーレン牧師に、サドルバック・コミュニティ教会を成長させたコツをたずねたことがある。

「小グループですよ」と彼は答えた。「サドルバックの真の業績と、サドルバックへの忠誠心を生みだすものは、日曜日にわたしが行う説教ではありません。月曜日から金曜日まで活動する小グループの中から生まれるのです」

わたし自身が通う教会でも、他の同じような教会でも、離婚、幼い子どもの子育て、ティーンエイジャーの子育て、失業、起業等、さまざまな苦境から人々を救いだすために、平日活動するグループがある。〈禁酒会〉その他の依存症からの回復を目指すグループと同じように、教会の小グループは無料で、素人が運営し、守秘義務を遵守する。彼らが求めるのは、あなたが助けられたときのように、他者を助けることだけだ。鉢替えの選択肢を探求するうえで、小さなグループは安全だしリスクも少ないと言える。

## 未来の自分を現実的に思い描き、必要ならみずから鉢をつくる

より自分に合った鉢に移ると決めたなら、つぎは未来のビジョンを打ち立てよう。UC

LAのハル・ハーシュフィールドによれば、未来の自分を現実的に思い描くことのできる人は、自分にとってよりよい決断を下すことができるという。あなたが思い描くべき未来の自分とは、才能を開花させた自身の姿だ。自分はその人物になれる、いや、必ずなると信じよう。

心理学で言うところの「目標とするアイデンティティを創る」のだ。ピーター・ゴルビツァー、パスカル・シラン、ヴェレーナ・ミチェルスキー、アンドレア・シーファートらの研究者は、重要な目標を達成したいと思ったら、目標とするアイデンティティとリンクさせるのが大きな助けになると論じている。要するに、あなたがなりたい新しい自分を想像することだ。新しい自分はどんな服を着て、なにを食べて、どんなことを話すのか。人とどんなふうに交流するのか？

ただし、鉢替えによって行動は変えても、自身の根本的な気質は歪めすぎないように気をつけてほしい。むしろ、その気質をもって取り組み、その気質を伸ばし、自分にとって都合のいいように利用してほしい。わたしは『Life2.0』を執筆中、ニューヨーク近郊からアイオワ州デモインに越してきたある男性にインタビューしたことがある。彼は保険販売員としてはたらいていた。ニューヨーク近郊にいたときの彼は、営業に積極性が足りないとしてつねに批判されていたという。「もっとペースを上げろ」と言われてばかりいたのだ。

ところがアイオワに引っ越すと、正反対のことを言われたという。「もう少しペースを落とせ」。彼にしてみれば、ペースを上げるより落とす方が楽だった。そして彼はデモインで才能を開花させたのだ。彼の控え目な気質が報われたのである。

最後に話をしたとき、彼はウエスト・デモインに美しい家を所有するようになっていた。職場まで15分の場所にあり、近隣住民はいい人ばかりだと熱く語っていた。彼はデモインを心から愛していたし、都会が恋しくなれば、シカゴかミネアポリスにひょいと出かけるだけでことは足りる。

花を開かせることのできる快適な鉢を確実に見つけるいちばんの方法は、みずからそれをつくることである。それこそ、時代を超えて何百万という数の起業家がしてきたことだ。創業者が会社を興すのは経済的な理由、つまりひと儲けするためだというのが一般的な考えだが、じつに幅広い個人的な理由があるというのが現実だ——金持ちになるため、なにかを証明するため、現状を打破するため、かつての雇用主に復しゅうするため、「世界に足跡を残す」ため、市場の隙間を埋めるため、自分で自分の時間を決めるため、等々。それらの理由すべてに共通しているのは、コントロールだ。起業家は製品、従業員、そしてふさわしいと思う文化をみずから選ぶ。いわば、自分の鉢をつくり上げるのである。

30年にわたってビジネスにかんする記事を書き、スピーチをしてきたわたしでも驚きを禁じ得ないのは、成功する企業のバラエティの豊かさだ。製品や産業や所在地の多様性についてて言っているのではない。組織的な構造と文化――鉢の形状と土壌――の多様性について言っているのだ。

1971年にフレッド・スミスによって創業された〈フェデックス〉は、資産650億ドルの世界的な大企業で、スミスはそれを軍隊よろしく経営すると決めた。元海兵隊員のスミスは、男性は白シャツにネクタイというドレスコードを決め、スケジュールを厳密に守ることにこだわっている。会議に遅れるなどもってのほかだ。〈フェデックス〉の文化が合う人も、合わない人もいるだろうが、少なくともそれがどんな文化なのかは明白なので、従業員をとまどわせることはない。

一方、〈ヴァージン〉グループ創業者のリチャード・ブランソンの会社はもっと緩やかな体質だ。長髪をした社会の反逆児ブランソン好みの鉢である。

ソフトウェア会社の巨大企業〈VMウェア〉の共同創業者で経営者のダイアン・グリーンは、シリコンバレーのワーカホリック的な基準からすればまちがいなく家庭にやさしい鉢をつくり上げた。2019年1月まで〈グーグル・クラウド〉のCEOだったグリーンは、子持ちの従業員は帰宅して家族で夕食の食卓を囲むことを推奨した。同社の市場での強敵はアンディ・ジャシー率いる〈アマゾン・ウェブ・サービス〉だ。そのジャシーは、世界でもっとも要求の厳しいボスのひとり、アマゾンの創業者でCEOのジェフ・ベゾスの部下だ。〈アマゾン〉の文化は厳しい。ベゾスに報告する立場の者にとっては、とりわけ。そんな〈アマゾン〉の鉢で花を開かせることのできる人もいるだろうが、そう多くはないだろう。〈グラスドア〉をはじめとするフリーのウェブ・ソースをリサーチしてみれば、もはや驚くことがなくなるほど、さまざまな企業の鉢の形状と土壌を知ることができる。
適切な鉢——所在地で選ぶか組織文化で選ぶかはともかく——を見つけるのは、才能を開花させるためには非常に重要だ。タンポポに近いタイプの人なら、いろいろな鉢で花開かせることができるだろう。しかし遅咲き組の多くは、スーザン・ケインとデビッド・ドブスの言う蘭タイプを自認しているはずだ。

## 最初の一歩を踏みだすことこそ、「ゴール・コミットメント」だ

つぎの鉢がどんなものかを把握しきれないうちに鉢替えのプロセスを開始するのはかまわない。いずれにしても、そのプロセスに専念《コミット》する必要がある。心理学者はそれを「ゴール・コミットメント」と呼ぶ。何十という数の研究により、ゴール・コミットメントが目標到達の鍵であることがあきらかにされている。

ゴール・コミットメントは、健康、学業成績、そして仕事のパフォーマンスの大幅な向

上と関係する。ある研究では、学業成績の目標を書きだして励んだ学生は、自分の目標を明確に言葉にしなかった学生と比べて、より目標達成率が高まり、成績が大幅に向上したことがわかった。それとはべつに2002年に行われたゴール・コミットメントの研究では、「変化に当たってはゴール・コミットメントがもっとも重要な要素」であると結論づけられた。

コミットメントが変化の鍵だと言っても、具体的にはどうすればよいのだろう？　遅咲き組として、みずから鉢替えするくらい波乱に満ちたことに、どうコミットすればいいのか？

最初の一歩を踏みだせばいいのだ。

そう、一歩前に踏みだすだけだ。完璧な一歩でなくともかまわない。興味、同好会、場所――希望を見つけるべくリサーチしてみよう。つぎの鉢を心に思い描くのだ。

ただし肝に銘じてほしいのは、なにかから逃げるために鉢替えをするのではないという点だ。アルコール依存症患者等の中には、自分の問題すべてを一緒にいる人間のせいにして、べつの街で新たなスタートを切りさえすれば物事は変わる、と言い訳して鉢替えを際限なくくり返す人がいるが、それは鉢替えの理由にはならない。

そういう正当化はともかくとして、いまあなたが植わっている鉢が花を開かせてくれそうにないなら、ほんとうに鉢替えを行うべき時が来ているのかもしれない。その際、考え直すことはあっても、思いとどまらないように。いま現在の生活から抜けだすのはむずかしいものだ。抵抗に遭うだろう。強烈な心理的、社会的圧力が大挙して改革の行く手を阻もうとする。それは事実として受け止めなければならない。人生を変えようとすれば、必ず抵抗勢力に遭うものなのだから。

「人生を歩む中で、人はアイデンティティを修正していく必要がある」と、カリフォルニア大学バークレー校の心理学者ラヴェンナ・ヘルソンは言う。ヘルソンは１２０名の女性を50年間追跡調査し、人格的特性、社会的影響、個人的発達について研究した人物だ。その過程で、自身を改革するのに遅すぎることはないと証明している。

「60歳になっても、人はなりたい自分になろうとすることができる。わたしの研究では、約1ダースの女性が60歳から70歳のあいだに大きくポジティブな性格に変わったことがわかっている」と彼女は語る。

いざ鉢を替える際は、遅咲き組には早咲き組よりもあきらかに有利な点があることを思いだしてほしい。わたしたち遅咲き組は、生まれつき好奇心と復活力が強い。人と異なる道を進むことも、慣習を打ち破ることも恐れない。角を曲がった先に、丘を越えた先になにが待っているのか、心から知りたいと思っている。そうした強みがあるからこそ、成功を後押ししてくれそうな人と場所を見つけるために、変わることができるのだ——変わらずにはいられない、とすら言える。

鉢替えの真の利点は、他人ではなく自分自身が自分の人生を定義するようになることだ。完璧な鉢など存在しない。人はつねに成長し、いつまでも学びつづけるのだから。重ねた経験をもとに、つぎのチャレンジ、すなわちつぎの鉢に備えよう。不幸せな生活から思い切って脱した人は、情熱を追求できるようになり、人生に新たな活力を見いだせる。自己を定義し、自己決定するための権利、新たなスタートを切るための権利を有することは、昔から人類にとってもっとも根本的な理想だった。

ぜひ一緒に、その理想を維持していこうではないか。

# 第9章
# 遅咲きの人たちの長い道のり

## 偏見をかわし、「貫き通すこと」の大切さ

93歳になるジェラルディン・ワイスは、貫き通すことの意味を知っている。30代のとき、彼女は子どもを抱えた母親として、そしてつましい賃金の海軍将校の妻として、経済的に苦しんでいた。そのあと遅咲きの花を咲かせ、史上もっとも成功した女性株式投資家となったのである。

1926年にサンフランシスコで生まれたワイスは、地元の高校に通い、カリフォルニア大学バークレー校で金融学を学んだ。大学では、暇さえあれば図書館に何時間でもこもり、ビジネスや投資にかんする本を手当たり次第に読んでいた。やがて彼女は1934年に発行された『証券分析』という本の感動的な論理に魅せられた（その論理は国を半分ほど横断したところにいた無名の若者ウォーレン・バフェットをも魅了する）。

その本の著者ベンジャミン・グレアムとデビッド・ドッドは、会社の株式は会社の所有権の割合を表すものなので、そのすべてに「本質的な価値」があるとした。さらに、この本質的な価値には、株式市場によってつねに不適正な価格がつけられていると論じた。1920年代の株式投資ブームのとき、株価が高騰し、最終的には本質的な価値をはるかに超える値をつけたあと、1929年に暴落した。その後、1930年代のはじめは、ほ

とんどの株が本質的な価値を大きく下まわる値で取引されることになった。

大衆は、１９２９年のピークを境にほとんど価値を失った株に飽き飽きしていた。グレアムとドッドは、株式市場がすぐに正常になることはまずないと指摘した。短期的に見れば、株式市場は人気コンテストの自動投票機のようにはたらく。しかし長期的に見ると、市場は重さを量る機械のように機能し、株価は本質的な価値に近づいていくという。

１９４９年、グレアムとドッドは2冊目となるさらに有名な著書『賢明なる投資家』を出版した。驚いたことに、この６４０ページにおよぶ難解な大著は、年月とともに１００万部以上の売れ行きを見せている。わたしが本書を執筆している２０１８年夏の時点で、同書は《アマゾン》の金融カテゴリーでベストセラー3位にランキングされている。しかし『賢明なる投資家』が世に登場し、投資の本質的価値の哲学を強化しているときから、ジェラルディン・ワイスはすでにグレアムとドッドを超えて、株式投資にかんする自身の理論を発展させていた。

ワイスも、ひとつの哲学としての本質的な価値に異議は唱えていないが、価値が決定される方法については疑問を抱いていた。グレアムとドッドは、とりわけふたつの比率を好んで利用した――株価収益率（Ｐ／Ｅ）と、株価純資産倍率（ＰＢＲ）だ。現在の投資家もこの比率を利用している。ＣＮＢＣテレビにチャンネルを合わせれば、ジム・クレイマーがどこかの株のP／EとPBRについて語る言葉が聞こえてくるはずだ。それにインターネットでどこかの企業の株を検索してみれば、P／EとPBRが即座に画面に現れる。しかしワイスはその比率に懐疑的だった。どちらの比率も企業幹部によって操作されかねない、と彼女はいまでも考えている。

ワイスの考えでは、収益ではなく配当金の支払いこそがその企業の真の財政状況と勢いを教えてくれるという。配当金の上昇は株の成長を予測する、と彼女は考えた。その企業の過去の配当金上昇もしくは落下が、任意の日においてその株価が高すぎる、もしくは低すぎることを示すパターンを確立するはずだ、と。

自身の新理論を試してみたいと思ったワイスは、投資会社の職に応募しはじめた。ところが、すぐさまふたつの壁にぶち当たる。1950年代と1960年代の投資業界に蔓延していた反ユダヤ主義と、彼女が女性であるという事実だ。金融学の学位、そしてグレアムとドッドをはじめとする投資関係のあらゆる理論の知識にもかかわらず、彼女に秘書以上の職をオファーする会社は皆無だった。

1962年、サンディエゴで、彼女曰く「その日暮らし」を送っていたとき、彼女は夫にとある株を100株購入したいと言った。その株は、彼女が考える「優良株」基準を満たしていながらも、配当金動向の割には低い株価がついていたのだ。その投資は成功し、ワイスが自身の配当金理論をもとに株式市場で試したその他の投資も、その後4年間にわたって成功しつづけた。これで自分の投資論には人に提案するだけのユニークな価値があると自信をつけたワイスは、職に応募するのをやめた。40歳にして、『Investment Quarterly Trends（四半期投資動向）』という投資のニュースレターを発行しはじめたのだ。創刊号で、彼女の分析では「厳選された優良株」ながら「過小評価」されている株式34銘柄を推奨した。その中には、〈IBM〉、〈ケロッグ〉、〈ゼネラル・モーターズ〉が含まれていた。

現在は『IQトレンド』と呼ばれ、ワイスみずからが後継者に選んだケリー・ライトが発行するそのニュースレターは、いまでも読者の投資を成功させている。しかし創刊当時、ワイスはまず自身の財政難を乗り越えなければならなかった。1962年に100株購入して以来、株式投資で儲けは出ていたものの、当初の投資額は必然的に少額だった。1966年にニュースレターを発行しはじめたときにはまだ懐が寂しく、ほんの2000ドルしか投資にまわす余裕がなかった。それでも数年ほど踏ん張りつづけ、購読費のわずかな余剰をすべて再投資にまわしていった。ニュースレターの発行が利益を生むまでには3年の年月を要した。「そこで学んだのは、辛抱だった」と彼女は語る。

しかしジェラルディン・ワイスのジェンダー偏見との闘いは終わっていなかった。

2017年にロンドンの新聞『テレグラフ』に掲載された彼女の記事には、こんな話が紹介されている。「女性に投資のアドバイスをしてもらいたがる人はいなかった。もともとは男性からもらったアドバイスだとわかるまでは、あなたのアドバイスを受け入れるつもりはない、というある紳士からの手紙を彼女は保管している。こうした偏見を巧みに避けるため、彼女は『G・ワイス』と署名し、これは男性が発行しているサービスだと読者に信じこませた――それは、1977年に人気テレビ番組『ウォール・ストリート・ウィーク』に出演するまでつづいた」

「そのころにはニュースレターを発行してからしばらくたっていたので、読者はすでにわたしのアドバイスで利益を上げていました」とワイスは言う。当時、彼女は51歳。その年齢にして、ようやく投資業界の注目を浴びるようになったのだ。

ジェラルディン・ワイスの遅咲きの成功は、辛抱強さのおかげだ――忍耐と深い情熱があってこその辛抱強さだ。忍耐はワイスの投資哲学の本質である（やはりグレアムとドッドの弟子として著名なウォーレン・バフェットも同様だ）。割安の配当株に投資することで、ひと晩にして裕福になる者はいない。じっさいワイスもバブル期後半の1999年には損をすることが多かった。当時、投資家たちは割安株《バリュー》には見向きもせず、IT企業の株で大当たりを狙ってばかりいた。だが彼女は自身の投資哲学を信じ、厳しい株式市場において、長年にわたってくり返される投資サイクルの中で試行錯誤をくり返した。ときおり損をする年があっても、くじけなかった。

## 情熱とぴったり合う「鉢」を見つけたら踏ん張ること

ジェラルディン・ワイスは模範的な遅咲きの人であり、わたしたち遅咲き組の手本だ。人生で価値あるものを成し遂げたいと思ったら、辛抱強さが欠かせない。どれほどの才能と幸運に恵まれ、どれほどの情熱を傾けていようと。本書執筆のために遅咲きながら成功を収めた何名かにインタビューをしたとき、ほぼ全員が、自分の情熱とぴったり合う「鉢」を見つけたらそこで踏ん張る必要がある——そこで貫き通すのだ、と口を揃えた。

うれしいことに、追求したいと思うもの、情熱を傾けるものに辛抱強く取り組めば、その姿勢を貫き通せば、人生のどの時点においても大きな突破口を開く機会はだれにでも訪れる。数多くの「一夜にしての成功話」は、20年、30年、いや、50年の努力があってはじめて、実現したものなのだ。社会が若くして成功することに執着するあまり、長年重ねた努力が結実したはずのものが、生まれながらの才能のおかげだと誤解されることが多い。だが本書で紹介する多くのサクセス・ストーリーは、ひとつのインスピレーションとして、学習、試行、辛抱、そして最終的な成功へのテンプレートとして見てもらいたい。

しかしどんなに冷静沈着であっても、あるいは覚悟ができていても、ついこんなふうに思ってしまう人は多いだろう。〝自分の運命を見つけて、それを生きるだけの心の強さが、辛抱強さが、自分にはあるのだろうか?〟なんと言っても、無難な仕事を辞めるときも、友人の和を離れるときも、信念や確信が揺らいでいるときも、堪え忍ぶ必要があるのだから。

しかし答えは簡単だ——あなたにはそれだけの強さがある。

どうしてそこまで言い切れるのか? ダイエットが1週間もつづかない人がたくさんいるというのに、逆境と犠牲の年月を堪え忍ぶなど、できるわけがない。改革への型破りな旅路をどう貫き通せというのか。避けがたい挫折、落胆する親たち、疑いを抱く友人たちと直面しながら。

わたしがそこまで言い切れるのには、理由がふたつある。

第1には、人は生まれつき、ものを語る能力を持っているからだ。人はそれぞれの人生において、物語の中で考え、物語の中で話し、物語の中でコミュニケーションを図る。物語の中で夢見ることすらある。人間の認識力はそもそも、ものを語ることだと言っても差し支えないだろう。人はカオスの中から直観的に理屈を見いだし、人生を構成するランダムな出来事すべてに因果関係を当てはめようとする。そんなとき、ものを語る能力が役に立つ。辛抱強さの武器としてものを語る、と言ってもピンとこないかもしれないが、ものを語る能力は、多くの人が思っている以上にパワフルなのだ。

わたしが楽観的になる第2の理由は、人は歳を取るにつれ、そして経験を積んで人生の教訓（辛いことが多いが）を得るにつれ、粘り強くなるものだから。人の心理学的性質――そして神経学的構造――のあらゆる面に当てはまるが、粘り強さは思っている以上に柔軟なものだ。才能や感情の抑制等、成功と関連するあらゆる心理学的特質と同じように、粘り強さは経験の豊富さに左右される。人の粘り強さは、人の成長とともに成長するものなのだ。

もちろん、粘り強さは黙っていても成長するものではない。人間のその他の資質と同じように、憂鬱、落胆、無視に直面すると、萎縮することもある。だから粘り強さを成長させるためにも、積極的になる必要がある。そして奇妙に思うかもしれないが、粘り強さはスポーツジムより映画館で成長を促せることが多いものなのだ。

遅咲き組にとっての粘り強さの重要性をより理解するために、ものを語る力、粘り強さの柔軟性、そしてそれらがどう関連しているのかについて、詳しく見ていこう。

## ものを語ることでみずからの未来を決定する

ものを語るというのは、じっさいに起きたことを述べるだけではない——この先に起きることを決定する力がある。自分自身にストーリーを語りかけることで、心の持ちようを形成し、幸福度を高めることができる。遅咲きの人にとって、これは最高の知らせだ。広範囲におよぶ研究により、語るストーリーによって、考え方、行動、感じ方を変えることができるとあきらかにされている。言い換えれば、わたしたち遅咲き組は、ストーリーを変更すれば、生きる姿勢や、さらには人生すら変えることもできるのだ。うさんくさい自己啓発モノに聞こえるかもしれないが、ストーリーというのは、ほんとうに成長と成功の隠れた触媒なのである。

ものを語るパワーは、かなり新しい医学の1分科、「もの語り心理学」の基板である。これは1980年代に、セオドア・サービン、ジェローム・ブルーナー、ダン・マクアダムスらの心理学者が個別に提案したもので、彼らは、ストーリーを組み立て、語り、詳述することを通じて、人が見いだす意義を研究している。神経科学や心理学のいくつかの分派が、人の心を入れ物、マシン、あるいはコンピュータのCPUに似たものと考える一方、もの語り心理学は、人の心を「偉大な語り手」と見る。

もちろん、心をストーリーの語り手として見なすことは、厳密には心理学にとって目新しいものではない。心理学が文学批評というツールを借りるようになるはるか前から、ジークムント・フロイトと彼の仲間たちは、精神衛生の崩壊はストーリーの崩壊に関連すると直観していたようだ。

フロイトの業績には軽視されてきたものも多いが、彼が天才であるゆえんのひとつは、厄介な人生の中に意義を見いだすために、患者とともに作業を進めたことだ。フロイト派の精神分析学者は、患者が自分自身のストーリーをきちんと識別できなかったり、ストーリーをまったく持っていなかったりすることを見抜いた。そこで彼らは台本の校正者よろしく、本質的に崩壊したストーリーを修正していったのだ。言い換えれば、精神分析の真の価値は、患者とともに作業しながら、それ自体はほとんど意味をなさないランダムな記憶や出来事を分析、選別することで、理路整然としたストーリーを構築することにあった。そのストーリーによって患者が過去のA地点から現在にいたる経緯があきらかになり、意義深い未来に向けて現在地を確認することができるようになるのだ。

ある意味、ひとつのストーリーを組み立てるのは、個人が自身の人生の出来事を新たに見つめ直す以上のことでもある。みずから管理可能な現実をかたちづくることができるようになるのだから。

詰まるところ、客観的な現実はカオス状態にある。人、場所、日付、時間等がすべてごちゃ混ぜになった集合体であり、絶えず動き、変化する。愛と美を生みだしながらも、同時に不運、災難、悲劇的結末も生む。偶然は、宇宙的もしくは進化的な信念の基盤となることはあっても、いいストーリーのもとにはならないことの方が多い。

だれもが、小説家、歴史家、伝記作家、死亡記事ライターが昔からしてきたことをしている——ランダムな出来事の連なりを、自分にとって意味があり、管理できるかたちになるよう、ストーリーとしてまとめているのだ。物事に秩序を与えながら、そこに意味を見いだしているのである。

しかしストーリーは、出来事が意味のある順番に収まればそれでいいというものではない。時間や日付や出来事を並べたリスト以上のものなのだから。ストーリーは、非常に現実的な選択肢によって築き上げられていく——含めるもの、除外するもの、詳述するもの、省くものを選ぶ。ものを語りたいという人の衝動は深く、ストーリーが存在しないところにすらストーリーを見ようとしがちだ。人は星の中に物語を見る。雲の中に物語を見る。もののかたちや音の中に物語を見る。

## ストーリーを語る力で、自分の考えと行動に影響をおよぼす

１９４４年にフリッツ・ハイダーとマリアンヌ・ジンメルによって行われた有名な実験を例に挙げよう。ハイダーとジンメルは、異なるかたち（三角形がふたつに丸がひとつ）が、箱の中や周囲を動きまわる短編アニメーション映画を被験者に見せた。そのうえでいま見たものを表現するよう求めると、被験者は三角形と丸があたかも人間であるかのように短いストーリーを語りはじめた。

彼らは、たとえばむっつりとした三角形を、「攻撃的」、「頭に血が上っている」、「不機嫌」、そして「怒りっぽい」と形容した（公平を期すために知らせておくが、この三角形がむっつりしているのは、小さめの三角形がガールフレンドの丸と一緒に逃げてしまったからだ）。ところが被験者は、その非人間的な物体に人格を当てはめただけではなかった。彼らはそれらの物体が主体性を持っていると見たのである。すなわち、自発的に行動し、自由に選択し、自身の運命を生みだす能力があるかのように見立てたのだ。

フランスの哲学者で物語とアイデンティティについて広く文章を発表しているポール・リクールは、行為主体性を苦悩の反義語と定義した。リクールによれば、人は自身の自由意志で独自に行動する能力を失うと、苦しむのだという。服従し、あきらめてしまうのだ。

行為主体性を失ったら、どうやって取り戻せばいいのだろう？　永遠に変化するストーリーの中で自身の役割を見直し、書き直せばいいのだ。

もの語り心理学から学べることがひとつあるとすれば、ストーリーを構築することで自身の考えと行動に大きな影響をおよぼせるということだ。困難に遭遇したり挫折したりしたときは、とりわけ。そうすることで、人生の方向性を変えることができる。大学生、重警備刑務所の囚人、関節炎もしくは慢性的な痛みに苦しむ人、はじめての子どもを出産したばかりの女性、一時解雇されたばかりの男性等、ありとあらゆる社会階層と民族グループ、そしてアメリカからニュージーランドという広範囲に暮らす人々を対象にした何十という数の調査により、個人的なストーリーを構築するというシンプルな行為が、健康と行動にポジティブな効果をもたらすことがあきらかにされている。

ただし、もの語り心理学は、悪い出来事や経験を、ほんとうはいいものだと人に信じこませようとするものではない。ひとつの出来事からつぎの出来事へと進行する中に、意味を――そして願わくばモチベーションを――見つけようとするものである。

もの語り心理学は、環境はつねに変化していることを人に認識させようとする。人生において、勝利から敗北へ、退屈からエクスタシーへ、そしてその逆に戻る、ということを、人はときにはほんの1日のうちに行っている。それほど多くの感情と取り組みながら、どうして辛抱強くいられるのか？

シンプルに言えば、ストーリーが、気まぐれな人生を耐え抜くための枠組みを与えてくれるのだ。

これは遅咲き組にはいい知らせだ。わたしたちは、自分の真のストーリー——運命が見つかり、潜在能力が発揮できる——はいまだ書かれていないのではないか、とずっと思ってきたのだから。

では、わたしたちが真の潜在能力を花開かせることのできるプロットは、どのように書けばいいのだろう？

## 事実はストーリーほど重要ではない

もの語り心理学によれば、自分に語りかける際は、事実はストーリーほどには重要ではないという。つまり効果的なものなら、ストーリーは真実でなくてもいいということだ。個人的に前進できるようなストーリーなら問題ない。事実にもとづいたストーリーでも、現実に近いストーリーでも、まったく真実と異なるストーリーでもいい。人は、未来の楽観的なストーリーを自身に語ることで、決意と忍耐を保てることが多々ある。そうしたストーリーが、本人以上に強力であることも非常に多い。

キリスト教徒なら、新約聖書の使徒ペテロの話からインスピレーションを得ることができる。イエスが磔にされたとき、ペテロはローマの衛兵に命を脅かされ、イエスを3度否認した。いざというとき、彼は勇気を奮い起こせなかったのだ。ペテロはどれほど自分を恥じたことだろう。こっそり逃げだして天職の漁師に戻ったとしても、大いに理解できる。

　しかしそれにつづく日々、ペテロは新たな物語によって変容する。イエスの復活だ。かつて臆病だったペテロが堅固な礎となり、その上にローマカトリック教会が築き上げられた。彼は殉職者として死を迎えたのち、サン・ピエトロ大聖堂にその名を冠されることとなった。そんなふうに、充分に意義深いストーリーがあれば、人は最大の苦境を乗り越えられるのだ。

　粘り強さのためにもストーリーは有効だ。なにもかもを現実的な成功率をもとに決断するなら、人はリスキーなことに挑戦するのも、なにか大きなことを達成するのも、まず不可能になる。しかしストーリーは不確かであるがゆえに、人を前進させる。創作された物語のほぼすべてに、若干の嘘が含まれている。わたしたちのストーリーは、事実確認が行われるドキュメンタリーとはちがう。語り手による解釈の余地があり、だからこそうまくいくのだ。人生を合理的な醒めた目で見れば、詰まるところ人間は繁殖するためだけに生まれ、死んでいくことになってしまう。しかし、自分はなにか大きなことを成し遂げるために生まれてきたのだ、と告げるストーリーがあれば、暗黒の時代や苦難をはるかに堪え忍びやすくなる。

もの語りは、遅咲き組にとってよくも悪くも使えるツールだ。たとえば、自分がなかなか花を開かせられずにいるのは、運に恵まれていないから、賢くないから、怠け者だから、と解釈してしまえば、未来にポジティブなイメージを抱けなくなる。その場合、ストーリーによって絶望やあきらめに導かれてしまう。

逆に、自分はミスを犯して難局に陥ったが、そこから学んだのだと認識すれば、自分が人生の手綱を握っているという意識が強くなる。カート・ヴォネガットが『母なる夜』の中で書いたように、「表面上、装っているものこそがわれわれの真の姿なのだから、なんのふりをするかについては慎重にならねばならない」のである。

ここで、あなた自身のストーリーについて考えてみてほしい。

雇い主から拒否されたとき、あるいは一時解雇されたとき――それは、キャリアが行き場を失ったことになるのだろうか？　あなたは落伍者なのか、失格者なのか？　一生スタートを切れない、遅咲き組のひとりなのだろうか？

それとも一時解雇は、人生最高の出来事のひとつなのか？　あなた個人の才能に、より見合った仕事を見つける自由を手に入れるための？

自身のストーリーを描く中で遅咲き組が陥りがちな落とし穴は、宿命を信じてしまうことだ。よく混同されるが、宿命と運命はちがう。ＵＣＬＡの伝説的な映画学教授ハワード・

スバーがこう書いている。「運命を求め、宿命に屈する。運命は自分自身に端を発し、宿命は外からやって来る。宿命は個人の意志や制御を越えた力で、背後からあなたに襲いかかる。運命はあなたの目の前にある魅力的な力で、磁石のように機能し、あなたに選ばれるようはたらきかける」

人は宿命の手に落ちる。

人は運命に向かって前進する。

遅咲きなのは、いやいやながら宿命を受け入れたからではない。外部の力に屈し、主体性を放棄したからではない。花を開かせるというのは、過去を認めたうえで、自身を励まし、インスピレーションを与えてくれる楽観的な個人的ストーリー——現実的だろうとなかろうと——を通じて、運命を追求することだ。あくまで文化の力に抗いつづける気持ちがあるなら、いくら自信がなくとも、みずからに正しいストーリーを語りかけていかなければならない。

## 年齢とともに高まる、やり抜く力

遅咲き組には貫き通す力があるとわたしが確信するのは、わたしたちの粘り強さのレベルが固定されたものではないからでもある。

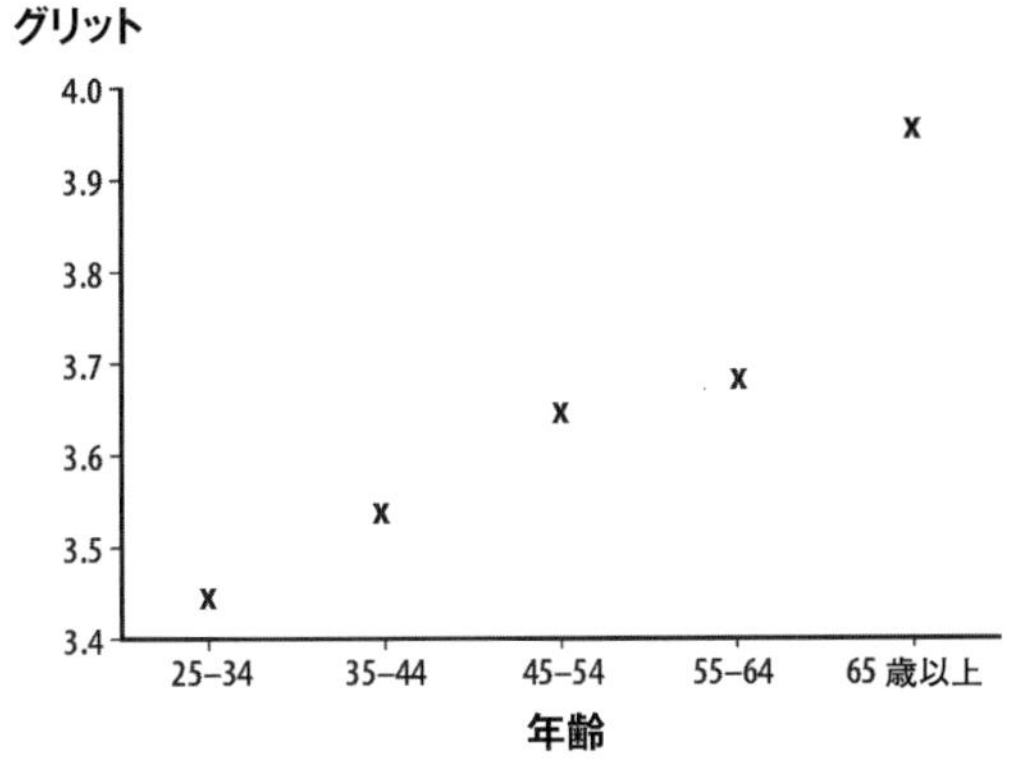


２０１６年のベストセラー本『やり抜く力 ＧＲＩＴ（グリット）――人生のあらゆる成功を決める「究極の能力」を身につける』の著者アンジェラ・ダックワースは、忍耐や粘り強さと同じ意味を持つ「グリット」すなわちやり抜くことにかんしては、文句なしにエキスパートだ。厳密に言えば、彼女の定義はそれよりもう少し複雑だ。だがとにかく、あなたにやり抜く力があれば、踏ん張ることができる。彼女は「グリット・スケール」というテストを考案し、アメリカの幅広い層の成人からデータを集めた。上のグラフは、グリット・スケールは年齢によって異なることを示している。

驚いただろうか？　粘り強さ、やり抜く力は、年齢とともに増加するのだ。グラフの横軸を見ればわかるように、もっとも粘り強い成人は、

60代後半以上である。もっとも粘り強さがないのが――そう、20代の人たちだ。ただしあなたが20代だとしても、あなたには頑張り抜く力がないという意味ではない。20代の多くがちゃんとやり抜く力を持っている。大切なことにこだわりつづける能力が、年齢とともに上昇する傾向にあるというだけの話だ。

このグラフからわかるように、粘り強さ、経験、そして年齢は、密接に関連している。ダックワースは、人は人生哲学を見きわめ、落胆から立ち直るすべを学び、打ち捨ててもいいような小さな目標と、辛抱強さが要求される大切な目標との区別をつける方法を知るにつれ、粘り強さを増していくことがこのデータに表れていると考える。どれも遅咲き組の突出した特質だ。

人生経験が、なぜ人格を変えるのだろう? ダックワースによれば、たんにそれまで知らなかったことを学ぶからだというのが理由のひとつだという。そして社会が年齢と学習についてどう考えているかはともかく、蓄積されていく知識には途方もないほどの価値がある。人は時間とともに人生の教訓を学び、年齢を重ねるごとに新しい環境に押しこまれる。ダックワースも書いているように「われわれはその機会に立ち上がる。言い換えれば、必要に迫られたとき、人は変わるのだ」。

## あらゆる難局で、つねに粘り強さを発揮するべきではない

粘り強さにかんして言えば、遅咲きゆえのさまざまな経験は、最高の教師となる。

いくつか要点をはっきりさせておこう。第6章で退却の美徳に触れたが、粘り強さ（やり抜く力）は人生のある時点では不必要だと言いたかったわけではない。なにかを達成するために忍耐が必要なのは当然だ。打ちのめされたあと、立ち上がる必要がある。第6章でわたしが言いたかったのは、本気で打ちこめないことを無理にやり抜こうとしても意味がないし、有害ですらあるということだ。無理にやり抜こうとすれば好奇心や実験が妨げられてしまう。意志を強く持つよう強要されると、成長と成熟に必要とされる時間が奪われる。成功するにはタイムリミットがあると言われれば、自分の真の才能を発掘しようともせず、本心では情熱を感じているわけでもない目標を焦ってでっち上げずにはいられなくなる。花を開かせ、それを長持ちさせるために貫き通す決意は、ひとり静かに固めるものだ。周囲に吹聴してまわるものでもないし、若くして成功しろと強要されてするものでもなく、あくまで個人的なこだわりなのである。

また、第6章で論じたロイ・バウマイスターの自我消耗という概念と、アンジェラ・ダックワースによるグリット・スケールの結果は、種類がちがう。自我消耗は、任意の時間

内において、人の意志力もしくはやり抜く力には限界がある、と仮定するものだ。集中してばかり、押し進めてばかり、あるいはがまんしてばかりの一日を過ごせば、そのかぎられた量を使い果たしてしまうという意味である。

一方ダックワースのグリット・スケール結果は、人の全般的なやり抜く力――あるいは粘り強さ――のレベルは、歳とともに経験を重ねるにつれ増加する可能性を示したものだ。これは遅咲き組には歓迎すべき知らせだが、エネルギーを賢く配分し、真の情熱のためにやり抜く力を取っておく必要がある点は変わらない。グリット・スケールがいかに高くとも、浪費する可能性はあるのだから。

はっきりしているのは、難局に陥るたびに軽率に粘り強さを発揮するのは避けるべきだという点だ。中には、そうする価値のない難局もある。それに第6章で学んだように、粘り強さや意志力を無駄に費やすと、疲労困憊し、悪くすると病気になることもある。だからと言って、貯めこまれた粘り強さが作動するのをなにもせずに待てばいいというわけでもない。粘り強さの触媒となり、それを強化してくれる個人的な資質というものがある。〝信念、目的、そして忍耐〟だ。

ここでいい知らせを。いま挙げた3つの特質は、人が成熟するにつれて発達していく。

## 目的意識の高さと忍耐が成功へとつながる

明日はきょうよりいい日になる、と単純に期待するような信念——安っぽい信念と呼ぼう——がある。通勤が楽になればいい、とか、週末は晴れればいい、とか。スバーによる宿命の描写のように、この手の信念には責任という重荷が伴わない。物事をよくするのも、道路をきれいにするのも、太陽を輝かせるのも、世の中の仕事だ、と。

一方、粘り強さはそれとは異なり、もっと責任を伴う信念だ。自分自身の努力が未来をかたちづくる、と信じる心にかかっている。明日はもっといい日になる、と期待するのと、明日はいい日にする、と決意するのとでは、まるでちがう。粘り強い人の信念——わたしたち遅咲き組が必要とする信念——に、偶然はいっさい関係ない。すべてが意志と関係しているのだ。

粘り強さにとってつぎに重要なのが、目的だ。目的意識の高い人は、意義ある人生を追求することにかけて、モチベーションの高さが人より抜きんでている。ダックワースは研究の中で、目的意識の高さと、グリット・スケールのスコアの高さが相互関係を示すことをあきらかにしている。目的は人にモチベーションを与えるのだ。これを追求することが重要だと納得すれば、人は頑張り抜こうという気持ちになる。人はみな聖人になる必要があると言っているわけではなく、目的意識はわたしたち遅咲き組の目標をより広い世界とつなげてくれるということだ。

最後は、忍耐だ。シリコンバレーのわたしのお気に入りの遅咲きの人であり、「すばやく行動して破壊しろ」とせっつくビジネス文化における忍耐の手本が、ダイアン・グリーンである。

グリーンはメリーランド州アナポリスで、海を愛しながら育った。少女のころ、カニを捕まえては1杯5ドルで売ることを学んだという。大学では工学を専攻したが、ウィンドサーフィンを楽しんだり——19歳のときウィンドサーフィンの世界大会を組織した——ヨットレースに参加したりもしていた。大学卒業後は石油の海洋掘削会社に就職したが、男性が支配する深海掘削プラットフォームへの立ち入りを許されなかったことから、退社した。そのあとウィンドサーフィンの会社に就職し、のちにキャンプ用品を扱う〈コールマン〉に転職した。

33歳のとき学校に戻り、コンピュータ科学の上級学位を取得した。それがはじめてのソフトウェアの仕事につながった。「ようやくおとなにふさわしい仕事をする準備が整った」と彼女は語っている。1998年、43歳のとき、彼女は夫と3人の仲間とソフトウェア会社〈VMウェア〉を立ち上げた。コンピュータのハードウェアから大きな効率性を引きだすメソッドを売りにした会社だ。
〈ＶＭウェア〉は大成功を収めたが、53歳当時、ＣＥＯを務めていたグリーンは、解雇の憂き目に遭う。控え目すぎる、報道機関にたいする積極性が足りない、若く押しの強いＣＥＯを愛する時代精神に合っていない、というのが解雇理由の一部だった。しかしグリーンのキャリアはそこで終わらなかった。２０１０年、彼女は〈グーグル〉の取締役となり、２０１９年1月まで〈グーグル・クラウド〉のＣＥＯを務めたのである。

シリコンバレーの億万長者をまた遅咲き組に含めるつもりか、と抗議する読者もいるかもしれない。しかしグリーンを含めたのは、彼女が33歳になるまで「おとなにふさわしい仕事」をする準備が整っていなかった、という自己評価があったからだ。じっさいグリーンは、ジョナ・レーラーやエリザベス・ホームズをはじめとする数え切れないほどの早咲きの燃え尽き症候群の人たちとはちがい、生まれてからの33年間を、早期の成功と名声を狂ったように追求する時期とは見ていなかった。彼女はその時期、冒険と探求の旅路が必要だと考えていた。メリーランドのカニを捕まえて5ドルで売ること、19歳でウィンドサーフィンの世界大会を組織したこと、小型ヨットでの競争を学んだこと、海洋での石油ビジネスで荒くれ男たちに混じったこと、キャンプ用品会社で製品をいじくりまわしたこと等々が、彼女の冒険と探求の旅路だった。

グリーンの物語は、健全だし賢いものだった。彼女はけっしてじっとしていたわけではないが、じりじり焦っていたわけでもない。彼女が進んだ道は彼女自身の進路であり、慣例など関係なかった。彼女の物語が奇妙に聞こえるのは、早期成功を目指す正気を失った今日の究極の神童文化という文脈の中だけだ。

彼女の変わらぬ忍耐は、彼女自身や他者への接し方ににじみ出ている。〈ＶＭウェア〉を経営しているとき、彼女はふたりの子どもを育てていた。グリーンは毎晩、夕食のために帰宅することにこだわった。１９９０年代ですら、シリコンバレーという煮えたぎる大釜の中では反乱的と見なされた行為だ。それを、〈セラノス〉創業者の早咲き組エリザベス・ホームズと比べてみてほしい。彼女の主任警備員はスパイのごとく毎晩午後7時30分にオフィス内を点検してまわり、早めに退社した者がいれば、翌日、〈セラノス〉に身を捧げていないと叱責していた。本書が印刷にまわされる時点で、ダイアン・グリーンが遅咲きながら辛抱強く運営した〈ＶＭウェア〉は、５６０億ドルの資産価値が見積もられている。一方、天才児がつくった〈セラノス〉は倒産した。

ダイアン・グリーンの物語は、神経科学分野であきらかになりつつあることを裏づける。成功するためのスキルである自己調整力、高い集中力、そしてパターン認識力等は、時間と経験とともに身につくものなのだ。ここでの教訓は、挑戦すること。わたしたちは学ぶ必要がある。

ただし、辛抱強く。

スーザン・ケインは、『内向型人間のすごい力』の中でこう書いている。「人生の秘訣は、みずからを正しいライトの下に置くことだ。それがブロードウェイのスポットライトの人もいるだろう。デスクランプの明かりという人もいる。あなたの生まれ持った力――粘り強さ、集中力、洞察力、そして感受性――を活用して、愛する仕事を、大切な仕事をしてほしい。問題を解決し、芸術を創造し、じっくり考えてほしい。あなたが世界に貢献すべきものを見つけて、確実に貢献してほしい」

すばらしいアドバイスだ。しかしよほどの運に恵まれないかぎり、正しいライトを見つけるには、ダイアン・グリーンのように辛抱強く探しつづける以外に道はない。そして新しいことに辛抱強く挑むための力や、新しい情熱を追求するために必要な意志力はかぎられていることから（第6章を参照）、わたしたち遅咲き組は粘り強さを「費やす」際には注意する必要がある。遅咲き組のもっとも大きな悩みどころはここだ――辛抱強くあるべきときと退却すべきときは、どうやって見きわめたらいいのか？

## 遅咲き組には、成功への「ベルトコンベア」は合わない

〝スキートー・テー・イプスム〟、すなわち、己を知れということ。わたしたち遅咲き組は、べつの羽を持つ鳥のようなものだ。品種の異なる猫のようなもの。ちがう布から切り取られた存在。陳腐な言いまわしをいくら並べてもかまわないが、とにかく遅咲き組は究極の神童文化と、成功へとつづくベルトコンベアには合わないのだ。早咲き組を手本にしても成功を願うことはできない。少なくとも、意義深く、維持が可能な方法では無理だ。そんなことをすれば忍耐力が燃え尽き、探求が阻まれてしまう。遅咲きの人は自分と人とのちがいについてじっくり考え、自身の限界――そして才能――を認め、自分はちがう進路を取るべきであることを理解しなければならない。

50歳にして処女作を世に送りだしたキンバリー・ハリントン（第8章を参照）は、遅咲きだった自分を受け入れたことについて、つぎのように考えている。

わたしは子どものころからいつも人より遅れていました。2歳近くになるまで歩けなかったし、9歳になるまで自転車に乗れませんでした。友だちはみな補助輪なしで自転車に乗っていたのに、わたしはいつまでも補助輪を外せずにいたのです。転ぶの

が怖かったから。それでもついにある日、母に言いました。「補助輪を外して」と。母に補助輪を外してもらったあと、自転車で出かけてみましたが、なんと一度も転ばなかったんです。

人生を通じて、それこそがまさにわたしらしさだと気がつきました。年齢は関係ありません。

文化的な期待があることはわかっています。広告業界の人間は、「30歳未満の富豪30人」リストもしくは「40歳未満の富豪40人」リストのようなたぐいの上位に食いこむことで知られています。そうしたリストを見るたび、いつも不愉快でした。こう思っていたんです。「いまわたしは曲がりくねった道にいる。自分がなにをしているのかすらわからないのだから、自分がそういうリストに載ることはぜったいにない」。どの産業でも、その世界を圧倒する若い人にスポットライトを当てがちです。でもわたしはふと、自分が昔から遅咲きだったことを思いだしたんです。50歳になった年にはじめての本を出版したという事実は、広告業界的に言えば、遅咲きのわたしにぴったり〝ハマって〟いました。

文化的な期待とどう闘えばいいのか？　振り返って、本来の自分がどんなだったたか考えてみればいいんです。人は、本来の自分に抗いがちな気がします。そんなのはクールじゃない、とか、いまのカルチャーではありえない、と考えて、自分ではない他のだれかになろうとします。友だちや同僚や、気質、意欲、思考プロセスがことごとく異なる人間になろうとするんです。

なにかにいらだちを覚えたり、落伍者の気分を味わったりするときのわたしはいつも、そもそも自分に合うはずもないことに無理に合わせようとしているんです――一度として自分に合ったためしのないものに。

なにかをするときは確信していたいし、心から自信を持っていたいと思います。わたしはそういう人間ですから。いったん確信したら、あとは目標に向かって突き進みます。スタートは遅いかもしれませんが、あとでアクセルを踏めばいいだけのことです。それが、驚くほど着実な方法なんです。

だから振り返って、子ども時代の自分がどんなだったか、なにをするのが好きだったか、なにに満足感を覚えていたかを考えてみるといいと思います。そういうものにもう一度目を向けて、なにかに挑戦する際は当時のアプローチに立ち戻ればいいのです。そうしないと、おとなになってからの全人生、壁に頭を打ちつけて過ごすことになります。

キンバリー・ハリントンのストーリーから、粘り強さは年齢とともに発達する一方で、粘り強さを最大限利用できるのは本来の自分にぴったりの物語を発見――もしくは再発見――したときだということが再確認できる。

## 信じられない行動で気づいた、本来の自分

わたしは２０１６年にリーダーシップ・セミナーに参加したとき、それを身をもって体験した。当日の課題そのものはじつにシンプルだった。人生でもっとも誇れる50の成果を書きだすよう言われたのだ。履歴的な成果を書く人もいるだろうし、履歴書には書けないような間抜けな成果を書く人もいるだろう。たとえば、『ニューヨーク・タイムズ』紙のクロスワード・パズルにペンで書きこむとか。そして、人には言えないものの、自分の中ではいちばん誇らしく思う成果もある。わたしの秘密の成果は、ほとんど狂気の沙汰だった。

あれはスタンフォード大学の春休みのことだった。みなスキー旅行に出かけたのか、キャンパスの半分は明かりが消えていた。わたしはスキーなんてしたことがなかったし、そもそもそんな経済的余裕はなかった。それでも当時は陸上人生のピークにいて、週に70マイルは走っていた。

その土曜日、わたしはランニングシューズを履き、キャンパスの西にあるサンドヒル・ロードに向かった。ぐるっと14マイルほど走ったあと、ビールを飲んで素人ソフトボールの試合でも見物しようと考えていた。ところが走りはじめて5マイルの当たりで、ふと奇抜なアイデアが頭に浮かんだ。ここで右折して切り立った丘の曲がりくねった道をのぼり、サンタクルーズ山脈の景色を拝みに行ったらどうだろう、と。

そこで1300フィートの上り坂を進みはじめた。まもなくわたしの好奇心も収まり、すぐにUターンして下ることになるだろう、と思いながら。ところが丘の頂上に到達すると、またしてもとんでもない考えに頭を占領されてしまった。このまま山の西側を下って、太平洋に向かったら？

水もスナック菓子も持っていなかった。サングレゴリオ・ビーチに到着するころには、出発してから26マイルが過ぎており、低血糖のためにもはや足は止まり、のどはからからの状態だった。しかし、金は一銭も持っていない。そこで、生まれてはじめて、まさか自分がこんなことをするとは想像すらしていなかったことをした。サングレゴリオの雑貨店の前に立ち、物乞いをしたのだ。ゲータレード1クオート分と、スニッカーズのバー2本分の金を。その時点で、ヒッチハイクしながら戻るべきだった。ところがふたたび、ばかな考えが浮かんできた。〝ジョギングしながら戻ったらどうだろう？　できるだけゆっくりと〟

山の麓までの平地では、休暇を過ごしに来ていたイギリス人がずっと自転車で伴走してくれたので、わたしはペースを上げた。もはや胃の中でゲータレードがばしゃばしゃ跳ねることもなかった。しかし山の麓に到着すると、一時的な友は別れを告げ、そこからわたしはひとりでふたたび１３００フィートをのぼらなくてはならなかった。

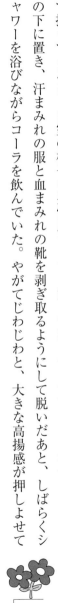

頂上のスカイロンダという村で、恵んでもらった金の残りをコーラ１本とさらなるスニッカーズ１本に費やした。コーラを振って炭酸が抜けるのを待ってから、それを貪るようにしてのどに流しこんだ。そして山を下ってスタンフォードを目指したのだ。こんなことを考えながら。〝こんなのは狂気の沙汰だ、でもいまさらやめられない〟

大学キャンパスまであと２マイルもないというところで、わたしは疲労のあまり被害妄想を抱きはじめた。車で轢き殺されそうになった気がしてむかっ腹を立てたのだが、ふと自分が道路の内側に寄りすぎていたことに気づいた。判断力が急速に失われていった。それでもどうにか学生寮まで戻ることができた。食堂からコーラ３本をひったくるようにして持ってくると、自室の椅子を男性用シャワー室まで引きずっていった。椅子をシャワーの下に置き、汗まみれの服と血まみれの靴を剥ぎ取るようにして脱いだあと、しばらくシャワーを浴びながらコーラを飲んでいた。やがてじわじわと、大きな高揚感が押しよせてて。なんと――52マイルを7時間半で走りきったのだ、しかも山をひとつのぼって下ってきた。

それから41年後、わたしはあの常軌を逸した気高いランニングを、個人的な50の成果リストのトップに選んだ。そのセミナーでの演習の目的は、わたしをあのランニングに駆り立てた理由を認識することだった。その演習から学んだものは大きく、もっと早くにその教訓を学ばなかったことを後悔したものだ。

そのときわたしが学んだのは、こういうことだった。わたしがいちばんの成果を上げるのは、なにかを証明しようとするときではなく、なにかを発見しようとするときだ。

あの日、通りの角を曲がるたび、つぎの丘をのぼるたび、わたしは自分の好奇心を満たそうとしていた。こんな思考プロセスだったのだ。〝このままもう少し先まで走ったら、どうなるだろう？　あともう1マイル、忍耐強く、粘り強く走ったら？　ここで物乞いをしたら？〟

あのときのわたしは、競争のために走ったのでも、自分のガッツを試すためでも、なにか計画を立てて走っていたわけでもなかった。そんなことを考えていたら、めげていただろう。そもそも、スタートすらしなかったはずだ。小高い丘をひとつずつ、辛抱強く、粘り強く走りつづけるうち、最終的に山をひとつのぼっていたのだ――2回も。

わたしにはそういうやり方が合っていた。

つまりわたしが人より抜きんでる状況は、好奇心に支配されたときだというのがわかったのだ。そういうときは、冒険心にも支配されている。そうなると、わき目もふらずに突き進むのだ。背中を押されるのではなく、引きずりこまれるような感じだ。説明することのできない、なにか美しい力によって。粘り強さと忍耐の方から自然にやって来るのであって、みずからそれを奮い起こす必要はない。そんなとき、わたしは成功する。

そんなぐあいに、わたしは本来の自分と、自分を駆り立てるものについて、しっかり見抜くことができた。わたしが花を咲かせるのは、冒険するとき、一歩前進するとき、これといった目標はなく、ただつぎの道にあるものを見たい、と好奇心をそそられるときなのだ。そんなとき、わたしは魔法のように引きずりこまれ、努力せずとも粘り強さを手にしている。

早咲き組の大半は、そんなふうに考えたことはないと思う。彼らは目標によって駆り立てられているからだ。ＳＡＴで高得点を上げるため、オールＡの成績を取るため、世の中のトップに立つため。彼らにとっては、そうした姿勢がつねにうまくはたらいた。若くしての成功へとつづくベルトコンベアが、彼らのそんな競争心に気前よく報いてくれたのである。

あのときのランニングのおかげで、自分はちがうタイプの人間だと気づくことができた。わたしを駆り立てるのは好奇心、冒険、発見であり、目標や競争や勝つことではない。ビジネスでも、人生でも、あるいは趣味の世界でも、わたしが成功するために取るべきは、そういう進路なのだ。好奇心と冒険を追い求めることが、わたしの燃料となる。好奇心が尽きることはないので、けっきょくはよりよい結果が出る。固定されたスケジュールで固定された目標を追い求めたり、競争するためだけの熾烈な競争に参加したりすれば、わたしは燃え尽きて終わりだ。そうなれば世間はわたしのことを怠け者呼ばわりするかもしれない。でもわたしは怠け者ではない。早咲きの人たちのようにはできていないだけだ。

そして本書を読んでいるところからして、あなたもわたしと同類なのだろう。

## 花を咲かせることに期限はないからこそ、未来は変えられる

花を咲かせることに期限はない。わたしたちの未来のストーリーは鉛筆で書かれており、石に刻まれているわけではない。だから変えられる。意志を決定するのに固定されたスケジュールがあるわけでもなければ、飛躍的進歩を遂げるための年齢制限もない。人はなにかの能力を失っても、それをはるかに上まわる能力を得ることが研究であきらかにされている。だからわたしたちが自身に問うべきは、「生まれ持った資質や人生経験はさておき、

自分にはなにが達成できるだろう？」ではなく、「生まれ持った資質と人生経験を活用して、自分はなにを達成できるだろう？」である。

成功のための標準スケジュールを強要されなければ、人は自分なりのスケジュールで花を咲かせることができる——じっさい、咲かせてみせるのだ。しかも、より深い使命感と、より大きな充足感をもって。人生というマラソンでなにを達成するかは、粘り強さ、忍耐、そしてありのままの自分を見つめる能力にかかっている。若い才能や早期成功にたいする文化的強迫観念のせいで、人はそのシンプルな真実から目をそらされているだけだ。

たとえ遅咲きでも、自分には力があることを理解しなければならない。10代や20代のころ持っていた力と同じようには感じられないかもしれない。そのころの力は空想によって育まれたものであり、かぎりなく広がる可能性はすべて文化が定義した成功に向けられていた。

わたしたち遅咲き組の力は、それとは種類がちがう。人が勝手に決めつけたものを拒絶し、山あり谷ありの、紆余曲折する人生の現実を受け入れる力だ。探求し、経験する力、個性を活かすための力だ。自身を知り、自身を大切にすることで得る力である。

人にはそれぞれ非常に異なる、非常に個人的な旅路が待っている。社会が決めた融通の利かないタイムラインを手放せば、心が解放される。人生を——そしてキャリアを——より有機的に、自分らしく展開できるようになる。遅咲き組ならではの困難にぶち当たっても、じつはそこになにかの利点が隠れているかもしれない。悲惨な失敗がめったに手に入らない突破口となり、厳しい終わりが新鮮なスタートとなり、宿命の憂鬱な展開がすばらしく幸運な出来事となることは多い。

成功に向かって人より遠い道を歩む中で、自分のいる場所、向かいたいと思う先、そして新たに開かれた進路が、より明確に見えてくる。異なる旅路を進むうち、自身の適応能力が意味するものが見つかり、その能力に自信が持てるようになる。新しいことに挑戦し、昔ながらの真実を発見し、自身の疑いを克服し、後戻りしなくなる。自分には価値があるとわかり、リスクを恐れなくなる――信頼し、創作し、前進するために。若くして成功することに執着する文化になにを言われようが、人生は完璧に計画できるものではない。自己実現への道は、ひとつきりではないのだ。

わたしたち遅咲き組は、才能に恵まれている。たどるべきすばらしい運命の持ち主だ。

## おわりに

本書を執筆中、思わぬことが起きた。

友人や、ビジネスや社交の場ではじめて会った人も含めた知り合いから、つぎのプロジェクトについてたびたび訊かれたので、遅咲きの人にかんする本を書きます、と答えていた。出版前の作品については語りたがらないライターもいる。ジンクスを恐れたり、アイデアを盗まれることを恐れたりして。しかしわたしは昔から、新しいアイデアは人と共有することにしていた。みな、きまってこう言うからだ。「それなら、この本を読んだ方がいい、あるいはこの人と話をした方がいい」。そしてそれが貴重なアドバイスとなることが多い。共有することで、勝つのである。

ところが本書の場合、ことごとくちがっていた。熱く、感情的な反応が返ってきたのだ。みな目をぱっと輝かせ、わたしの腕をつかんでこう言った。「わたしも遅咲きだ！」

まるで遅咲き組のパラレルワールドが存在していて、そこへ通じる窓がひとつ開かれたかのようだった。ほぼ全員が、自分は遅咲きであり、それをあなたに知っておいてもらいたい、と口を揃えたのだ。一見したところ早咲きの人ですら、そうだった。第4章で大学時代のルームメイト、ボブのことを書いた。新入生ながらファイ・ベータ・カッパの会員となり、法科大学院でも成績優秀で、ほんの5年で世界的な法律事務所のパートナーになった男だ。比較的最近、そのボブに会ったとき、彼は自分も遅咲きだと主張し、高校時代に受けた侮蔑や挫折感について語った。

「みんなの話、どう思う?」とわたしは妻のマージにたずねた。「みんな、『わたしも遅咲きだ!』と言うんだけど」

「だれもが認めてもらいたいんでしょ」と彼女は言った。「たいていの人は、本来の自分や、自分の能力をきちんと認めてもらっていないと感じている。自分の才能はまだ活用されていない、まだ発見されていない、と感じているのよ」

本書のためにリサーチしているとき、アメリカをはじめとする世界中で人々の潜在能力が活用されることも発見されることもなく眠っている、これは危機的状況だ、と実感した。政治勢力分布の両端に見られる今日の怒れるポピュリズムは、自分たちはまだ活用されていない、発見されていないという苦悩の叫びがまちがった方に向けられた結果なのではなかろうか。アメリカでは多くの人たちが、認められていない、評価されていない、敬意を表してもらえない、と感じている。彼らは自分たちの苦悩だけでなく、潜在能力にも目を向けてもらいたがっている。こんなのは、アメリカのような裕福な社会で起きてはならないことだ。ところが無知な善意から、アメリカ社会は早期成功に向かうベルトコンベアつきの人間分類マシンを設計してしまった。その結果が不幸であることは保証つきだ。だれもが、遅咲きを認識、奨励するための役割を担っている。自分自身のためにも、子どもたちのためにも、友人とその子どもたちのためにも、そうする義務がある。自分の能力は活用されていない、認められていないと感じる人ばかりになれば、人類の進歩が止まってしまう。そこから社会の不安定や怒りの政治的ムーブメントが生まれ、破滅へと突き進むことになる。だれもが苦しむはめになるのだ。

しかし逆に、いまの遅咲き組の危機は、雇用主、学校、大学が一歩前進するのに打ってつけのチャンスにもなる。なにしろ遅咲き組の市場は巨大で、多くが手つかずのままだ。いまこそ、雇用主も、学校も、大学も、遅咲きの人たちを正しく扱うことで、大きな改善が可能となる。

雇い主のみなさんへ――〈フェイスブック〉の2017年の平均給与は、24万ドルだった。〈グーグル〉の初任給は、STEM学位（科学、技術、工学、数学）を取得した新卒学生を一流大学から採用することもあり、平均して約17万5000ドルに上る。あなたの会社は、それと張り合えるだろうか？　当然、無理だろう。しかし現実は厳しい。もしテストの高得点取得者で、超一流大学の学位を持つ早咲きの学生を採用したいのなら、張り合わざるをえないのだ。しかしそんなことをすれば人件費がかさみすぎて、利益がなくなってしまう。

となれば、異なる戦略が必要だ。それには、メジャーリーグのオークランド・アスレチックスをまねて、マイケル・ルイスの「マネーボール」の理論を利用した戦略がお勧めだ。オークランド・アスレチックスの年俸は、野球界でも最低レベルである。だから一流の才能に恵まれた選手を雇おうにも、年俸の点でニューヨーク・ヤンキースやボストン・レッドソックス、さらにはサンフランシスコ・ジャイアンツにすら勝てない。そこでアスレチックスは、まだ活用も認知もされていない才能を探す必要に迫られた。ここで雇い主のみなさんに謹んで提言したい――あなたたちもそうすべきである。

幸いにも、雇い主のみなさん、あなた方は幸運に恵まれている。まだ認知も活用もされていない才能を持つ遅咲きの人たちが、大勢いるのだから。彼らを探しだし、親愛の情を示してほしい。彼らのスキルを伸ばすのに手を貸してやってほしい。そうすれば、聡明で、忠実で、クリエイティブで、賢く、粘り強い従業員となって報いてくれるはずだ。同時に、中高年従業員にたいする昔ながらの「アップ・アンド・アウト」キャリアの進路を、より生産的で人間的なキャリアのアーチ（第3章を参照）と入れ替えてほしい。

親御さんへ――本書を読んで、お子さんの発達ペースにたいする不安がやわらぐことを祈っている。彼らの遅い発達について、友人に言い訳するのはもうやめよう。お子さんはあなたのそんな姿を察知し、あなたに腹を立てている。お子さんの遅い発達を金銭だけで「解決」できるとは思わないように。彼らを愛し、彼らの欲求不満や熱意に耳を傾け、彼らのためにそばにいてやってほしい。お子さんのありのままの姿を楽しんでほしい。彼らの好奇心、夢、門出、実験、挫折、心痛、そして飛躍的成長を、じっくり味わうように。「そこがいいところなんだよ」とは、『グッド・ウィル・ハンティング／旅立ち』でロビン・ウィリアムズが演じたショーン・マグワイア博士の台詞である。

各高校へ――あなた方の成功の基準は、今年ハーバード大学やカリフォルニア工科大学に何人の生徒を送りこんだかではない。いまから20年かそれ以上たったとき、どれくらいの生徒が自立し、幸せで、満足するおとなに成長しているかどうかだ。

各コミュニティ・カレッジへ――あなた方は、遅咲き組の貴重な鍵を握っている。それは昔から変わらないが、いま、絶好の機会が訪れたと言える。

各大学へ――あなた方が州で最重要視される公立大学ではなく、公立にしろ私立にしろ、全米トップ50にランクインする大学でないなら、未来に暗雲がたれこめている。しかし遅咲き組の要望を満たすことができたなら、あなた方は未来が約束された巨大市場を抱えていることになる。彼らはあなた方を必要としている。あなた方にも彼らが必要だ。

宗教的指導者のみなさんへ――これまで、狂乱の早咲きブームのために苦悩する家族や個人をたくさん見てきたはずだ。世界中のさまざまな信仰から、共通してこんな強い抗議の声が上がっている――人間は神の創造物である。だれもが最高の運命を手にしている――授けられた才能を発見し、どんなに時間がかかろうとも、もっとも深遠な目的を追求し、花咲かせるために。

本書をお読みいただき、感謝している。今度は、あなた方の遅咲きのストーリーをぜひ聞かせてもらいたい。

注

(1)
IMDb.comによれば、ウェストンの身長は155センチ強だという。他にもさまざまな媒体で異なる数値が紹介されているようだが、いずれにしても背が低かったことが幸いして、実年齢32歳のところを19歳と偽ることができた。おかげで、ティーンエイジャーが主人公のテレビドラマシリーズ、〈ディズニー〉の『フェリシティの青春』の脚本家として30万ドルの契約を勝ち取ることができたのだ。

(2)
心理学者や社会科学者に支持される、遅咲きの決定的な定義は見つからなかった。どうやらこれは社会的構成概念のようだ。わたし自身が考える遅咲きの定義は、さまざまな一般的な定義を融合させ、数十名の遅咲きの人たちにインタビューした中から得た印象をもとにしている。

(3)
研究論文、学術書、要約書等を読みあさってはみたものの、遅咲きの人に特化した学術的、もしくは科学的資料は見つからなかった。これもやはり、「遅咲き」が認知的もしくは発達的局面というよりは、社会的構造概念に近い証拠だと思う。文学、メディア、社会言説の中で認識されている「遅咲き」という概念と類似する、重複する、もしくはその概念に貢献する特質についてもリサーチしている。

(4)
テイラー・スウィフトは1億7500万枚のレコードを売り上げ、グラミー賞を10個受賞している。アデルは1億6000万枚を売り上げ、グラミー賞を8個獲得。リアーナは2億枚以上を売り上げ、グラミー賞を9個とアカデミー賞をひとつ獲得。ジャスティン・ビーバーは1億4000万枚を売り上げ、グラミー賞をひとつ獲得している。ジェニファー・ローレンスはアカデミー賞を歴代2番目の若さで受賞し、最高額ギャラの俳優として定期的にリストアップされている。そしてドナルド・グローヴァーは、最近FXの人気コメディ『アトランタ』に出演し、チャイルディッシュ・ガンビーノという別名で行っている音楽活動で大きな注目を浴びている。彼らはほんの一部の例にすぎないが、若きエンターテイナーの中でも際立った存在だ。

(5)
ここで挙げた「ウェブ・セレブ」は全員、CMとスポンサー契約でかなりの額を稼いできた。しかしネットの「インフルエンサー」流行は、すでにピークを迎えたようだ。何百万という数のフォロワーや栄養ドリンクのスポンサー契約を手にしようと頑張る若者はまだいるものの、全体的な傾向は——数々のソーシャルメディア・サイトの利用者の伸びと同様——横ばい状態にある。

(6)
ここ数十年、アメフト界の若き期待の星があちらこちらから引き抜かれてきた。興味深いのは、いまやラクロス、水泳、フィールドホッケーといったマイナーなスポーツでも同じことが起きつつある点だ。今後はどんなスポーツに広がるのだろう?

(7)
セイバーメトリクスのような統計学的プラットフォームが広く採用されたことが拍車となり、分析手法の流行がメジャーリーグ野球の管理構成を大幅に変えてきた。いまやその傾向が他のスポーツにまで広がりはじめている。アイスホッケーラクル〉にも負けず、〈ゴールドマン・サックス〉とはいい勝負だ」というコメントは、インタビューの中でたびたび彼の口から飛びだした。尺度としての「IQ」は、ほとんどの会話の中に登場した。現在、ビル・ゲイツの公の顔は当時とまるでちがう。1990年代の機知に富んだパーソナリティから、慎重な世界的博愛主義者というイメージに一変している。

(10)
マイケル・ジョーダンはNBAに所属するシャーロット・ホーネッツの所有権を約90パーセント持っている。マジック・ジョンソンは、メジャーリーグのロサンゼルス・ドジャースを、フランク・マッコートから20億ドルで購入した投資グループを率いている。

(11)
エリクソンは、1959年に発表した8段階の心理社会的発達理論で有名だ。40歳から65歳の第7段階は、「生殖vs自己吸収」として知られ、「他者のためになるような弟子を育てる、もしくはポジティブな変化を起こすことで、自分の死後も残るようなものをつくりたい、もしくは育みたい、という欲求を経験する」時期である。

(12)
これも正確な数字を得るのがむずかしい。テレビを見ている時間——メディアもしくはテクノロジーのなんらかの形態を利用している時間——は、新たな習慣と新たなデバイスを採用するにつれ変化するのが現実だ。テレビにかんしては、たくさん見る、と言うにとどめておく。

界でそれが顕著だ。ちょうどこの章を書き終えたとき、NHLの中でも話題豊富なトロント・メープルリーフスが、31歳のゼネラルマネージャーを雇い入れた。

(8)
ティーンエイジャーと大学生の不安症と自殺にかんする正確な数字を得るのはむずかしい。自己申告は正確性に欠けるうえ、さまざまなソースにおける報告の正確性にもばらつきがあるからだ。ただし、ひとつはっきりと言えること、そして無視できないことは、ティーンエイジャーの不安症と自殺が深刻な問題だという点である。

(9)
1992年4月と9月、わたしは『アップサイド』誌と『フォーブスASAP』の記事を書くために、数時間ほどゲイツにインタビューを行った。1993年10月には、ゲイツと5日間、旅をともにしている。ワシントンDCにある〈フォーシーズンズ・ホテル〉で彼と待ち合わせ、当時〈マイクロソフト〉が売りだしたビジネス・ソフトウエアの新バージョン、オフィス4.0のプロモーション旅行に同行したのだ。ボストン、ニューヨーク、シカゴ、オークランドと旅してまわった。デルタ航空とユナイテッド航空の旅客機を利用し、機内で、リムジン内で、そしてホテルの会議室で、ゲイツからたっぷり話を聞くことができた。その内容は、1994年2月28日『フォーブスASAP』誌上に掲載した「ビル・ゲイツとの5日間」という記事にまとめた。1990年代のゲイツは、ソフトウェア会社のCEOとして業界のトップに君臨していた。当時のゲイツは、極端なまでに行動が早く、エネルギーに満ち、活発で性急、愉快で、同時にひどく皮肉屋で痛烈な印象だった。〈マイクロソフト〉はIQで稼働する工場で、「〈オ何十年にもわたって頭の中でくすぶりつづけていた本書のアイデアがついにかたちを得たのは、2014年、12歳から27歳のころにかけてのわたし自身の遅咲きの歴史を文章にしたときだった。戦没者追悼記念日の週末にかけて書いたその文章は、6000ワード程度のものだった。いまあなたが手にしているものの、7パーセントほどである。そんなみすぼらしいスタートから、どのようにして1冊の本ができあがったのか？

答え――たくさんの手助けと励ましをくれる人々がいたからだ。まずは、ジェフ・リーソン。わたしにとって彼は、本書の編集者であり、共著者でもあった。ジェフとは以前、企業文化を取り上げた自著『グレートカンパニー――優れた経営者が数字よりも大切にしている5つの条件』でもコンビを組んでいる。思考の束を組織化されたもの語りに整え、企業の中には何十年も繁栄しつづけるところがある理由を論じるために必要な研究を掘り起こしてくれた彼の貢献は、計り知れないほど貴重だった。

今回、ジェフはそのとき以上に深くかかわってくれたし、助けになってくれた。わたしが生まれつき概念的な思考の持ち主で、ストーリーや逸話を集めたがる性格なのにたいし、ジェフは設計者だ。草稿の段階で、なにが効果的でなにがそうでないか、たるんでいる箇所と窮屈な箇所、話が勢いづくところと脱線するところ、そして要点に信憑性を持たせるためのリサーチが必要な箇所等、きっちりまとめる感覚を持ち合わせている。わたしなら本書の流れを暗い路地で右往左往させかねないところを、ジェフがきちんと前進させてくれた。彼はいま、妻のレイチェルと一緒にミネアポリスで〈ベンソン＝コリスター〉という質の高い出版コンサルティング業を営んでいる。その方面における最高のプロのサービスが必要な際は、ぜひ彼らにコンタクトを取ってみてほしい。

〈アエヴィタス・クリエイティヴ〉のスーパー級のエージェント、トッド・シャスターは、こちらの提案を受け取って1か月もしないうちに8つのオファーを取りつけてくれた。出版界におけるトッドの驚くべき手腕が発揮されたのだ。彼の同僚、チェルシー・ヘラーとジャスティン・ブロッカートも同じくらいすばらしい。〈ペンギン・ランダムハウス〉で編集を担当した〈カレンシー〉のロジャー・ショールが、いちばんのオファーと、信じがたいほどの熱意と戦略的なアドバイスを提供してくれた。本書の成功に献身してくれた〈カレンシー〉のチーム全体に敬意を表する――ティナ・コンスタブル、アイアレット・グランスペヒト、ニコル・マカードル、メーガン・ペリット、キャンベル・ワートン、エリン・リトル、ジェイミー・ブーシェ。〈フォティア・パブリック・リレーションズ〉のマーク・フォティアと同チームのローレン・クーンの大活躍ぶりにも感謝する。本書の出版に際しては、ナンシー・ローザとリオル・テイラーの存在は計り知れないほど貴重だった。それは〈ターゲット・マーケティング〉のケン・ギレットと彼の洗練されたチームも同じだ。2015年の自著『超チーム力 会社が変わる シリコンバレー式組織の科学』の共著者マイケル・S・マローンと、スーザン・ソルター・レイノルズ、そしてニック・アルバートも、道中、貴重な貢献をしてくれた。また、エリザベス・グラヴィットは必要不可欠なリサーチと事実確認をサポートしてくれた。

27年間勤めている〈フォーブス・メディア〉の同僚たちにも感謝したい。とりわけ、初期の段階からずっと本書に関心を抱いてくれたスティーヴ・フォーブス、〈フォーブス〉のCEOマイク・フェデリー、〈フォーブス・アジア〉のCEOウィル・アダモポロス、ランダル・レイン、モイラ・フォーブス、マーク・ハワード、マイク・パーリス、シェリー・フィリップス、ジェシカ・シブリー、トム・デイヴィス、ジャネット・ハース。さらに、〈インターコネクト＝イヴェンツ〉のシャーリ・ローセンとジュリア・マート、〈AARP〉のジョー・アン・ジェンキンズ、ジョナサン・スティーヴンス、ラムジー・レーン・アルウィン、ステイシー・アレキサンダー、「フォーブス・スクール・オブ・ビジネス・アンド・テクノロジー」のボブ・ドーアティとレイ・パワーズ、〈ファーゴTEDx〉のグレッグ・テヴン、スタンフォード大学のトム・バイアースにも感謝している。そして友人のマーク・ミルズとドンナマリア・ミルズ、ボブ・シェーレンとデボラ・シェーレン、早くからのサポートや精読、そして貴重なアドバイスをありがとう。昔からの友人、ドクター・ブルース・ペリーとドクター・ジェフリー・プレイターにも同様の感謝を捧げる。

2016年から代理人契約を交わしている〈ケップラー・スピーカーズ〉のメンバー全員に感謝したい――ロンダ・エストリッジ、ゲイリー・マクマニス、ジョン・トゥルラン、ジェイ・カラハン、ジェイ・コンリン、クリス・クリフォード、ネイサン・トンプソン、ジョエル・ギースリング、ジェフ・ギリー、アリソン・ゲーリング、ケリー・スキッピー、ジャレド・ショーバート、セオ・モール、ジョエル・マーフィー、ウォーレン・ジョーンズ、パトリック・スニード、ランディ・エーマン、ジム・ケップラー、デビー・ケップラー。そしてトニー・ダメリオ、マイク・ハンフリー、デヴィッド・ラヴィン、ダニー・スターン、マーク・フレンチ、クリスティーン・ファレル、カトリーナ・スミスをはじめとするエージェントのみなさんにも、わたしの講演者としてのキャリアを築く手助けをしてくれたことにたいして感謝の意を表したい。

わたしを信頼し、本書のためにインタビューに応じてくれた方々にも感謝している――レナード・サックス、ジーン・コートニー、スコット・ケリー、キャロル・ドゥエック、スチュワート・スミス、ヴェラ・クー、キンバリー・ハリントン、ジェリー・ボイヤー、ポンティシュ・イェラムヤン、ケン・フィッシャー、テス・レイノルズ、ダニエル・ジェームズ・ブラウン、キャロル・コーエン・フィッシュマン、ドクター・リチャード・カール、ジョー・レイニー、エルコノン・ゴールドバーグ、ベス・カワサキ、エリック・ウォール、エイドリアン・ブラウン、その他数十人の方々に。インタビューを受けてくれた人全員を本書で紹介できたわけではないので、みなさんの寛大さにはさらに感謝を重ねたい。

本書にインスピレーションを与えてくれた多くの書籍への感謝も忘れるわけにはいかない。スーザン・ケイン著『内向型人間のすごい力 静かな人が世界を変える』、トッド・ローズ著『平均思考は捨てなさい』、ジョン・タムニー著『*The End of Work*（仕事の終焉）』、スコット・バリー・カウフマン著『*Ungifted*（才能に恵まれない者）』、フィル・ナイト著『SHOE DOG（シュードッグ）』、アンジェラ・ダックワース著『やり抜く力 GRIT（グリット）――人生のあらゆる成功を決める「究極の能力」を身につける』、レナード・サックス著『*Boys Adrift*（さまよう少年たち）』『*Girls on the Edge*（危機にある少女たち）』、キャロル・ドゥエック著『マインドセット「やればできる！」の研究』、ライアン・ホリデイ著『苦境（ピンチ）を好機（チャンス）にかえる法則』、ジェフリー・アーネット著『*Emerging Adulthood*（成人形成期）』、アダム・グラント著『ORIGINALS 誰もが「人と違うこと」ができる時代』、ポール・コエリョ著『*The Alchemist*（錬金術師）』、J・

D・ヴァンス著『ヒルビリー・エレジー　アメリカの繁栄から取り残された白人たち』、エルコノン・ゴールドバーグ著『Creativity（クリエイティビティ）』、ダン・ピンク著『Drive（ドライヴ）』、ニコラス・レマン著『ビッグ・テスト—アメリカの大学入試制度　知的エリート階級はいかにつくられたか』。どれもすばらしい作品だ。

遅咲きのバレエ・ダンサーであり水彩画家の妻マージは、当を得た編集アドバイスとインスピレーションをたっぷり与えてくれた。娘のケイティーと息子ピーター、そして教養あふれるきょうだいのメアリー・カールガード・バーントンとジョー・カールガードにも感謝している。中学、高校と、花を咲かせることもなく、のろのろしていた時期、母のパットがだれより献身的に支えてくれた。そして最後に、亡き父ディックと妹リズに感謝を捧げたい。ふたりがいまここにいて、この本を読んでもらえたら、どんなにうれしかっただろう。

リッチ・カールガード

# 早《そう》期《き》の成功者《せいこうしゃ》より、
# 遅《おそ》咲《ざ》きの成功者《せいこうしゃ》は最高《さいこう》の生《い》き方《かた》を手《て》に入れる

2020年4月25日　初版第1刷発行

著者　リッチ・カールガード

訳者　大野晶子

発行者　廣瀬和二

発行所　辰巳出版株式会社
〒160-0022
東京都新宿区新宿2丁目15番14号　辰巳ビル
電話　03－5360－8960（編集部）
03－5360－8064（販売部）
http://www.TG-NET.co.jp

編集協力　坂本久恵（株式会社サヴァポコ）
校正　田中晴美
ブックデザイン　橋元浩明（sowhat.Inc.）
印刷　三共グラフィック株式会社
製本　株式会社ブックアート

本書へのご感想をお寄せ下さい。
また、内容に関するお問い合わせは、
お手紙、FAX（03-5360-8052）、メール（otayori@tatsumi-publishing.co.jp）にて承ります。
恐れ入りますが、お電話でのお問い合わせはご遠慮下さい。


ISBN978-4-7778-2486-1 C0098　Printed in Japan